무죄

만들어진 범인 **한명숙**의 '헝거 게임', 그 현장의 기록

무죄

만들어진 범인
**한 명 숙 의
헝 거 게 임**
그 현장의 기록

강기석 지음

목차

추천사 나는 분노합니다 김상근 목사   8

책을 내며 나는 왜 한명숙의 무죄를 확신하는가?   12

프롤로그 오래된 기획 '한명숙 사냥'   18

1부_ 만행의 현장, 공판 참관기

1장 '검찰 유죄' 확인된 1심

"이건 코미디야, 희대의 코미디……."   37
1차 공판 (2010년 12월 6일)

"돈 드린 적 없다"…검찰, 결정타 맞아   41
2차 공판 (201년 12월 20일)

재수사 돌입 검찰, "갈 데까지 가 보자"   46
3차 공판 (2011년 1월 4일)

검사와 증인들의 소극(笑劇)   52
4차 공판 (2011년 1월 11일)

재판장 가르치려 드는 검사   56
5차 공판 (2011년 1월 17일)

"윗선에서 계획적으로 만든 사건"   62
6차 공판 (2011년 2월 7일)

재소자 출신 C급 증인들의 향연장   68
7차 공판 (2011년 2월 21일)

조서 조작 정황 폭로되다   74
8차 공판 (2011년 3월 7일)

1부_ 만행의 현장, 공판 참관기

검찰 블랙코미디 진수를 보여주다   79
9차 공판 (2011년 3월 21일)

검찰 쪽 증인 전멸, 왜?   82
10차 공판 (2011년 4월 4일)

검찰 무너뜨린 결정적 증거   86
11차 공판 (2011년 4월 19일)

정신병원에서 끌려 온 증인   93
12차 공판 (2011년 5월 2일)

'자금 관리인' 같은데 관리한 자금이 없다?   98
13차 공판 (2011년 5월 17일)

법정에서 수사하는 검찰   103
14차 공판 (2011년 5월 30일)

"난 그런 검사가 더 웃깁니다"   109
15차 공판 (2011년 6월 8일)

검찰, 만기출소 직전 감방 압수 수색, 왜?   115
16차 공판 (2011년 6월 13일)

망상에 사로잡힌 '빅 브라더'   119
17차 공판 (2011년 6월 27일)

피고가 '착한 검찰' 죽이려 든다고?   125
18차 공판 (2011년 7월 11일)

청탁 정황마저 사라지다   133
19차 공판 (2011년 7월 19일)

옭아 넣기-흠집 내기-괴롭히기   140
20차 공판 (2011년 8월 9일)

목차

**1부_
만행의 현장,
공판 참관기**

검찰, 9억 끝내 못 맞춰 146
21차 공판 (2011년 8월 23일)

기막히고 희한했던 뒷얘기들 155
22차 공판 (2011년 8월 29일)

최후 변론에서 드러난 '최후의 진실' 163
결심 공판 (2011년 9월 19일)

"나는 그렇게 살아오지 않았다" 172
선고 공판 (2011년 10월 31일)

2장 충격과 공포의 2심

"이게 아닌가 봐, 혐의 좀 바꿉시다" 181
3차 공판 (2013년 6월 10일)

검찰, 1심 재판부에 '화풀이' 185
결심 공판 (2013년 7월 9일)

새로운 증거 없이 판결 뒤집어 188
선고 공판 (2013년 9월 17일)

3장 진실의 추락 3심

이러려고 늑장 부렸나? 197
대법원 판결 (2015년 8월 20일)

다수 의견(요지) 199

소수 의견(요지) 206

2부_ 정권의 절대 무기, 정치 검찰

1장 정치 검찰의 오늘과 어제
"오늘, 우리는 사람에 충성한다" 217
DJ "검찰, 이 나라 최대 암적 존재" 224

2장 이명박근혜 정권의 이빨과 발톱
언론 자유 싫어하는 검찰 235
정적 제거의 선봉장 242
교육·법조계 주요 표적되다 248

3장 정치 검찰의 '검법' 257

3부_ 언론, '범인 만들기' 공범

한명숙 보도를 중심으로 살펴본
수구 언론의 메커니즘 281
김성재

추천사
나는 분노합니다

나는 한명숙 전 총리를 잘 압니다. 아주 오래전부터 가깝게 지내 왔습니다. 그렇다고 해서 바로 그 이유만으로 그분이 불법한 돈을 받았다는 기사가 처음 신문에 보도되었을 때 무조건적으로 "아, 또 한명숙을 죽이려 하는구나!"라는 생각이 자동적으로 떠오른 것이 아닙니다.

나는 보수 정권의 속성을 잘 알고 있습니다. 그들이 정적을 죽이고자 할 때 쓰는 수법은 대체로 일정한 흐름이 있습니다. 보수 신문이 의혹을 보도하고, 그것을 검찰이 받고, 재판부가 유죄로 끌고 가는 것입니다. 특정인을 목표로 삼아 정치적 타격을 주고자 할 때 쓰곤 하는 수법입니다. 노무현 전 대통령도 그 대상이었습니다. 노 대통령의 자살이라는 엄청나게 불행한 사건이 터졌을 때 불행은 그것으로 끝날 줄 알았습니다. 그것이 최소한 인간 세상의 도리라고 생각했습니다. 하지만 내가 어리석었던 모양입니다. 이번엔 총리였습니다. 역시나 〈조선일보〉가 보도하고 검찰이 수사를 개시하고 결국 재판으로 갔습니다.

보수 언론과 검찰의 공격을 받으면 큰 상처를 받습니다. 무죄로 끝이 나도 피고에게 감당할 수 없는 정치적 내·외상을 입히게 됩니다. 그래도 1차 사건에서 무죄가 난 것은 하여간 불행 중 다행이었습니다. 한 총리 마음고생이 얼마나 컸을까, 안쓰러웠습니다.

그런데 난데없이 다른 비리가 있다는 보도가 또 뜹니다. 이 정권, 포기한 게 아니구나 싶었습니다. 그때 비로소 알았습니다. 보수 정권은 처음부터 한명숙을 기어코 죽이겠다고 목표를 정한 것입니다. 그리고 그들은 성공했습니다. 결국 감옥에 보냈습니다. 나는 분노하지 않을 수 없습니다. 이것은 정상이 아닙니다. 검찰은 정의를 세우는 국가기관입니다. 사법부는 정치권력으로부터 엄격하게 독립된 정의의 최후 보루입니다. 검찰을 믿고, 최종 재판부의 판결을 존중하는 것이 정상입니다. 민주국가 국민의 상식입니다.

그러나 불행하게도 우리의 오랜 경험은 이런 상식을 여지없이 짓밟아 오고 있습니다. 우리는 정치적 사건에서 검찰과 사법부에 당하고 또 당해 왔습니다. 감옥을 산 정도에 그치지 않습니다. 목숨을 빼앗긴 경우도 여럿입니다. 그들은 억지로 사건을 꾸며서 사형을 구형하고, 사형을 선고하고, 사형을 집행까지 했습니다. 그 중 어떤 사건은 훗날 재심이 이뤄져 무죄를 선고받은 경우도 있지 않습니까.

국가권력이 죄 없는 국민을 감옥 살게 했다. 심지어 죄 없는 사람을 죽였다. 얼마나 엄청난 범죄입니까. 그러나 권력의 앞잡이 노릇했던 검사 판사들, 자신의 잘못을 뉘우친 경우가 단 한 번도 없습니다. 그들은 승승장구 출세 길을 내리 달렸고 호의호식하고 있습니다. 개인으로서의 검사 판사는 그렇다 하더라도 집단으로서의 검찰이나 사법부도 공식적으로 역사적 사과를 한 적이 없습니다.

그러니 권력에 눈이 먼 정치 검사, 정치 판사가 그 알량한 선배들이 걸었던 길을 주저 없이 따라 걷고자 할 것입니다. 이렇게 어림짐작하는 것을 무리라 할 것입니까? 여전히 정치 검찰, 정치 판사의 시대가 이어지고 있지 않습니까? 불행한 일입니다. 얼마나 긴 세월을 겪어야 검찰의 기소를 신뢰하고 사법부의 판결을 존중하는 시대를 만들 수 있을까요?

하여 나는 한 전 총리가 수감되던 날 구치소로 갔습니다. 위로하기 위해 아픈 마음으로 갔습니다. 이 나라를 걱정하는 무거운 마음으로 갔습니다. 여러분이 거기 모였습니다. 누구도 한 전 총리가 부정한 돈을 취했을 것이라 여기지 않았습니다. 누구도 정당하고 정의로운 재판에 따라 형을 살게 되었다고 여기지 않는 듯했습니다. 이들을 모두 좌파라고 뱉어 버리고 말 것입니까? 이 나라 검찰은 민주 검찰로 아직 거듭나지 못했다는 질타로 받아들여야 합니다. 이 나라 사법부가 국민의 신뢰를 받을 만큼 아직 거듭나지 못했다는 뼈아픈 가르침을 거기서 읽어야 합니다.

거듭나기를 기다릴 것입니까? 아닙니다. 투쟁해서 거듭나게 만들어야 합니다. 이 책을 쓴 강기석 선생이 바로 그 투쟁을 하고 있습니다. 한 전 총리의 재판을 거의 모두 방청하면서 그의 눈으로 본 것들을 펜으로 기록하고, 분석하고, 인터넷 언론 등을 통해 보도했습니다. 오랜 언론인 출신이면서도, 검찰과 한 몸이 돼 사건을 띄우고, 방향을 틀고, 국민들 머리에 선입견을 부어 넣는 언론의 행태까지 고발했습니다.

그는 한명숙의 재판 투쟁을 『무죄-만들어진 범인 한명숙의 '헝거 게임', 그 현장 기록』이라는 제목을 붙여 역사 앞에 내놓았습니다만, 모든 재판 과정을 빠짐없이 기록한 그의 행위 또한 훌륭한 투쟁입니다. 민주주의는 투쟁 없이 절로 자라지 않습니다.

그의 기록은 정직합니다. 보수 언론들처럼 자신의 주장을 위해 없는 사실을 지어내거나 있는 사실을 숨기지 않습니다. 그가 오랫동안 언론인 생활을 하면서 갖추게 된 경험과 상식과 논리에 비추어서도 한명숙 전 총리는 무죄라고 확신합니다. 저는 비로소 안도의 한숨을 내쉴 수 있었습니다.

여러분도 강기석 선생의 기록과 분석을 정독해 주셨으면 합니다. 그것은 단순히 한 전 총리에게 들씌워진 누명의 정체를 제대로 아는 것에 지나는 것이 아니라, 이 나라 검찰과 사법부를 제대로 알고, 민주와 정의의 나라를 세우는 투쟁에 함께 하는 것이라고 생각합니다. 강기석 선생에게 특별한 감사를 드립니다. 용기를 내어 더 크게 정진하기를 바랍니다.

2016년 2월
김상근 목사

책을 내며
나는 왜 한명숙의 무죄를 확신하는가?

모든 기자들이 명심하고 지켜야 할 좌우명 제1조가 "발로 뛰라."는 것이다. 현장의 중요성을 강조하는 것이다. 기자가 현장에 가지 않고서는 결코 정확한 기사, 생생한 기사를 쓸 수 없다. 사건 현장을 직접 보고, 분위기를 살피고, 많은 사람들에게 묻고, 답변을 들은 후에야 기자의 눈앞에 진실이 조금씩 모습을 드러내기 마련이다.

물론 법정은 사건 현장이 아니다. 하지만 법정이 현장을 재구성하는 곳인 것은 맞다. 검사와 피고인, 변호인들이 판사가 주재하는 가운데 온갖 증거와 증언들을 풀어 놓고 사건을 처음부터 다시 구성하는 것이다. 그 결과 판사가 사건의 진상에 대해 단 한 점의 '합리적 의심'도 품지 않는 상황에서, 법과 양심에 따라 유·무죄를 판단한다.

나는 '한명숙 전 총리 9억 원 불법 정치자금 사건'(한만호 사건)은 물론 그 직전의 '한명숙 전 총리 5만 달러 뇌물 사건'(곽영욱 사건)까지 총 40여 차례에 이르는 1심 공판을 빠지지 않고 방청했다. 한만호 사건의 경우 선고 공판까지 다섯 번 열린 2심 재판도 세 번 방청했다. 물론 나는 지금 특정 언론사에 속한 현직 기자는 아니다. 하지만 30년이 넘는 기자 경력과 나름의 취재 능력이 있는 내가 보고 쓴 것을 이곳저곳 인터넷 매체에 보도되도록 한 과정은 현직 기자가 현장을 지키며 취재 보도한 것과 다름이 없다고 본다.

그런데 해괴한 것은 현장을 열심히 들여다본 사람들(1심 재판부·선고 공판 제외 23차례 공판)은 한명숙 전 총리의 무죄를 확신한 반면, 현장을 제대로 살펴보지도 않은 사람들(2심 재판부·선고 공판 제외 4차례 공판)은 너무도 쉽게 유죄로 결론을 내린 것이다. 대법원 다수 의견은 2심을, 소수 의견은 1심의 결론을 주로 인용했다.

의리로 참관했다가 "이건 아니다."

언론도 마찬가지다. 한 번도 빼지 않고 공판을 지켜본 나 같은 기자는 검찰의 공소장이 얼마나 허술한가, 증인과 증거라는 것들이 얼마나 엉터리인가, 그럼에도 한 전 총리를 꼭 잡아 넣겠다는 집념만은 얼마나 강렬한가를 개탄하며 무죄를 확신한 반면, 현장에 잘 나와 보지도 않은 언론은 왜 빨리 한 전 총리의 유죄 판결이 확정되지 않나 안달하는 모습을 보였다. 정치 검찰의 횡포가 계속 될 수 있는 것은 언론의 이런 무책임한 태도가 하나의 큰 원인이라고 여겨진다.

이번 사건은 정치 검찰과 언론이 한 통속으로 굳게 믿는 3단 논법을 먹고 자랐다. 즉 "모든 정치인은 부패했다. 한명숙은 정치인이다. 그러므로 한명숙도 부패했다."는 논리다. 이 선입견 때문에 검찰이 한 전 총리를 노렸고, 언론이 처음부터 그의 유죄를 한 점의 의심도 없이 받아들였다고 나는 생각한다.

　검찰과 언론뿐 아니라 대부분의 일반 시민도 그런 선입견에서 자유롭지 못하다. 사실 나도 그랬다. 2009년 12월 〈조선일보〉가 처음 '곽영욱 사건'을 보도했을 때, 나 역시 정치인의 부패에 관한 3단 논법에 사로잡힌 나머지, "모든 정치인들이 부패했다고 하지만, 왜 이 시점에서 꼭 한명숙이냐?"라는 다소 억울한 마음과는 별도로, 한 전 총리에게 무슨 문제가 있기는 있을 것이라고 지레 짐작하고 큰 실망감을 느꼈던 것이다.

　당시 노무현재단 상임 운영위원이었던 나는 단순한 의리 차원에서 재판을 몇 번 참관할 요량이었다. 한명숙 전 총리가 당시 재단 초대 이사장이었기 때문이다. 그런데 2차, 3차 공판에서 돈을 줬다는 사람이 처음에는 옷에 넣어 주었다, 나중에는 총리 공관 의자에 던져 놓고 나왔다는 등 가장 핵심적인 정황에 대한 증언마저도 오락가락하는 것을 보며 "이건 아니다."라는 생각이 들었다. 그 이래 곽영욱 사건 재판은 물론 한만호 사건이 별건으로 튀어 나와 재판이 시작됐을 때도, "이 재판을 끝까지 참관해 최대한 많은 사람들에게 진실을 전해야겠다."는 기자의 소명감이 무럭무럭 솟아났던 것이다. 그리고 재판이 거듭될수록 그 완고했던 3단 논법의 선입견이 내 안에서부터 해체돼 가는 것을 느꼈다. "모든 정치인이 다 부패한 것은 아니다. 한명숙은 부패하지 않은 정치인이다."

"모든 정치인은 썩었다"는 선입견

　검찰과 언론이 노리고, 일반 대중이 속아 넘어가기 쉬운 선입견이 하나 더 있다. 검사가 유죄를 입증해야 유죄가 되는 것이 아니라 피고인이 무죄를 입증하지 못하면 유죄라는 착각이다. 한 전 총리에게 유죄를 선고한 논리 구조가 정확히 그랬다. 1억 원짜리 수표에 관한 한 전 총리의 비서와 여동생의 진술에 신빙성이 없으니 이 수표는 한 전 총리가 여동생에게 준 것이 틀림없고, 이 1억짜리 수표는 한만호가 처음 조성한 3억 중에 포함돼 있으니 한 전 총리가 3억을 받은 것이 틀림없고, 그 후 6억을 조성한 수법이 처음 3억을 조성한 수법과 똑같으니 한 전 총리가 총 9억 원 전부를 받은 것이라고 볼 수밖에 없다는 것이다.

1심의 결론은 두 사람의 진술에 신빙성은 없으나 그것이 바로 한 전 총리가 이 수표를 보관하고 있다가 동생에게 줬다는 증거가 될 수 없다는 것이었다. 검사는 이 부분에서 이 수표가 한 전 총리에게서 직접 나왔다는 좀 더 확실한 증거를 제시하고 증명해 내야 마땅한 것이다. 그런데 2심은 검사에게 더 확실한 증거를 제시하라는 요구도 하지 않고, 수표에 얽힌 두 사람을 단 한 번도 증인으로 부르지도 않고, 1심 재판 기록만 훑어보고 무죄를 유죄로 뒤집어 버린 것이다.

무엇보다 이 재판은 검찰 측 핵심 증인 한만호가 2차 공판에서 "저는 피고인에게 어떠한 정치자금도 제공한 적이 없습니다."라고 양심선언을 하는 순간 끝났어야 한다. 그럼에도 검찰은 재판을 강행했고, 한만호는 "이 사건이 윗선에서 기획됐다는 소리를 들었다.", "6억 원은 교회 공사를 따내기 위한 로비 자금으로 썼다는 얘기를 검찰에서 하려고 했으나 묵살됐다."는 등 더욱 놀라운 사실을 토해 냈다. 그런데 2심 재판부는 한만호를 단 한 번도 법정에 부르지 않고 그가 검찰에서 진술한 것이 오히려 신빙성이 있다며 1심 무죄를 뒤집어 버린 것이다.

이 모든 과정들은 이 책에 실린 30여 차례에 걸친 한만호 사건 공판 참관기에 고스란히 담겨 있다. 이 참관기는 만일 한 전 총리에게 무죄가 확정됐으면 그냥 버려졌을 원고들이다. 불행하게도 유죄가 확정된 지금은 진실의 마지막 기록이며, 호소라는 가치가 있다고 믿고 출판을 결심한 것이다. 평생을 언론 동지로 지내며 이제는 형제 같은 느낌을 갖는 이광호 대표의 강력한 권고가 있었다. 고마운 일이다. 또 출판이 결정되자마자 제 일처럼 달려들어 언론 편을 대표 집필해 준 후배 김성재(전 한겨레 기자·『야만의 언론』 저자)와 검찰 편 집필을 도와 귀한 자료 제공은 물론 꼼꼼하게 감수까지 해 준 김인회 교수(인하대 법학전문대학원·한국미래발전연구원 원장)에게 각별한 고마움을 표한다.

진실로 가는 편파성

내 참관기를 읽은 사람들 중 어떤 이는 내 참관기가 편파적이고 선입견에 사로 잡혀 있는 것 같다고 평하기도 했다. 일정 부분 맞는 말이다. 나는 한 전 총리에 대한 검찰의 표적 수사가 정치 탄압이라는 선입견이 있었기 때문에 일정한 편파성을 지녔을 것이다. 또 하나의 내 선입견은 '무죄 추정의 원칙'에서 비롯된 것이다. 그리고 검찰은 2심 재판부와 8인의 대법관은 설득해 냈을지 몰라도 적어도 "한명숙은 무죄다."라는, 내 무죄 추정의 선입견을 끝내 깨지 못했다.

의견은 자유롭되 팩트(사실)는 신성하다고 한다. 언론이 명심해야 할 또 하나의 금언이다. 내가 부주의하거나 몰라서 사실을 빼먹었을지는 몰라도 맹세코 사실 아닌 것을 사실처럼 쓰거나 왜곡하지는 않았다. 한명숙 전 총리에 대한 재판 과정에서 내가 모을 수 있는 사실이란 사실은 다 모아서 그걸 바탕으로 한 내 의견은 여전히 무죄다. 이 책을 다 읽은 후 독자들의 갖게 될 의견이 궁금하다.

프롤로그
오래된 기획 '한명숙 사냥'

"다음 세상에선 부디 대통령 하지 마십시오. 정치하지 마십시오. 또 다시 '바보 노무현'으로 살지 마십시오."

2009년 5월 29일. 경복궁 뜰에서 열린 고 노무현 전 대통령 영결식에서 한명숙 전 국무총리는 울먹이면서 추도사를 읽었다. "여러분은 이제 저를 버리셔야 합니다는 글을 접하고서도 임을 지키지 못한 저희들의 무력함이 통탄스럽습니다. 대통령님! 지켜드리지 못해서 죄송합니다."라고 절규하는 대목에서부터는 추도객들의 울음소리가 그치지 않았다.

이날의 영결식 추도사는 한명숙 전 총리가 본격적인 대중 정치인으로 부각되는 중요한 계기가 됐다. 국무총리나 국회의원 시절의 어떤 활동보다도 강렬한 이미지를 국민들에게 심어 주었다. 단순히 감성만 자극한 것이 아니었다. 추도사는 노무현 대통령을 추모하는 동시에 그를 죽음으로 내몬 이명박 정권을 통렬하게 비판했다. 한 전 총리는 여성이라는 프리미엄만 누리는 정치인이 아니었다. "강단 있다." 국민들이 한 전 총리에게 새로 갖게 된 인상이었다.

사실 그때까지만 해도 한 전 총리의 마음은 정치에서 떠나 있었던 것으로 보인다. 2008년 총선에서 낙선한 후 총리 시절부터 그와 정치적 행보를 같이 했던 참모들은 물론, 국회의원 시절 보좌진까지 모두 주변에서 물리쳤다고 한다. 측근들의 명절 인사도 더는 받지 않았고 차도 없이 외출을 할 때면 대중교통을 이용했다. 혹시라도 정치적 미련이 생길까 봐 극도로 경계한 것이다. 다른 이유는 없다. 그는 늘 '자연인 한명숙'을 갈망했다.(사실 그는 한만호 사건이 대법원에서 유죄 판결이 나기 훨씬 전에도 정계 은퇴를 결심하고 있었던 것으로 보인다. 그는 은퇴 후 뜻 맞는 지인들과 함께 시골에서 자연부락을 만들어 공동생활을 하는 꿈을 피력한 바 있다)

아마도 한 전 총리는 누구보다도 더 정치인의 자질을 갖추고 있으면서도 정치인으로써의 생활은 별로 내켜하지 않은 듯했다. 2000년 이희호 여사의 요청으로 정계에 입문하기는 했지만 그때 채 마치지 못한 공부에 대한 미련과 살뜰히 챙기지 못한 가족들에 대한 미안감이 더 크게 느껴지는 경우도 있었다.

그런 상황에서 노무현 대통령이 서거한 것이다. 그리고 그의 죽음을 계기로 국민적 분노와 저항감이 폭발했다. 이 에너지는 5월 29일 국민장으로 진행된 영결식장에서 정점에 이르게 됐으며, 그 중심에 있는 인물 가운데 한 명이 한명숙 전 총리였다. 이것은 그를 1년 남짓 남은 지방선거에서 서울시장 후보로 급부상시키는 결정적 계기가 됐다. 한명숙의 인생 역정은 또 한 번 요동치면서 정치의 소용돌이에 휩쓸려 들어간다.

그런데 영결식이 열린 바로 그날 그 자리에는 미안함이 아니라 앙심을 품은 사람이 적어도 한 사람 있었다. 이명박이다. 자신이 죽음으로 내몬 전 대통령의 영결식장에 실실 웃음을 흘리며 입장할 정도로 경망스러운 이 인물이 한명숙 전 총리의 추도사를 들으며 앙심을 품지 않았다면 그것이 오히려 더 이상한 일일 터다. 게다가 결코 야당에게 뺏기고 싶지 않은 서울 시장 자리에 한명숙이 강력한 후보로 부상했다.

2008년 이명박 정권이 들어선 뒤 가장 먼저 서둘러 진행한 일은 참여정부 인사들에 대한 뒷조사였다. 노 전 대통령이 자주 가던 삼계탕 집까지 세무조사하며 털던 치졸한 자들에 의한 본격적인 정치 보복이 시작된 것이다. 이해찬 전 총리와 한 전 총리에 대한 조사는 비슷한 시기에 시작됐는데, 주로 후원자와 참모들에 대한 조사였다. 한 전 총리의 경우는 정상적인 정치 후원금을 낸 여성 기업인의 회사에 대한 세무조사까지 벌였을 정도로 주변과 가족에 대한 고강도의 조사가 진행됐다.

이명박 정부의 정치 보복 시도는 두 전 총리만을 겨냥한 것이 아니었다. 이병완 전 비서실장과 김병준 전 교육 부총리도 집요하게 캐고 들어갔다. 그리고 결국은 노무현 전 대통령에게 직접 비수를 들이댔다. 대통령 당선 과정에서 수많은 도덕적 결함을 노출시켰던 이명박은 정치적 경쟁 세력의 흠집을 끌어내 자신의 약점을 물타기하려 한 것이다. 얄팍하지만 기획이 성공할 경우 승률이 높은 전략이다.

이명박 정권의 약점은 도덕적 결함만이 아니었다. 집권 첫해 이명박 정권은 미국과의 쇠고기 협상에 항의하는 촛불 행진이 연일 광화문 광장을 채우면서 정권의 안위가 흔들릴 정도로 취약성을 곳곳에서 노출시키고 있었다. 이에 이명박 정권은 급기야 광화문 광장에 명박산성을 세워 시위 군중을 차단하는가 하면, 용산 재개발 철거민에 대한 살인 진압은 물론 쇠고기 협상과 광우병과 관련, 언론에 재갈을 물리기 위해 MBC 〈PD수첩〉 PD 및 작가 체포, 압수 수색 등 탄압, YTN 노조 위원장 구속, 참여연대 등 시민사회단체 압수 수색 등 전방위적인 공안정국을 조성하는 등 위기를 벗어나기 위해 안간힘을 썼다.

동시에 언론과 검찰을 동원해 참여정부 인사 탄압에도 박차를 가했다. 법률적으로 전혀 문제가 되지 않는 '대통령 기록물에 대한 열람'을 두고 마치 참여정부가 불법을 저지른 것처럼 침소봉대하더니 급기야 검찰의 기획 수사를 통해 직접 노무현 전 대통령을 치고 들어갔다. 이 국면에서 더 큰 문제는 검찰이 아니라 수구 언론이었다. '논두렁 고급 시계' 등 황당하기 이를 데 없는 조작된 사실들을 대서특필하며 노무현 전 대통령과 가족들을 난도질해 댔다. 노 전 대통령이 "책을 읽을 수도, 글을 쓸 수도 없다."고 토로하며 가까운 이들에게 "이젠 나를 버려야 한다."고까지 했던 그런 상황으로 몰아간 것이다.

끝내 대통령은 부엉이바위에서 몸을 던졌다. 그리고 이젠 그 영결식 공동장의위원장을 맡았던 한명숙 전 총리가 탄압의 집중 표적이 됐다. 한 전 총리는 이명박 정권의 좋은 먹잇감이 될 만한 여러 조건을 갖췄다.

첫째, 그는 김대중 전 대통령과 노무현 전 대통령의 지지자들이 모두 지지할 수 있는 교집합의 정치인이라는 평가를 받았다. 국민의 정부와 참여정부에서 여성부 장관과 환경부 장관을 역임했고, 국회의원도 지냈다. 또 이희호 여사가 연거푸 정계 진출을 권했을 정도로 이 여사와 한 전 총리의 관계는 돈독했다. 한 전 총리가 여권 신장 실현을 목표로 15대 총선을 통해 국회에 진출한 것은 전적으로 이희호 여사의 권고 때문이다. 이 같은 인연으로 동교동계 인사들과 친분이 깊어졌으며, 초대 여성부 장관을 역임하게 된다. 이때 해양수산부 장관이었던 노무현 전 대통령과 같은 국무위원으로서 인연을 맺게 됐고, 그 인연으로 참여정부의 환경부 장관, 첫 여성 총리로 발탁된 것이다.

이처럼 한 전 총리는 재야 출신으로 정치권에 입문하여 특정 계파에 휩쓸리지 않는 정치적 태도와 고유한 조정 능력을 바탕으로 두 정부의 요직을 두루 경험하면서 자연스럽게 범민주 세력을 아우를 수 있는 공통분모가 되었던 것이다. 정치적 힘은 교집합의 크기가 커지는 것과 비례해서 확장된다. 긍정의 감정은 유사한 사고를 하는 집단에 우선적으로 확산되듯이 정치적 지지 성향 또한 마찬가지 경로를 통해 폭을 넓혀 간다. 이것이 이명박 정부에서 한명숙 전 총리를 견제해야 했던 첫 번째 이유였다.

대통령이 서거한 그 해 9월 23일 노무현재단이 창립총회를 열고 출범했다. 재단은 노 대통령 추모 사업에 전념할 것임을 천명했지만 이명박 정권의 눈에는 그렇게 비칠 리 없었다. 장례식 때 시청 앞에 운집한 수십만 명의 시민이 그의 마지막을 전송하는 광경을 목도한 이명박 일당은 그 시민들이 힘을 모아 재단을 설립한다는 사실에 엄청난 공포감을 느꼈을지도 모른다. 그리고 그 재단의 초대 이사장에 한명숙 전 총리가 된 것을 더 심각하게 받아들였을 것이다. 한명숙을 치는 데 성공한다면 유력한 야권 서울 시장 후보 제거는 물론 노무현재단에 도덕적인 치명타를 안겨 줄 수 있는 것이다.

한명숙 전 총리를 엮은 검찰의 수법은 노무현 전 대통령의 경우와 닮아도 너무 닮았다. 수사 중이거나 구속 상태에 있는 비리 경제인을 통해 단서를 끌어내고, 사실을 왜곡하고 부풀리고 때로는 조작까지 하고, 수구 언론을 통해 흘리면서 인민재판식으로 범죄 혐의를 기정사실화하는 일련의 과정. 노 전 대통령에 대한 수사가 그랬고 한 전 총리가 연루된 곽영욱, 한만호, 두 개의 사건이 다 그랬다.

한 전 총리가 노무현재단 초대 이사장에 취임한 지 70일 쯤 지났고, 서울

시장 선거를 약 6개월 앞둔 2009년 12월 4일 〈조선일보〉가 "한명숙 전 총리에 수만 불 정치자금"이라는 제목의 1면 톱기사를 내보내면서 곽영욱 사건이 표면에 드러났다. 대한통운의 내부 비리 사건을 수사하던 검찰이 전 대한통운 사장 곽 씨의 수첩 메모에 돌출적으로 나타난 한 전 총리의 이름을 보고 사건을 기획한 것이다. 야당의 주요 정치인들과 복잡한 학연 및 지연 관계를 맺고 있는 그의 수첩에 당시 민주통합당의 유력 정치인들의 이름이 숱하게 등장했는데 검찰은 그 가운데 한명숙 전 총리에게만 포커스를 맞춘 것이다. 그리고 곽영욱 씨가 인사 청탁을 위해 미화 5만 달러를 총리 공관에서 한 전 총리에게 전달했다는 내용의 사건을 기획해 낸다.

총리 재직 시절인 2006년 12월 20일 한명숙 총리는 정세균 산자부 장관과 몇몇 지인들을 초대해 총리 공관에서 점심을 같이 했다. 사의를 표명한 상태인 정 장관에 대한 송별회 겸 송년회 성격의 조촐한 자리였다. 식사를 마치고 나오면서 곽영욱 전 대한통운 사장이 한 총리에게 5만 달러를 뇌물로 주었다는 것이 사건의 핵심이다. 곽 씨가 남동발전 사장, 혹은 대한석탄공사 사장으로 가도록 정세균 장관에게 청탁을 넣어 준 데 대한 대가라는 것이었다. 그런데 재판이 진행되면서 곽 씨는 돈을 전달하는 정황에 대해서도 처음에는 윗주머니에 넣어 줬다고 했다가, 나중에는 식사가 끝난 후 의자에 던져 놓고 나왔다고 하는 등 앞뒤가 맞지 않는 진술로 일관했다. 재판장이 검찰에 대해 공소장 변경을 권고할 정도였다. 곽 씨는 또 "(검찰에서) 살고 싶어 진술했다.", "검사가 돈을 받은 전주고 출신 인사를 다 대라고 했다."는 증언도 했다. 재판장이 진술 배경을 묻자 "검찰이 징그럽게, 무섭게 해서······. 죽고 싶었다.", "몸이 아파서 살기 위해 진술했다.", "검사가 호랑이보다 무서웠다.", "심장이 좋지 않은데 새벽 1~2시까지 검사와 면담하는 것이 고통스러웠다." 등등 검찰 수사 과정에서 받은 압박감을 호소했다. 당시 곽 씨는 대한통운 사장 시절 횡령과 비자금 조성 혐의로 재판을 받고 있는 상황이었다. 이에 대해 변호인단은 정 장관이 12월 12일 국무회의 후, 이미 사임 의사를 밝혔고 이후 대통령과 의논하여 후임 장관까지 내정되어 있었으며, 문제의 20일 오찬 시에 정 장관은 이미 내부적으로는 퇴임을 확정한 상태였기 때문에 청탁할 만한 정황이 아니라는 점을 강조했다. 퇴임하는 장관에게 총리가 인사 청탁을 하기 위해 오찬 자리를 마련했다는 검찰의 사건 구성 설정 자체가 본말이 전도된 것이라는 주장이다.

더구나 국가 공공시설인 총리 공관에서, 비서관과 경호관들이 지근거리에서 지켜보는 자리에서 돈을 받는다는 검찰의 상상 자체가 상식 밖이라고 힐난했다. 2010년 3월 8일 공판이 시작된 이 사건 재판은 서울 시장 선거(6월 2일)를 이유로 집중 심리를 택해 4월 9일 선고까지 13차례 공판 끝에 결국 무죄가 선고되었다.

재판이 종반에 접어들면서 무죄가 나올 것을 예감한 검찰은 다른 사건을 꾸몄다. 판결을 열흘 정도 앞둔 3월 31일 분양 비리 사건으로 통영교도소에 수감되어 있던 한만호라는 한 건설업자를 꼬드겨 그가 2007년 민주당 대선 후보 경선에 참여한 한 전 총리에게 세 차례에 걸쳐 9억 원 가량의 불법 정치자금을 제공했다는 내용의 사건을 만들었다. 그리고 검찰이 이 사건을 수사한다는 사실이 1차 사건 판결 날(4월 9일)에, 이번에는 〈동아일보〉에 보도됐다. 똑같은 패턴이 반복된 것이다.

검찰로서는 곽영욱 재판으로 인해 참기 어려운 망신을 당하기도 했거니와 지방선거를 한 달 앞둔 상황에서 '무죄 한명숙'이라는 타이틀을 야당에 내줄 수는 없었다. 그렇게 되면 선거판도 전체가 야당 중심으로 흐른다는 것을 검찰과 청와대 민정 라인은 누구보다도 잘 알고 있었다. 그렇게 시작된 수사와 재판이 무려 5년 5개월 동안 무죄(1심)-유죄(2심)를 거듭하다가 끝내 대법원 유죄 선고로 끝났다. 참담한 일이다. 명백한 정치적 표적 수사이고 명백한 고법과 대법의 정치적 판결이었다.

이 책은 그 정치 재판 전 과정의 목격담이다. 무죄 확정된 1차 곽영욱 사건 재판 기록은 빼고 대법원에서 유죄 확정된 2차 한만호 사건만 담았다. 따라서 이 책은 한명숙 전 총리의 실패한 저항의 기록이라 해도 좋고, 역사의 법정에 검찰을 고발하는 기소장이라 해도 좋을 것이다.

한명숙 전 총리 재판 일지

1차 곽영욱 사건
- 2009년 12월 4일 〈조선일보〉 '한명숙 전 총리 수만 불 정치자금' 보도
- 2009년 12월 29일 불구속 기소
- 2010년 1월 28일~4월 9일 13차례 집중 심리, 현장검증 등 거쳐 1심 무죄 판결
  1심 재판부 : 김형두, 엄경호(배석), 박승혜(배석)
  1심 검찰 : 권오성, 조재연, 노만석, 이태관
- 2012년 1월 13일 2심 무죄
  항소심 재판부 : 성기문, 권순민(배석), 홍순욱(배석)
  항소심 검찰 : 이태관(기소, 공판), 이방현(공판)
- 2013년 3월 14일 대법원 무죄

2차 한만호 사건
- 2010년 4월 8일 〈동아일보〉 '한 전 총리 새로운 혐의 수사 시작' 보도
- 2010년 6월 2일 서울 시장 선거, 한 전 총리 0.6%포인트 차 석패
- 2010년 7월 20일 불구속 기소
- 2010년 12월 6일~2011년 10월 31일 한만호 사건 1심. 23차례 공판, 10여 명 증인 신문, 현장검증 거쳐 무죄
- 2013년 9월 16일 한만호 사건 2심. 단 3차례 공판, 2명의 증인신문 후 징역 2년 벌금 8억8,000만 원 선고(주심 정형식)
- 2015년 8월 20일 대법원 8 대 5로 상고 기각. 유죄 확정

1부

만행의 현장,
공판 참관기

1장_ '검찰 유죄' 확인된 1심
2장_ 충격과 공포의 2심
3장_ 진실의 추락 3심

'한만호 사건' 담당 재판부와 검찰

〈1심〉
재판부 : 김우진, 김기수(배석), 김대권(배석)
검찰 : 임관혁, 신응석, 양석조, 엄희준

〈항소심〉
재판부 : 정형식, 김관용(배석), 윤정근(배석)
검찰 : 임관혁, 이정호, 신응석, 김민아, 엄희준

〈대법원〉
재판장 : 대법원장 양승태
대법관 : 민일영, 고영한, 김창석, 김 신, 조희대, 권순일, 박상옥(이상 재판장 포함 다수 의견)
대법관 : 이인복, 이상훈(주심), 김용덕, 박보영, 김소영(이상 소수 의견)

'한만호 사건'의 주요 증인들

:: **한만호**
　핵심 중 핵심 증인이다. 사건 자체가 이 인물을 중심으로 꾸며졌다. 13대째 고양시에 살고 있는 토박이. 부친은 조상 때부터 물려받은 땅에서 대규모 꽃 농장을 할 만큼 부유했으며, 이를 배경으로 1994년 건설 회사 한신건영을 설립해 상가와 빌라, 그리고 오피스텔 등을 건설, 분양하는 종합건설사를 2008년 부도 전까지 운영해 왔다.

2004년 총선 때 일산(갑)구에서 당선된 한명숙 의원 사무실이 한신건영 소유 건물에 입주하면서 인연을 맺게 된다. 한 전 총리와는 종씨로서 먼 친척이 되는 셈인데 당시 한만호 사장 부친이 고양시 한 씨 종친회 회장이었다.

한 사장은 요양 병원 및 교회 등의 특수 목적 건물의 건설 등, 사업 다각화를 꾀하던 중, 한명숙 의원 후원회 사무실에서 민원실장 일을 하고 있던 김 아무개와 자주 마주치게 되고 김 씨의 정치적 네트워크 및 호쾌한 일처리에 매력을 느끼게 된다. 한 사장은 대학에서 건축 관련 전공을 한 것이 아니라 전자통신을 전공해 건설과 관련된 전문가 네트워크가 전무한 상황이었다. 고작해야 지역의 공사판에서 알게 된 토박이 지주들과 건설업 종사자가 전부였다. 따라서 좀 더 체계적인 사업 전개를 위해서라도 능력 있는 사람을 영입해야 할 상황이었는데 김 아무개 비서가 그런 능력을 갖춘 것으로 보였던 것이다. 결국 두 사람은 동업을 하기로 하고 김 아무개 비서는 한 사장을 도와 요양 병원과 교회 건축 수주 등 사업에 적극 나서게 된다. 이 과정에서 김 비서의 사업 수완 및 네트워크를 인정하게 된 한만호 사장은 김 아무개 비서의 남편 사업 자금 3억 원을 빌려주게 된다.

한편 한만호 사장은 화정동 오피스텔 분양에 실패해 2008년 부도가 나고 공사 대금 문제로 고소되어 사기 등의 혐의로 2009년 11월 3년형 선고를 받았다. 통영교도소에서 복역하고 있던 그는 2010년 3월 31일 영문도 모른 채 서울구치소로 이감된다. 곽영욱 사건의 1심 판결을 열흘 앞둔 날이었다. 그때부터 한명숙 전 총리를 다시 한 번 옭아 넣기 위한 작전이 그를 중심으로 진행된다.

:: 한명숙 전 총리 비서 김 아무개

2004년 17대 총선에서 후보를 수행하면서 첫 인연을 맺었고, 당선 이후 지역 후원회 사무실 민원실장을 맡았다. 지역구 민원을 접수해 의원 보좌진에게 전달하거나, 지역 현안을 파악해 보고하는 업무다. 2007년 대선 경선 당시에도 여전히 민원실장으로, 7급 보좌진으로 등록되어 있으면서 지역 지지자들과 팬클럽 관리 업무를 맡았다. 지역 사무실이 한만호 사장 건물에 들어 있어서 오가며 자주 만나면서 인연을 맺었다고 한다. 경선이 끝나면 (실패할 경우) 보좌진에서 빠지는 것으로 예정되어 있어 그때부터 한 사장과 본격적인 동업을 추진한 것으로 보인다.

특히 2007년 들어 의사인 자신의 조카를 병원장으로 하는 조건으로 파주에 요양 병원 건설을 공동 추진하면서 한신건영에서 월급 형태로 돈을 받았고(매월 5백만 원, 5개월 안팎), 회사가 리스한 자동차도 사용했다. 당시 그는 공무원 신분이었기 때문에 이는 엄연한 불법이었고, 한 전 총리 보좌진들은 전혀 이 사실을 모르고 있었다. 그는 이밖에도 일산 지역 대형 교회가 새 건물을 짓는 과정에서 한 전 총리의 영향력을 이용하려한 것 아닌가 하는 의심을 샀고, 실제로 한 전 총리 식사 자리에 한 사장을 끼워 넣기 위해 애를 쓰기도 했다. 그가 남편 사업 자금으로 한만호 사장으로부터 빌린 돈 3억 원 중에 포함된 1억 원짜리 수표가 이 사건의 유일하고도 결정적인 물적 증거로 제출됐다.

:: 한신건영 정 아무개 경리부장

한만호 사건의 또 한 명의 핵심 증인이다. 한신건영 비자금 조성을 도맡았으나 전달 과정은 전혀 알 수 없는 입장이면서도 재판 과정 내내 한명숙 총리가 돈을 받은 것이 틀림없다는 투의 확정적 증언으로 검찰을 도왔다.

한신건영의 경리부 대리로 2003년 입사해서 2008년 최종 부도 처리되기 직전까지 경리부장으로 있었으며, 한신건영 및 그 자회사 KC산업개발 등의 회계 자료는 물론 한만호 사장의 개인 비자금 통장까지 모두 관리하던 회계 담당자였다.

재판 과정에서 드러난 것은 이 정 아무개라는 인물이 단순한 회계 담당자가 아니라는 점이다. 그는 친인척의 돈까지 끌어다, 많을 때는 15억 원 가량을 한신건영에 투자까지 했다. 그는 한신건영이 부도가 나기 직전 투자한 돈의 대부분을 회수했으나 결국 3억 원 가량은 돌려받지 못했다. 그는 직원이며 동시에 일종의 채권자이기도 한 셈이다. 한 사장은 비자금을 조성할 때 그 돈이 사업에 유용하게 쓰이며 믿을 만한 곳으로 전달되는 것이라고 '거짓말' 할 요인이 있는 셈이다.

한신건영이 최종 부도 처리되고 한 사장이 교도소에 들어간 뒤, 부도난 회사에서 무엇이라도 건지기 위해 몇 사람이 채권 회수 목록의 작성을 요구하는데, 자신도 받을 돈이 있으니 이에 협조해 당시 자료를 근거로 채권 회수 목록을 작성했다고 한다. 그러나 재판 과정에서 이 증인은 본인도 채권 회수 목록의 원 데이터가 어디 있는지 알 수 없다고 실토했으며, 검찰에 의해 표기된 흔적까지 나타났다.

:: **법조 브로커 남 아무개**

이 증인이 한만호 사건을 만들어 내는 데 결정적인 공헌을 한 것으로 보인다. 한만호 사장, 정 아무개 경리부장 등 주요 증인들의 증언을 통해 드러난 이 사람의 정체는 그가 사건의 실질적 기획자 내지는 기획 보조자였음을 짐작하게 한다.

그는 한신건영과 전혀 관계없는 사람이었지만, 2008년 한 사장이 구속된 뒤 부도난 회사에서 뭐라도 건질 요량으로 친분이 있던 한신건영의 임원들 몇몇 사람과 함께 정 아무개 경리부장을 찾아와 채권 회수 목록 작성을 요구했다.

한만호 사장의 증언에 따르면 그가 서울교도소로 송치되어 한명숙 총리와의 관계 등에 대해 검찰 수사를 받는 과정에서 그에게 "서울시장 선거도 있는데 사장님(한만호)이 협조하시고, 협조하지 않으시면 힘드실 텐데……."라고 협박을 했던 인물이다. 그는 또 "윗선에서 계획적으로 만든 것이기 때문에 협조하지 않으면 무척 힘들어질 것"이라고까지 말하기도 했다.(1심 6차 공판 중 한만호 진술)

특히 이 인물은 한만호 사장의 개인 돈 3억 원으로 마련한 한신건영 사무실의 명의를 뺏은 후 돌려주지 않고 전세 임대료 수익을 착복하고 있다. 한 사장은 이 보증금을 찾아 정 아무개 경리부장에게 주기로 약속했으나 이 사람이 이를 거절하고 완전히 빼앗기 위해 이 사건을 검찰에 제보한 것이라고 말하기도 했다. 그러나 이 같은 내용을 증인으로 나온 정 아무개 경리부장은 일체 말하지 않았다.

:: 김 아무개 장로

한소망교회의 시설 관리 책임 장로로 건축위원회 간사였던 인물이다. 한만호 사장과는 박 아무개 당시 한신건영 부사장을 통해 알게 되었다. 검찰 수사 과정에서 교회 건물 신축 공사 건설 회사를 선정하는 데 자신이 간사역을 맡고 있지만 실제 결정 권한이 없다고 발뺌하다가 2차 조사에서 적극적인 역할을 했다고 실토한 인물이다.

교회 신축 공사 업체 선정과 관련, 그는 한만호 사장으로부터 공사 수주와 관련 돈이 필요하다며 총 2억2,000만 원의 금품을 수수했고, 사위와 딸을 위해 소극장을 한만호로부터 무상으로 제공(인테리어 비용 1억4,000만 원, 임대료 전무)받기도 했다. 한만호 사장은 돈을 한명숙 총리에게 전달한 것이 아니라 일부는 김 아무개 비서에게 빌려줬고, 나머지는 이 김 아무개 장로와 건설 브로커 등에게 준 것이라는 증언을 했음에도 검찰은 관련자들에 대한 계좌 추적 등 아무런 수사도 하지 않은 것으로 보인다. 이 사람 역시 한 총리와 교회 측이 굉장히 가깝다는 식으로 검찰이 원하는 진술 및 증언을 했다. 추후 그는 품행 등의 이유로 교회에서 축출된 것으로 알려졌다.

:: **박 아무개 건설 브로커**

한만호 사장과는 안 지 오래된 사이로 부도 전까지 한신건영의 영업 담당 부사장이었다. 일종의 건설 브로커 역할이다. 한소망교회 신도로서 교회 신축 공사가 있다는 내용을 알게 된 후 평소 알고 지내는 집사를 통해 김 아무개 장로를 소개받고 본격적인 영업 활동을 벌인다. 그는 공사 수주 활동을 위해 1억 원의 돈을 한만호로부터 받았으며, 김 장로의 요구를 한만호 사장에게 전달하는 등 불법적인 자금 흐름과 관계가 있다. 그러나 검찰은 이 사람 역시 전혀 수사하지 않은 것으로 보인다.

1장_
'검찰 유죄' 확인된 1심

"이건 코미디야, 희대의 코미디……."

1차 공판 2010년 12월 6일

모두진술 원고를 읽어 내려가는 한명숙 전 총리의 목소리가 다른 때와는 달리 미세하게 떨렸다. 그것은 이날 한 총리 스스로 표현했듯 "지난 (곽영욱 사건) 재판 때와 마찬가지로, 하지 않은 일을 하지 않았다고 증명해야 하는 난감한 일을 다시 시작해야 하는" 것에 대한 자괴감 때문이리라고 나는 짐작했다. 혹은 "검찰과 사실 관계를 다투는 것과는 별개로 세간의 의혹과 의심의 눈초리를 견뎌 내야 하는" 상황에 대한 분노 때문이었을지도 모른다. 이어 그가 "하나가 안 되면 또 다른 건의 조작을 통해 끊임없이 저를 부도덕한 사람으로, 부패의 상징으로 만들어 가고", "그렇게 가랑비에 옷 젖듯 '상습'의 누명을 씌워 의혹을 심증으로, 그 심증을 사실인 것처럼 국민들이 믿게 만들려는" 검찰의 의도를 지적할 때, 나는 문득 '증삼의 고사'가 떠올랐다. 『사기』 '감무 열전'에 나오는 이 이야기는 인간의 신뢰라는 것이 얼마나 허무하게 무너질 수 있는 것인지를 잘 설명해 주는 예로 자주 인용된다.

노나라에 증삼이란 효자가 살았다. 그 어미가 효자 아들을 믿고 의지했음은 물론이다. 어느 날, 한 사람이 증삼의 집에 와서 베틀에 앉아 베를 짜고 있는 증삼의 어미에게 "증삼이 살인을 저질렀다."고 고했다. 하지만 어미는 "내 아들이 그럴 리 없다."며 꿈쩍도 하지 않았다. 또 다른 사람이 와서 똑같은 소리를 했다. 이번에도 어미는 꿈쩍하지 않았다. 그런데 세 번째 사람이 또 와서 증삼이 살인을 했다더라고 하자 어미는 들고 있던 북을 내던지고 담을 넘어 도망쳤다는 것이다. 아마도 그 당시에는 연좌제가 있었던 모양이다. 살인을 저지른 증삼은 효자 증삼과 동명이인이었다. 실로 한명숙 총리가 겪고 있는 수난이 바로 그러하다. 곽영욱 뇌물 사건이 1심에서 무죄로 판결날 것이 확실해 보이자 검찰은 별건 수사로 이번 사건을 시작했다. 하지만 이번 사건 관련자들에 대한 수사는 훨씬 오래전, 검찰이 한 총리 주변을 샅샅이 뒤질 때 이미 시작됐다고 한다. 다만 그럴듯하게 꾸미는 것이 훨씬 더 힘들 것으로 여겨졌기 때문에 우선순위에서 곽영욱 사건에 밀렸던 것으로 보이는데, 그나마 믿었던 곽영욱 사건의 허구가 재판 과정을 통해 낱낱이 드러나자 서둘러 이 기획을 되살려낸 것이라는 얘기다. 이것도 끝이 아니다. 재판 하루 전, 한명숙 공동대책위는 기자회견을 통해 "검찰이 이번 재판도 실패할 것을 예비해 한명숙 전 총리를 표적으로 겨냥한 또 다른 징후를 포착하고 예의 주시하고 있다."고 밝혔다. 그들은 세 번째도 노리고 있는 것이다!

"노무현 대통령님, 심정 이해간다"

모든 것이 곽영욱 사건 때와 흡사하다. 가장 흡사한 것이 핵심 증인들의 신분이다. 검찰은 이미 한 총리 주변 인물들을 수십 명, 수백 명씩 저인망식으로 훑은 것으로 보인다. 그런데 기묘한 것은 한 총리를 엮은 두 사건의 핵심 인물이 모두 피의자이거나 수형자라는 점이다. 검찰이 구형량을 늘일 수도, 줄일 수도 있을 뿐 아니라, 편의를 봐 줄 수도 있고, 뺄 수도 있는, 말 그대로 검찰의 손아귀에 놓인 궁박한 처지의 인물들인 것이다. 곽영욱이 재판 과정에서 한 총리를 모함하기 위해 기를 쓰고 자신의 범죄 사실(뇌물 공여)을 주장한 데 따른 대가를, 자신의 원래 횡령 사건에 대한 구형에서 얼마나 톡톡히 누렸는지에 대한 객관적 계량은 불가능하다. 짐작만 할 뿐이다. 이번 사건을 구성하는 핵심 인물은 이미 사기 혐의로 형이 확정돼 교도소에서 복역 중이므로 곽영욱이 누렸음직한 혜택은 해당되지 않을지도 모른다. 하지만 검찰이 그의 회사를 새삼스럽게 뒤지면서 숱한 범죄 사실이 새롭게 드러났는데 검찰은 이에 대한 기소를 꿈도 꾸지 않는다.

재판 첫날, 검찰 측 증인으로 나온 젊은 여성인 경리팀장 정 아무개는 열 개가 넘는 은행 계좌를 돌려가며 비자금을 조성하고, 사장과 함께 여행 가방 안에 현금과 달러를 쟁여 넣는 범죄 장면을 신나게 묘사하면서도 전혀 두려움이나 죄책감을 느끼지 않았다. 그런 그녀를 변호인 측에서 한 번 더 출정을 요구하자 검찰은 "생활인으로서 증인의 인권도 고려해야 한다."며 어깃장을 놓는다. 한 편의 잘 짜인 상황극을 보는 것 같았다. 아니면 코미디가 가미된 괴기극의 한 장면이랄까.

모두진술을 읽어 내려가던 한 총리의 목소리가 결국 더는 숨기지 못할 만큼 크게 떨렸다. 간신히 울음을 참는 모습을 법정에 앉아 있는 사람들이 다 알아챘다. "(고 노무현 대통령님이) 본인에게 가해졌던 수모와 모욕도 참기 힘드셨겠지만 그것으로 인해 이 나라의 양심적 민주 세력이 받을 명예의 훼손과 상처가 더욱 아프고 쓰라렸을 것"이라는 대목을 읽는 때였다. 그리고는 "세상을 버리고 싶을 만큼 고통스런 시간이셨을 텐데, 지금 저도 그렇습니다."라고 비통한 속마음을 털어놓았다. 재판이 진행되던 당시 한 총리를 만난 사람들은 모두 한 총리가 의외로 명랑하고 씩씩한 데 놀란다고 했다. "어떤 이들은 이런 상황이 되면 휠체어도 타고 그러던데 난 끝까지 당당하게 싸워 이길 거야."라고 투지를 불태운다고 한다. 하지만 그런 한 총리도 속으로는 그렇게 괴로워했던 거다. 노 대통령의 마지막 순간을 상상할 정도로까지.

검찰로서도 존재조차 하지 않는 한 총리의 범죄 사실을 입증하기는 불가능할 것이다. 하지만 한 총리 흠집 내기, 궁극적으로는 양심적 민주 세력 전체에 대한 모욕 주기에 대한 집요한 공작은 멈추지 않을 것이다. 그들은 이미 무대장치를 끝냈다. 그들은 이번 사건을 '한 전 총리 불법 정치자금 수수 사건'이라고 이름 붙였다. 말이 생각을 규정한다는 이론에 따르면 이미 주변인들의 뇌리 속에는 사건의 실체와 관계없이 한 총리가 정치자금을 수수했을 개연성만 남게 되는 것이다. 그것이 바로 이번 사건을 '한 총리에 대한 검찰 독직 사건 2' 혹은 '검찰권을 악용한 이명박 독재 정권의 한 총리 탄압 사건 2'로 규정지어야 하는 이유다.

"돈 드린 적 없다"… 검찰, 결정타 맞아

2차 공판 2010년 12월 20일

도둑놈들, 사기꾼들, 깡패들이 설치고 돌아다니는 것도 모자라 감투까지 눌러쓰고 함부로 주먹을 휘두르는 험한 세상이다. 평범한 사람이 크게 욕심내지 않고 상식을 지키며 착하게 살아가는 것만으로도 훌륭하다고 칭송받는 이유다. 그렇다면, 처음에는 나쁜 마음을 먹고 착한 사람을 궁지에 몰아넣는 음모에 적극 가담했으되, 결정적인 순간 스스로의 잘못을 뉘우침으로써 진실을 바로 잡은 사람에게는 어떤 대접이 어울릴까. 상황을 원상회복시켜 놓은 것에 불과하므로 '돌아온 탕자'에게 어울림직한 너그러움으로 감싸 안는 정도가 적당한 것인가.

하지만 그는 자신의 불이익을 각오하고 착한 사람에게 들씌워진 누명을 벗겼을 뿐 아니라, 나쁜 자들의 흉악한 음모를 만천하에 폭로하기까지 했다. 그렇다면 부친의 엄한 질책이 예상되는 상황에서도 벚나무를 자른 사실을 거짓 없이 고백한 어린 조지 워싱턴의 용기를 영웅의 한 면모라고 배운 예에 따라 이 사람의 용기를 좀 더 치켜세운들 큰 무리는 없지 않겠는가. 검찰에 따르면, '한명숙 총리에 대한 검찰 독직 사건 2'로 명명해야 마땅한 이 재판에서 한신건영 한만호 사장은 도합 9억 원의 불법 정치자금을 자신이 직접 한 총리에게 공여한, 이번 사건의 알파요, 오메가인 핵심 증인이다.

20일 2차 공판의 유일한 증인으로 법정에 선 이 사람에게 검찰은 처음부터 자신만만하게, 부친을 통해 한 총리를 알게 된 경위, 사무실을 시가보다 싸게 임대해 준 경위, 한 씨 종친회에 대한 후원 여부 등을 물어 가며 본격적인 신문을 위해 숨을 골랐다. 한껏 여유를 부리던 검찰이 드디어 3회에 걸쳐 3억 원씩 정치자금을 공여한 상황에 대해 본격적인 첫 질문을 던지는 순간, 한 사장은 이 대목에서 할 말이 있다며 증인석에서 일어섰다. 그리고는 말했다.

"증인은 피고인에게 어떠한 정치자금도 제공한 적이 없습니다. 비겁하고 조악한 저로 인하여 누명을 쓰고 있는 것입니다."

그의 폭탄 증언으로 법정은 순식간에 혼란의 도가니에 빠져들었다. 방청석에서는 박수 소리와 고함 소리가 터져 나왔다. 법정 정리가 제지했으나, 탄식과 환호를 말릴 수 없었다. 증인신문이 진행되는 동안 말없이 증인을 뚫어지게 쳐다보던 한 총리는 그 순간 오히려 긴장의 맥이 풀린 듯 더욱 창백해진 안색으로 의자에 깊숙이 무너져 내렸다. 그리고는 눈물을 훔쳤다. 한 총리와 함께 피고인으로 앉아 있던 김 아무개 비서는 아예 정신을 잃은 채 병원으로 실려 갔다. 안도의 충격이 너무 급격히 닥쳐온 것이다. 혼비백산한 검사들은 돈을 전달한 구체적인 장소, 방법 등에 대해 준비된 질문을 계속하려 했으나 한 사장은 검찰이 제시한 장소는 자신이 익숙하게 아는 장소들을 꾸며 댄 것이므로 아무 의미가 없다면서 "돈을 줬다는 진술 자체가 애초부터 허위였으므로 그런 것(허위 진술)을 근거로 질문하면 답변할 게 하나도 없다."고 했다. 검찰이 지속적으로 던진 "검찰에서 그렇게 진술하지 않았느냐?"는 신문에 대해서도 "검찰에서 그렇게 진술한 것은 맞지만 그런 (돈을 준) 일 자체는 없다."는 사실을 거듭 분명히 했다. 검찰의 행동은 진실을 파헤치려는 신문이 아니라 책임 회피에 급급한 초라한 모습이었다. 동시에 검찰은 한 사장이 검찰에서 한 허위 진술이 결코 강압적이거나 유도신문에 의한 것이 아님을 드러내 보이기 위해 애를 썼다. 그것은 일정 부분 한 사장도 인정했지만 과연 100% 진실이 그랬을까.

73회나 불러 '조지고도' 뒤통수 맞은 검찰

구치소에서 재판을 기다리는 피고인들이 스스로의 괴로움을 표현하기 위해 '유전무죄, 무전유죄'만큼 입에 잘 올리는 말이 있다고 한다. "검사는 (수사하려고) 불러 조지고, 판사는 (판결을) 때려 조지고, 집에서는 (재산을) 팔아 조진다." 그만큼 검사가 불러 대는 것이 괴롭다는 얘긴데 이번 사건에서 검찰은 수사 기간 동안 한 전 사장을 무려 73회나 '불러 조졌다'고 한다. 이틀에 한 번씩, 사흘에 한 번씩 불러서, 한 얘기 하고 또 하고, 한 얘기 하고 또 하면, 없는 귀신도 불러올 수 있지 않을까.

또 한 사장은 수사 과정에서 이미 진실의 편에 서기로 마음을 결정한 후에도 계속 검찰에 협조한 이유에 대해 "검찰이 너무 잘해준 데다가 너무 열성적이어서 차마 거부하기 어려웠다."고 했는데 이는 역으로 검찰이 얼마나 사리 분별을 잃고 오로지 한 총리 옭아 넣기에 일로매진했는가를 웅변으로 설명하는 것이다. 물론 한 사장이 당초 한 총리를 겨냥한 음모극에 가담하고자 결심했던 배경에는 그의 잘못된 계산도 작용했던 듯하다. 그의 증언을 분석하건대, 어떡하든 한 총리를 잡으려는 검찰의 의도를 간파하고는 그 음모에 충실히 봉사함으로써 검찰의 힘을 빌려 자신이 억울하게 빼앗겼다고 생각하는 돈과 회사를 되찾을 수 있다고 착각한 것 같다. '서울 시장 선거'까지 들먹이는 상황에서 검찰 수사에 협조하지 않을 경우 상당한 불이익이 발생할 것에 대한 두려움도 있었다고 했다. 그런데 왜 뒤늦게 마음을 바꿨을까.

"한 총리님에 대해 존경심을 갖고 있었고, (한 총리님을 아는 것에 대해) 자부심을 갖고 있었는데, 허위 진술로 인해 한 총리님이 서울 시장에서 낙선하고 또 기소까지 당하여 고통 받으시는 모습을 보면서 나 자신이 참으로 한심스러웠고, 시간이 지날수록 제가 선상이 나쁘기도 했지만 쇠책감이 밀려들어 심지어 목숨을 끊으려고까지 했었습니다. 그러나 연로하신 부모님이 계시고 이대로 내가 삶을 마쳐 버리면 한 총리님 의혹을 벗겨 드리기 어렵기 때문에 재판이 열리는 오늘을 손꼽아 기다려 왔습니다. 그래서 진실을 밝히게 되었습니다."

그리고는 수개월 전 수사 과정에서 이미 진술 번복을 결심했으면서도 이 날 법정에까지 오게 된 진짜 이유를 밝혔다.

"검찰(단계)에서 사실이 아니라고 해도 세간에서는 의혹이 계속 될 것이기 때문에(검찰이 어떻게든 엮을 것이라는 뉘앙스), 법정에서 밝혀야만 한 총리님의 누명이나 억울한 것이 벗겨질 것이라 판단했습니다."

이 정도면 훌륭하지 않은가. 혹자는 이 사람이 당초 기대했던 혜택을 누리지 못할 것이 분명해지자 변심한 것일 뿐이라고 혹평할 수도 있을 것이다. 하지만 그가 이날 법정에서 고백했듯, 검찰에 대해 느끼고 있는 어마어마한 중압감, 이 음모를 둘러싸고 있는 (이날 검찰이 예정에도 없던 대질신문을 해야 한다고 끝까지 물고 늘어진) 인물들에 대한 공포심을 고려한다면, 이 사람이 결국 진실의 편에 서자고 결심하기까지의 고뇌를 결코 가볍게 여길 수는 없을 것이다.

사나운 개를 길들이는 방법 중에, 아주 뜨겁게 익힌 무를 던져 (뜨거운지 여부를 알 수 없는 개가) 덥석 물게 함으로써 이빨을 몽땅 뽑는 방법이 있다는, 믿거나 말거나 식의 우스갯소리가 있다. 원래 성질 급하고 사나운 것들은 이성이나 논리로 설득하기는 어렵고, 뭔가 비상한 꼴을 당해 봐야 비로소 안다는 이야기인 것인데 아무래도 검찰이 이번에 그 꼴이 난 것 같다.

검찰 재수사, "갈 데까지 가 보자"

3차 공판 2011년 1월 4일

장터에서 얼큰히 취해 돌아오던 마을 사람 박 씨(혹은 김 씨든, 이 씨든) 앞에 '그것'이 느닷없이 나타나 시비를 걸었다. 이리 가려 하면 이리 와서 막고, 저리 가려 하면 저리 와서 길을 막는다. 비키라고 하면 저도 비키라 하고, 꺼지라 하면 저도 꺼지라 고함을 지른다. 힘깨나 쓴다는 박 씨가 드디어 참을 수 없어 드잡이를 시작했는데 결국 힘이 부쳐 기진맥진 쓰러지고 말았다. 다음날 아침 동네 사람들은 마을 어귀에서 흙투성이가 되어 쓰러져 있는 박 씨를 발견했다. 그 옆에는 짚으로 엮은 싸리나무 몽당비 한 자루가 흩어져 놓여 있더라는 오싹한 결말. 우리가 어렸을 적 많이 듣던 '허깨비 이야기'의 대략적 줄거리가 그랬다.

허깨비는 눈 밝은 사람들에게는 아무 힘도 못 쓰지만, 눈이 흐릿하거나 마음속에 헛된 욕심을 가진 사람들은 스스로 홀려서 이상한 짓들을 하게 된다고 했다. "(대명천지를 꺼리고) 밤길 좋아하는 인간일수록 그만큼 귀신과 조우할 가능성이 크다."는 중국 속담도 있다.

한신건영 한만호 사장이 불과 10여 일 전인 2차 공판 때, 한명숙 전 총리에게 9억 원을 주었다는 검찰에서의 진술을 전면 부인했음에도 검찰은 전면적인 재수사를 통해 한 총리의 범죄 사실을 입증하고야 말겠다고 굳게 결심한 듯하다. 3차 공판 전 2주 동안 검찰은 900통이 훨씬 넘는 한 사장의 편지와 역시 수 백 건이 넘는 구치소 접견 기록을 이 잡듯 뒤졌다. 그 결과 한 사장이 한 총리에게 돈을 준 것이 사실인 것 같은 뉘앙스를 풍기는 발언을 다수 수집했으며, 이를 토대로 검찰은 한 사장이 검찰 조사 과정에서 한 진술이 진실임을 입증하고 싶었던 것이다. 그렇게만 된다면 한 사장의 법정에서의 진술 번복의 폭발력은 자동 소멸의 운명을 면치 못할 터다. 검찰은 한 사장이 주로 자신의 모친과 동업자들, 피해자들과의 접견 때 발언과 서신 내용 중에서 2007년 한 사장이 한 총리의 김 아무개 비서에게 빌려 준 3억 원 외에 또 다른 3억 원이 '한 총리'라는 이름과 함께 거론되고 있음을 집요하게 추궁했다. 이에 대해 한 사장은 "한명숙 총리에게 돈을 준 사실이 없다."는 것을 거듭 밝히면서 자신이 모친에게 김 아무개 비서관-한 총리 라인으로부터 받을 돈이 있는 것처럼 계속 이야기한 것에 대해서는 "(돈 관계에 대하여) 정상적인 말씀을 드리기에 많이 모자라는 모친에게 믿을 만한 곳에서 받을 돈이 있다고 안심시키기 위해서 그랬던 것"이라는 의미로 해명했다. 기타 주변인들에게 검찰에서 자신이 한 진술이 진실인 것처럼 이야기한 부분에 관한 검찰의 집요한 신문에 대해서도 "기억도 잘 안 나고, 만약 그랬다면 오버한 것"이라거나, "검찰에 협조하기로 이미 그들과 교감했기 때문이었다."는 입장을 견지했다.

추궁과 부인이 반복되며 지루하게 진행되던 검찰과 한 사장 간 진실게임은 이튿날 새벽 1시 가까이 돼서야 끝났다. 변호인 반대신문이 아직 남았다. 당초 검찰은 한 사장과 접견인 간에 오간 수많은 대화 가운데 가장 수상하다고 생각되는 부분을 발췌, 편집해서 충격 효과를 한껏 드높인 동영상 CD

를 법정에서 터뜨려, 이날따라 방청석을 가득 메운 기자들을 상대로 한바탕 화려한 '언론 쇼'를 기획했으나 변호인단의 완강한 반발에 막혀 실패했다. 그럼에도 법정 밖에서는 중앙지검 3차장이 검찰 출입 기자들을 불러 모아 CD에 담겨 있는 내용과 함께, 확인되지 않은 추정 사실을 유포하는 '범죄적 행위'가 끝내 자행됐던 모양이다.

이제 문제는 누구를 믿을 것인가만 남은 셈이다. 뒤늦게나마 한 총리에 대한 존경과 미안함으로, 자신에게 유리할 것은 하나도 없는 대신 온갖 위험과 위협만이 가득한 진실의 길을 택했다는 한 사장. 그의 평소 언행으로 볼 때 법정 진술 번복이야말로 또 다른 진실의 부정이라고 주장하는 검찰. 어느 쪽이라도 자신의 진실을 입증할 결정적인 증거를 제시하지 못하는 한, 상대 쪽이 잘못됐음을 결정적으로 증명하지 못하는 한, 누구를 믿는가의 문제는 결국 관찰자의 입장에 따라 달라질 수도 있는 상황이 되어 버렸다. 그리고 변호인의 반대신문이 끝나가던 새벽 2시 가까이까지도, 최소한 이날 3차 공판에서만은 어느 쪽도 자신이 옳거나 상대가 결정적으로 틀렸다는 증명을 해내지 못하는 듯싶었다. 그런데 그때 이런 일이 발생했다.

한방에 무너진 검찰의 거짓

변호인이 물었다.

"한 총리께서 2007년 3월경 민주당 대선 경선 후보로 나선다는 소식을 듣고 한 총리께 정치자금을 드리기로 결심했느냐는 검찰의 질문에 그렇다고 답변한 적이 있지요?"

"아니, 저는 처음부터 한 총리께 정치자금을 드리겠다는 생각을 한 적이……."

"아니, 내 질문은 그런 생각을 했느냐가 아니라 그렇게 검찰에서 진술한 적이 있느냐는 말입니다."

"그렇습니다."

한 사장의 이 답변이 나오자마자 백승헌 변호인은 2007년 상반기 여당은 민주당이 아닌 열린우리당이었다는 사실을 상기시키면서, 당시 열린우리당이 와해 상태에 빠진 후 중도통합민주당이 6월, 대통합민주신당이 8월에 창당됐고, 지금의 민주당은 이들을 통합해 이듬해 2월 비로소 창당됐다는 사실을 설명했다. 한 총리가 2007년 3월, 대선 경선에 나설 생각을 굳히기는커녕 민주당 자체가 겨우 소수 정당이었다는 점을 반대신문을 통해 밝힘으로써 그 해 3월 민주당 대선 경선 운운이 얼마나 허무맹랑한 소리인가를 조목조목 논증한 것이다.

검찰의 거짓에 대한 더 놀라운 폭로가 곧이어 터져 나왔다. 검찰 공소 내용의 핵심은 2007년 3월 초 한 사장이 한 총리의 비서 김 피고인을 통해 한 총리의 전화번호를 얻었고, 이를 자신의 핸드폰에 입력했으며 바로 한 총리에게 전화를 걸어 민주당 경선자금을 제공할 용의를 전달했다는 것이다. 이후에도 한 사장은 십 수 차례 한 총리와 통화를 해서 자세한 자금 수수 날짜와 수수 방법을 논의했다는 것이다. 변호인이 검찰이 한 사장 핸드폰에 내장된 수백 개 전화번호를 복제한 내용을 보여주며 물었다.

"이것이 증인의 전화번호 맞지요? 한 총리와 통화했다면 이 전화로 한 거겠지요?"

"예, 그렇습니다."

"이 전화번호를 복제한 날짜가 모두 2007년 7월 20일로 나오는데 이것은 증인이 핸드폰을 바꿀 때 일괄적으로 이 날짜에 기존 핸드폰에 내장돼 있던 전화번호를 옮겨 왔기 때문입니다."

(신기하다는 듯이) "아, 그렇습니까. 제가 신경질이 나면 핸드폰을 집어던지는 습관 때문에 자주 핸드폰을 바꾸기는 했습니다만……."

"그런데 수백 개 번호 중에서 유독 10여 개 번호만은 다른 날짜가 찍혀 있어요. 이것은 나중에 별도로 그 번호를 입력했다는 이야기지요."

변호인은 검찰이 그 부분만 검게 표시한 번호 하나를 제시하며 한 사장에게 물었다.

"이 번호는 한 총리님 번호가 맞지요?"

"예, 그렇습니다."

"그런데 복제 날짜가 7월 20일이 아니라 2007년 8월 21일과 2010년 4월 26일이네요?"

이 부분에서 가장 인상적인 장면은 그때서야 비로소 사태를 파악한 검사들의 벌레 씹은 표정보다도 한 사장의 천진난만한 반응이었다. "아, 정말 그러네요!" 백 변호인이 친절하게 결론을 내렸다.

"결국 적어도 2007년 8월 21일 이전에는 증인의 핸드폰에 한 총리님의 전화번호는 입력이 되어 있지 않았다는 이야기입니다. 수십 번씩 전화를 했을 턱이 없지요."

그리하여 검찰이 한 사장을 상대로 열심히 꾸민 조서는 처음부터 거짓투성이 엉터리였음이 통렬하게 드러났다. 이런 엉터리 조서를 토대로, 한 나라의 총리를 지낸 인물에게 누명을 씌우고 망신을 주려고 하는 것이다. 2007년 3월 한 총리에게 정치자금을 주겠다고 직접 전화를 건 후에도 계속 전화로 돈을 건넬 날짜를 정하고, 돈을 건넬 장소와 방법을 정했던 것이 한 사장이 아니라면 아마도 허깨비였을 수는 있겠다. 그렇다면 이 대명천지에 대한민국 검찰은 몽당 빗자루를 부둥켜안은 채 용을 쓰고 있는 게다.

검사와 증인들의 소극(笑劇)
4차 공판 2011년 1월 11일

2차 공판에서 한신건영 한만호 사장의 양심선언에 혼비백산했던 검사들이 부랴부랴 불러 모았던 인물들이 바로 1월 11일 열린 4차 공판에서 증인대에 선 박 아무개와 두 명의 김 아무개들이었다. 당시 검찰은 이들을 법정 밖에 대기시켜 놓은 채 "진실이 바로 저 문 밖에 있다."면서 당장 한 사장과 대질신문을 시켜달라고 요구했다. 한 사장이 "돈을 준 것은 한명숙 총리 쪽이 아니라 이들 3인이었다."고 지목했기 때문이다. 검사들은 당장 대질신문을 시키지 않으면 진실이 땅에 묻히기라도 할 것처럼 펄펄 뛰었지만 공판 절차를 어긴 그러한 무리한 요구는 재판장에 의해 결국 거부됐다. 3차 공판에서도 검사들이 한 사장의 편지와 접견 기록을 중심으로 한 사장을 신문하는 데 골몰하는 바람에 이들에 대한 신문은 또 미뤄졌다.

이들은 수사 초기부터 검사들에게 적극 협조해 온 '검찰 측 증인들'이다. 이번 사건 재판 과정에서 검사들의 요청, 혹은 지시에 따라 같이 움직이는 모양이다. 이들은 또 집단적으로 한 사장과 이해관계를 달리 하는 사람들이다. 한 사람은 건설 브로커, 한 사람은 교회 장로, 또 한 사람은 한 사장의 전 운전기사 겸 비서실장이었으나 지금은 한신건영 관련사의 대표가 된, 직업과 신분은 각각 다르지만 한 사장 주변에서 한때 공동 이익을 도모했다가 지금은 갈라선 사람들이라는 공통점이 있다.

더 핵심적인 관계는, 한 사장의 증언에 따르면 이들 중 두 사람은 일산 지역의 모 교회 신축 공사를 따내기 위해 같이 움직였으며, 그 작업에 소요되는 5억 원 상당의 돈을 한 사장으로부터 한자리에서 현금, 또는 달러로 받았다는 것이다. 그걸 인정하면 이들은 큰일 나는 것이다. 그러므로 한 사장과 이들의 주장은 처음부터 서로 엇갈릴 수밖에 없다. 줬다, 안 받았다, 서로 주장만 할 뿐 그것을 입증할 도리가 없는 것이다. 그 돈을 받았다 해도 그 돈을 자기들이 착복했는지, 누구에게 전달했는지는 더더욱 알 수가 없다.

한 몸으로 몰려다니며 딴소리하는 증인들

검찰이 이 사람들의 계좌를 한명숙 총리 주변인들의 계좌 추적하듯이 철저히 파헤쳐 보면 뭔가 새로운 진상이 밝혀질지도 모르지만 검사들이 그런 의지를 갖고 있을 턱이 없다. 무엇보다 이들 증인들이 그렇게 믿고 있는 것 같다. 그래서 이들이 오히려 피해자라며 한 사장을 꾸짖는 태도와 어법에는 거침이 없다. 한 사장은 이들 중 한 사람에게 "검찰에서 간덩이가 부어왔다."고 표현했다.

이들의 증언은 한 사장의 증언과 엇갈릴 뿐 아니라 제 입에서 나온 말들조차도 서로 엉킨다. 건설 브로커인 박 아무개 증인은 자신이 '로비'라는 단어 자체도 모른다고 했다가 금방 "건설업계에서 로비를 하지 않으면 아무

공사도 따올 수가 없다."고 말을 바꾼다. 오래간만에 법정에 웃음꽃이 피었다. 한신건영의 부사장 겸 사업본부장으로 일하면서 한 사장으로부터 1억원을 받아 활동비로 썼다는 것까지는 인정한 이 사람은 "내 노력으로 한신건영이 공사를 수주할 가능성이 제일 컸었다."고 했다.

그런데 500억 원에 이르는 교회 건물 신축 추진위원회 간사를 맡았던 김 아무개 장로는 "한신건영이 공사를 딸 확률은 10%도 안 됐다."고 증언했다. 한 사장이 이날 공판에서 "입찰 과정에서 후보자가 압축되면서 4월 말에 한 번, 4개 회사가 남았는데 제일 유력하다고 해서 8월 말에 또 한 번, 모두 두 번 로비 자금으로 돈을 전달한 것"이라고 폭로한 것을 부정하기 위한 진술로 보였다. 그러나 이 사람 역시 그 전해 초 검찰에서 조사받을 때는 "저는 내부적으로 협조하고 있고, 외적으로는 한 총리가 신경을 쓰고 있어서 잘 될 것이라고 생각했다."고 말했던 것으로 드러났다. 검사 앞에서는 마치 한 총리가 공사 수주에 큰 영향을 미친 것처럼 진술했던 사람이 궁지에 몰리자 딴소리를 한 것이다. 이 사람은 한 사장과 밀착됐다는 것이 밝혀져 이듬해 교회에서 파문 비슷한 것을 받기도 한 인물이다. 금융 적색거래자였다고도 한다. 어쩌면 이들의 주장에 신빙성이 있느냐 없느냐를 따지는 것 자체가 아무런 의미가 없는 것일지 모른다. 이 인물들이 자신들의 주장대로 한 사장의 돈을 받지 않았을 수도 있다고 치자. 그렇다고 그 돈이 한 총리 쪽으로 흘러간 것이라고 바로 연결 지을 수 있을까?

irrelevant. 이것과 저것은 아무 관계도 없다는 영어 단어다. "나는 한명숙 총리님께 돈을 드린 적이 없습니다. 한 총리님은 지금 누명을 쓰고 계신 겁니다."라는, 돌아온 죄인의 심정으로 절규처럼 내쏟은 후 온갖 불이익을 각오하고 온갖 위협을 감내하면서 꿋꿋이 일관되게 지키고 있는 한 사장의 양심선언이 유효한 한, 어떤 증언이나 증거도 이 재판의 본질과

'irrelevant'한 것이다. 더구나 3차 공판에서는 한 사장이 한 총리와 수시로 통화했다는 검찰 조서의 핵심 사항이 날조된 것이라는 사실이 과학적으로 증명까지 된 터다. 여기에 한 사장이 대포폰을 썼을 수도 있는 것 아니냐는 항변이 나오는 모양이다. 그럴 수도 있겠다. 그러나 검찰은 '그럴 수도 있는 것' 가지고 기소하는 조직이 아니다. '그럴 수도 있는 것'을 충분히 수사해서 '그렇다'고 확정해야 비로소 기소가 가능하고 그것을 법정에서 증명해야 한다. 검찰에게는 이제 남은 밑천이 없다. 4차 공판에서도 검찰이 '진실이 이들에게 있다'고 호언장담하던 증인들이 전혀 설득력 없는 주장을 강변하거나 오락가락하는 모습만 연출했다. 그러면서도 사안의 본질과는 전혀 관련이 없는, 오로지 한 총리 흠집 내기 의도로 보이는 증언들을 틈틈이 비수처럼 날린다. 한 총리가 누구누구와 식사를 했네, 누구누구를 소개했네 등등 정치인으로서의 당연한 행동들을 마치 큰 비리와 연관이라도 있는 듯 색칠한다. 바로 그 짓을 계속하기 위해 검찰은 재판을 포기하지 않고 있는 것이다.

3차 공판에서도 검찰이 '유력한 증거'라며 온갖 쓰레기들을 내쏟을 태세를 보이자 한 총리는 발언권을 얻어 "피고인으로 이 자리에 서 있지만 돈을 받은 적이 없기 때문에 솔직히 이 재판과 아무 관련이 없는 사람"이라면서 "재판을 하면서도 수사를 하고, 그걸 바탕으로 언론을 상대로 명예를 훼손하고 있다. 상식적으로 이건 아니다. 피고의 인권을 고려해서 재판을 정도로 이끌어 가야 한다."고 호소했다.

하지만 한 총리는 이날 4차 공판에서도 아침 10시부터 새벽 3시 넘어서까지 자신에게 들씌워진 혐의와는 아무 관련이 없는(irrelevant) 재판을 지켜봐야만 했다. 검찰에게는 자신들에게 유리한 증인에게만 인권이 있을 뿐, 피고인 한 총리의 인권은 없는 것이다.

재판장 가르치려 드는 검사

5차 공판 2011년 1월 17일

판사와 검사가 친구라면 사석에서 얼마든지 "이놈, 저놈" 욕도 할 수 있을 것이다. 친구 사이가 아니더라도 어려운 법조문 해석과 법리에 다툼이 생기면 얼마든지 얼굴을 붉히며 논쟁을 벌일 수 있는 것이 법정에서의 판사와 검사 사이일 것이다. 그러나 검사가 법전을 들고, 법조인이라면 누구나 다 아는 기본적인 조문을 새삼스럽게, 큰 소리로 낭독해 가며, 종주먹 들이대듯 재판장에게 "아느냐, 모르느냐?"는 식으로 몰아붙일 때 그건 도대체 어떻게 해석해야 하나. 그런 해석이 곤란한 민망한 사태가 5차 공판에서 벌어졌다. 이날 증언대에 선, '검찰 쪽 증인'인 한신건영 전 경리부장 정 아무개를 다시 한 번 불러 한만호 사장과 대질신문을 벌여야겠다는 변호인 측 요청을 재판장이 받아들이려 하자 젊은 검사가 '벌컥' 하는 마음에 그만 금도를 넘어서 버린 것이다.

벌떡 일어선 검사가 낭독한 법조문의 요지는 "부패에 관련된 재판은 가급적 신속하게 진행해야 하는 게 재판장의 의무"라는 것이다. 그동안 검찰에게 휘둘려 너무 유약하게 재판을 이끌어 가는 것이 아니냐는 불만을 살

만큼 점잖은 재판장도 이 대목에서만큼은 얼굴이 굳어진 채 "지금 법원에는 부패 관련 사건들이 수없이 많이 계류되어 있다. 내가 보기에 이번 사건은 오히려 너무 빠르게 진행된다는 느낌이 있다."며 증인 재소환을 결정했다.

이 젊은 검사의 도발은 돌출 행동이 아니었다. 이날 예정된 정 아무개 증인에 대한 변호인단의 반대신문 일정(이 증인에 대한 검찰 측 신문은 1차 공판 때 이미 이루어졌음)이 밤 10시 20분쯤 모두 마무리되고, 변호인단에서 '상호 약속대로' 이 증인과 한만호 사장과의 대질신문을 위해 한 번 더 소환할 필요가 있음을 상기시키자마자 주임 검사가 일어나 "약속한 적이 없다.", "증인이 죄를 졌는가?", "검찰청에 와서 수사 협조한 사람을 범죄인 취급해야 하는 것인가?"라며 큰 목소리로 증인 재소환을 반대했다.

한번 흥분하기 시작한 검사들은 그동안 재판 과정에서 한만호 증인의 양심선언, 변호인단의 의외의 반대신문 등으로 궁지에 몰리면서 가졌던 모든 울분을 이 기회에 다 쏟아 내기로 결심이라도 한 듯했다. 번갈아 자리에서 일어나 변호인들에게 "쓸데없는 질문을 해서 시간을 끌기나 하고…….", "민주당 인사들이 한만호 증인에게 접근해 부당한 영향력을 행사하고……." 등등 좌충우돌의 발언을 쏟아냈다.

변호인들이 재판정에서 거론되지 않은 사실들이 언론에 보도되는 상황을 지적하며 검찰의 '언론 플레이'를 탓한 것에 대해서도 검사들은 "언론 플레이를 하는 것은 오히려 변호인단이 아니냐?"며 변호인단이 하는 행동은 전형적인 검찰 흠집 내기라고 되받았다. '흠집 내기'라는 단어라면 한명숙 총리에게만 해당되는 줄 알았고, '언론 플레이'는 수구 언론들을 좌우에 거느린 정치 검찰의 전유물인 줄로만 알았던 방청객들이 검사의 적반하장에 기가 막혀 실소를 터뜨리자 검사들의 '분노의 화살'이 이번에는 방청석으로 날아온다.

법정을 모독하는 방청객의 웃음은 제지되어야 한다는 것이다. 조광희 변호인이 "자연스런 반응으로 받아들이면 되지 않겠느냐."고 위로한 것이 오히려 불에 기름을 끼얹은 듯 이번에는 "저런 (조롱의) 웃음을 어떻게 자연스런 반응이라 할 수 있느냐."며 더 흥분한다.

이 난장판 속에 한 총리의 비서였던 김 아무개 피고가 코피를 쏟으며 잠깐 자리를 비키고, 변호인이 재판장에게 그녀에 대한 선처를 호소하자 또 한 검사가 벌떡 일어난다. "김 피고는 검찰 조사나 곤란한 일을 당하면 상습적으로 쓰러지는 경향이 있다고 한다."며 그녀가 '꾀병' 부리는 것임을 암시하면서 진단서를 떼 와야만 선처를 고려할 수 있을 것이라고 소리쳤다. 김 피고는 당시 갑상선암 수술을 받은 지가 얼마 되지 않았고, 기관지 확장증을 앓고 있었지만, 증인이 아니라 피고라는 이유로 계속 검찰의 인권 사각지대에 방치되어 있었다. 인권 사각지대에 있는 또 한 사람의 피고인 한명숙 총리는 자리에 앉아 아무 말 없이 이 소동을 지켜보고 있었다. 그러나 허리를 깊이 구부려 무릎에 괸 손으로 턱을 받치고 있는 뒷모습이, 한 총리 역시 이미 체력이 고갈된 것 같다. 시간은 자정을 향해 간다.

검찰 페이스 뒤죽박죽되다

검찰이 자제심을 잃었다. 초조해진 것이다. 결정적인 핵심 증인 한만호 전 사장의 양심선언으로 뒤틀리기 시작한 페이스가 점점 더 뒤죽박죽이 되고 있기 때문이다. 이날 정 아무개 경리부장의 경우만 해도 그렇다. 이 증인은 첫 공판에서 검찰 측 증인으로 나와 자신이 구입한 여행 가방에 한 전 사장과 함께 현금과 달러 3억 원어치를 꾸겨 집어넣던 범죄적 장면을 신나게 묘사했던 인물이다. 감옥에 있는 한 사장 지시로 '채권 회수 목록'을 작성해 검찰에 제출했는데 그 목록에 있는 '의원, 5억 원 지출'이 한명숙 전 총리에게 5억 원을 전달했다는 유력한 증거로 채택되어 있는 상황이다. '의원'이란 말도 한 사장이 그렇게 기입하라 해서 기입한 것이고, 자신은 그 '의원'이 한명숙 총리를 지칭하는 것으로 생각한다고 했다. 한 사장이 양심선언만 하지 않았다면 모두 유력한 정황 증거로 채택될 만한 증언들이다.

그런데 2차 공판에서 한 사장이 자신의 진술을 완전히 뒤집은 판이다. '채권 회수 목록'도 자신이 지시해서 만든 것이 아니고, 이 사건을 검찰에 제보한 법조 브로커 남 아무개 등이 중심으로 만든 것이어서 '아무 가치가 없는 것'이라 했다.

반면 검찰 측 신문 때 한 사장 지시로 만들었다고 확언했던 정 아무개 증인은 이날 뒤늦게 "남 아무개와 허 아무개가 만들라 하기에 한 사장의 지시가 있는 줄 알았다."고 했다. 그나마 이날 신문 과정에서 목록 군데군데 직접 손으로 기입한 숫자들에 대한 증인의 설명이 충분치 못한 가운데 심지어 몇 개의 수치 메모는 수사 검사 자신들이 적어 넣은 것이라고 실토하기도 했다. 그런데 '채권 회수 목록'을 작성하기 위해 참고한 데이터베이스 엑셀파일 원본은 잃어 버렸다고 한다. 엑셀파일 원본은 비자금을 관리하는 B장부에서 옮겨온 것인데 B장부에 없는 것들도 적혀 있다. 이 대목에서 계속 헛갈리는 증인의 진술은 결국 재판장으로부터 "B장부에 있는 것이 엑셀파일에 없다면 누락이라 할 수 있겠지만, B장부에 없는 것이 엑셀파일에 있다면 별도의 설명이 필요하다."는 지적까지 받을 정도였다. 직전에 총리를 역임한 분을 의원으로 부르는 것을 이상하게 생각하지 않았느냐는 질문에도 그는 일관되게 자신은 '의원'이 한 전 총리를 지칭하는 것으로 알았노라고 답변했다.

이 모든 의문점들을 시원하게 해소하지는 못하더라도, 최소한 진상을 밝히기 위해 노력을 다 했다는 공판 절차의 정당성을 얻기 위해서라도 한만호 사장과 정 아무개 증인의 대질신문이 필수적인 것으로 보였다. 하지만 검찰이 찬성을 한다 하더라도, 대질신문 자체가 불필요하게 돼 버렸다. 검찰의 열화와 같은 성원에 힘입어 완강하게 재소환을 거부하던 정 아무개 증인이 무의식적으로 내뱉은 한 마디 말이 그렇게 만들었다.

"난 정말 이런 자리에 또 나오기 싫어요. 내가 돈 주는 걸 본 것도 아니고 그냥 만들기만 한 건데······."

그렇다. 한 사장이 양심선언과 더불어 돈 준 대상을 김 아무개 장로와 건설 브로커 박 아무개로 특정한 이상 이제 어떤 증인이 증언대에 서더라도 최종적으로 남는 것은 엇갈리는 증언과 불분명한 정황과 설득력이 떨어지는 추론뿐이다.

"한 사장이 차명 폰을 사용해 한 총리와 통화할 수도 있는 것 아니냐."
"한 사장이 자기 전화로 통화를 했다가 뒤늦게 이름만 바꿔서 입력했을 수도 있는 것이다."
"2007년 3월 한 전 총리의 전화번호를 입수한 후 이 번호로 수시로 통화하면서 정치자금 제공 의사를 밝혔고 전달 일시와 장소를 상의했다."

이 발언들은 검찰 조서의 핵심 내용이 3차 공판 변호인단의 반대신문을 통해 허구로 밝혀지자 5차 공판에서 허겁지겁 검찰이 내놓은 '휴대전화 관련 검찰 의견'에 들어있는 것들이다. 원래의 기소 내용이 옳았음을 포기하는 것은 물론, 해명이라고 내놓은 것이 "이럴 수도 있고, 저럴 수도 있는 것 아니냐?"는 식으로 서로 부딪히면서 더욱 조서의 신빙성을 떨어뜨리고 있는 것이다. 검찰의 속이 곪아 갈수록 신경질만 점점 늘어가는 형국이다.

"윗선에서 계획적으로 만든 사건"
6차 공판 2011년 2월 7일

한명숙 전 총리 재판이 3주간 쉬는 동안 법원 주변에서는 꽤 주목할 만한 일이 몇 가지 벌어졌다. 1월 27일 대법원이 이광재 강원도지사에 대한 유죄 판결을 확정지었다. 같은 민주당 서갑원 의원이 역시 박연차 게이트로 유죄가 확정된 반면, 비슷한 혐의를 받았던 두 명의 한나라당 인물은 면죄부를 받았다. 한 총리 재판을 맡고 있는 서울중앙지법 형사 합의 22부(김우진 부장판사)가 26일과 28일 잇따라 2개의 중요한 판결을 내놓았다. 재판부는 우선 26일, 정당법·국가공무원법·지방공무원법 위반 등의 혐의로 기소된 양성윤 전국공무원노동조합 위원장 등 122명에 대해 면소 판결하고, 11명에게 무죄를 선고했다. 검찰은 이들이 교사와 공무원의 정당 가입을 금지한 정당법 22조를 어기고 민주노동당 당원으로 가입해 활동해왔다고 기소했으나 재판부는 "정당 가입 죄는 가입 행위 자체를 따지는 것으로 '즉시범'으로 봐야 한다."며 공소시효가 지난 피고인들에게 면소 판결했다. 다만 후원금 납부로 인한 정치자금법·국가공무원법 위반 혐의 등은 모두 유죄 판결하고, 피고인 267명 가운데 유죄가 인정된 260명에게 벌금 30만~50만 원을 각각 선고했다. 전국공무원노동조합과 전국교직원노동조합은 "이만 해도 어디냐."며 환영 일색이었다는데, 한나라당에 몇 배 거액의 후원금을 낸 교장들은 벌금은커녕 기소조차 된 적이 없다. 왜? 기소권을 독점하고 있는 검찰이 같은 편이니까.

형사 합의22부는 이어 28일 재단 공금을 횡령한 혐의(업무상 횡령) 등으로 기소된 최열 환경재단 대표에게 징역 8월에 집행유예 2년을 선고했는데도 역시 피고 측으로부터 '나쁘지 않은 판결'로 받아들여지는 것 같았다. 재판부가 회계 처리 미숙으로 인한 일부 예산 전용 혐의를 인정했으나 나머지 공금횡령, 청탁 등 검찰이 핵심적으로 노린 혐의에 대해서는 모두 무죄를 선고했기 때문이다. 서울중앙지검 특수3부는 앞서 최 대표에 대한 구속영장을 두 차례나 청구했다가 기각되자 2009년 4월 그를 끝내 불구속 기소했다. 참으로 집요하고도 독한 검찰이다.

한 총리를 노리는 자들의 정체가 대략 그러하다. 한 총리 사건을 포함, 이 같은 모든 사건의 수사와 기소를 배후에서 총지휘했던 노환균 서울중앙지검장이 2월 1일자로 대구고검장으로 전보됐다. 일부에서는 그가 △2010년 1심에서 무죄가 선고된 한명숙 전 총리 사건 △민간인 불법 사찰 사건 △'그랜저 검사' 파문 등에 대한 부실한 수사 지휘로 검찰 불신을 자초했다는 비판을 들어온 데 대한 '문책성 인사'로 본다. 하지만 다른 쪽에서는 "결국 정권 후반기를 맞은 청와대가 '고려대', '티케이', '공안통'의 3박자를 두루 갖춘 노 지검장을 차기 총장으로 염두에 두고 잠시 피신시킨다는 뜻이 아니겠느냐."는 평가가 나오기도 했다.

문책이 됐든(그 가능성은 사실 1%도 안 되지만), 피신이 됐든 대구로 내려간 이 사람, 잠자리가 뒤숭숭하게 됐다. 7일 열린 한 전 총리 6차 공판에서 핵심 증인 한만호 한신건영 전 사장이, 초기 검찰 조사 과정에서 남 아무개란 인물로부터 "(이 사건은) 아주 윗선에서 계획적으로 만든 것이기 때문에 당신이 협조하지 않으면 무척 힘들어질 것"이라는 협박을 받았다고 폭로했기 때문이다.

그는 2010년 4월 3일이란 날짜까지 기억해 내며, 검찰에 불려간 자신에게 남 아무개가 '서울 시장 선거' 운운하면서 그같이 위협했으며 "어느 윗선이냐?"고 묻자 '아주 높은 윗선'이라 했다고 증언했다. 한신건영의 청산 작업에 관여하고 있고, 법조 브로커로도 알려져 있는 남 아무개는 또한 이 사건을 처음 검찰에 제보한 인물로도 알려져 있다.

핵심 증인, 표적 수사 실상 폭로

한 사장의 폭로는 이날 자신이 데리고 있던 정 아무개 경리부장과의 대질신문 과정에서 터져 나왔다. 한 사장은 검찰 측 증인으로 나선 정 부장이 달러를 포함한 3억 원의 돈을 세 번이나 한 전 총리에게 전달한 것으로 알고 있다는 주장을 굽히지 않자 "네가 왜 그렇게 주장할 수밖에 없는지 (내가) 밝힐 수밖에 없다."면서, 자신이 남 아무개의 협박과 순간적인 욕심으로 검찰에 협조하기로 했고, 그런 자신의 결심을 알게 된 정 부장이 자연스럽게 한 총리를 모함하는 작업에 가담하게 된 과정을 설명했다.

한 사장은 2차 공판에서 "한 전 총리에게 돈을 전달했다."는 검찰에서의 진술이 거짓이었다고 양심선언을 한 이후 문제의 돈 9억 원 중 3억 원은 개인 용처로 한 총리의 김 아무개 비서에게 빌려준 것이 맞지만, 나머지 6억 원은 일산 지역 교회 신축 공사 수주를 위한 로비 자금(처음에는 성과급이라 주장)으로 썼다고 일관되게 밝히고 있다. 반대로 이날까지 세 번째 증언대에 오른 정 아무개 부장은, 휴정 시간을 포함해 거의 10시간에 걸친 재판 내내, 한 전 총리를 기소하게 된 핵심 증거인 '채권 회수 목록'의 신빙성과 9억 원이 한 전 총리에게 전달됐다는 자신의 생각이 맞는다는 주장을 견고하게 유지했다.

한 사장이 대질신문에서 정 부장에게 물었다. "난 자금 조성하라는 지시만 했지 어디에 쓴다는 말을 한 적이 없는데, 잘못하면 은팔찌 끼게 되니 잘하라고 한 얘기를 듣고 그 돈들이 한 총리에게 간 것이라고 생각한 것 아니냐?"

정 부장이 완강하게 답변한다. "아니에요. 그렇게 (한 총리께 간다고) 말했어요."

바로 직전 재판 때 증인 재소환을 거부하며 "내가 돈 주는 걸 본 것도 아니고, 그냥 만들기만 한 건데……."라고 항변하던 정 부장의 모습이 아니었다. 도대체 지난 3주 동안 그녀에게 무슨 일이 벌어졌을까.

하지만 그녀의 증언은 변호인 반대신문과 재판장 직접 신문을 통해 곳곳에서 허구라는 것이 드러났다. 정치자금이라는 뉘앙스를 풍기는 '은팔찌'라는 말을, 돈을 세 번 전달할 때마다 모두 들었다며 정확한 기억력을 강변하던 그녀는 변호인 반대신문에서 "한 번은 못 들은 것 같다."고 헷갈리더니 "한 전 사장이 (2007년) 3월경 한 전 총리에게 돈을 주고 나서 날짜와 금액 옆에 '한'이라고 쓰라고 했다."는 자신의 2차 검찰 조서 내용까지 "정확한 날짜는 기억나지 않는다."고 번복했다. 놀라운 것은 신문 과정에서, 그녀가 단순히 한 사장의 지시를 받고 일했던 직원이 아니라 한신건영의 투자자이기도 했다는 것이 드러난 것이다. 한 사장의 주장에 따르면, 정 부장이 그 투자금을 회수하기 위해 이 사건 제보자 남 아무개와 모종의 거래를 시도했으며 바로 그 지점에서 한 총리 음해가 시작됐다는 것이다.

하지만 더욱 기가 막힌 것은 검찰이 제시하고 있는 증거의 '놀랄 만한' 총체적 증거력 부족이다. 한 전 총리 사건의 발단이 된 핵심적인 물적 증거는 정 부장이 작성한 '채권 회수 목록'이다. 이 목록에 두 줄로 적혀 있는 '의원, 접대비, 2억 원, 3억 원'이란 항목과 이 항목의 근거가 된 'B장부'에 '한'이라고 쓴 메모가 한 총리에게 정치자금이 전달됐다고 뻥튀기된 것이 기소 내용의 요체다.

이 '채권 회수 목록'은 정 부장이 남 아무개의 요청을 받고 자신의 'USB 메모리카드'(이동식 파일 저장 장치)에 저장한 액셀파일의 날짜순 '백 데이터'(데이터 복구용 보관자료)를 이름별로 정렬해서 작성한 것인데, 그 백 데이터는 회사의 총괄 장부와 B장부(일종의 비자금 장부)를 참고해서 만들어 놓은 것이라고 한다.

그런데 채권 회수 목록을 작성하고 나서 USB 메모리카드를 잃어 버렸다. 총괄 장부의 행방도 묘연하다. B장부에 있는 어떤 항목은 '채권 회수 목록'에 올라 있는데, 어떤 항목은 누락이 됐다. "여기에 어떤 기준이 있느냐?"고 물으니까 "없다."고 한다.

검찰 주장대로 '한 의원'에게 9억 원이 전달됐으면 그것이 모두 '채권 회수 목록'에 적혀 있어야 할 텐데 5억 원밖에 적혀 있지 않다. 4억 원이 어디로 갔느냐니까, 아마 백 데이터에 '의원'이라 쓰여 있지 않고 '이원'이나 '으원'으로 돼 있어서 명칭별로 정렬할 때 누락된 건지도 모른다는 막연한 소리를 한다. 그런데 그걸 확인할 수 있는 백 데이터가 담겨 있는 USB 메모리카드는 이미 어디론가 사라져 버렸다니…….

창(증인)은 부러지고, 칼날(증거)은 이가 빠졌다. 이쯤 되면 풍차를 향해 달려들려던 돈키호테일지라도 말머리를 돌릴 판이다. 한 사장이 남 아무개에게서 들은 것이 맞는다면, '일을 싸지른 게 틀림없는' 높은 윗선은 잽싸게 피신한 셈이다. 남은 검사들만 애먹게 생겼다. 편파의 그물, 표적의 낚싯대로도 이번엔 '빈 광주리'를 면치 못할 판이다.

재소자 출신 C급 증인들의 향연장
7차 공판 2011년 2월 21일

이귀남 법무장관의 '맹활약'이 보도된 덕분에, 한만호 전 한신건영 사장이 지난 6차 공판에서 "한명숙 전 총리 사건은 윗선에서 만들었다고 들었다."는 폭로의 실태가 덩달아 드러나게 됐다. 물론 이귀남 장관이 울산 지역 정치권 수사와 한화그룹 비자금 조성 의혹 수사를 이끌었던 해당 지검장을 간섭하고 핍박했다고 해서 그가 한 총리 사건까지 만든 '윗선'이라는 혐의를 바로 받게 됐다는 의미는 아니다. 다만, "하지 말라."는 부당한 지시를 내릴 수 있고, 그 지시가 먹히지 않을 때 즉각 불이익을 가할 수도 있는 조직이 검찰이라면, 꼭 법무장관은 아니더라도 뭔가를 해보라는 지시가 얼마든지 선을 타고 내려올 수 있다는 얘기다. 또 그런 조직이라면 일일이 지시가 내려오기도 전에 미리미리 윗선의 심기를 살펴서 있는 것도 없는 것처럼, 없는 것도 있는 것처럼 '알아서 한 상 말아 올리는 관행'이 없다고 끝까지 우길 수는 없게 됐다는 얘기다.

그럼 한만호 사장의 폭로가 진실이라면, '한 전 총리 사건 조작'을 지시한 최종 윗선, 혹은 이 사건에 열을 올리고 있는 검사들이 심기를 살피고 있는 최종 윗선은 누구일까. 특수1부장도 한 사장이나, 한 사장을 겁박한 남 아무개에게는 어마어마하게 높은 윗선에 틀림없지만 그건 아무래도 좀 낮게 잡은 것 같고, 그럼 대구로 피신했다는 전 서울지검장일까, 검찰총장일까, 아니면 정말 법무장관이 문어발을 가진 것일까. 그것도 아니면 취임 3년을 지내면서까지 "나는 대통령 해먹기 힘들다는 생각이 없다."는 식으로 전임 대통령을 비틀어야만 직성이 풀리는, 어떤 옹졸한 높은 분의 여전히 대책 없는 열등감과 질투심을 살피는 것인가?

미움이 원인일 수도 있고 정치적인 견제 의도가 있을 수도 있다. 하지만 이번만은 틀림없다고 기세등등하게 덤벼들기는 했는데, 지난해 12월 20일 2차 공판에서 핵심 증인 한만호 사장의 양심선언으로 느닷없이 상황이 반전돼 오히려 지금은 헤어나기 어려운 궁지에 몰리게 된 검찰이다. 당초 한 사장을 중심에 세우고, 한 사장 회사의 정 아무개 경리부장, 건설 브로커 박 아무개와 일산 지역의 한 대형 교회 신축 사업 계획의 진행을 맡은 김 아무개 장로, 한 사장의 전 운전기사 겸 비서실장을 지내다가 지금은 한신건영 관련사 대표가 된 또 다른 김 아무개 등의 정황 증언으로 꼼짝 못할 포위망을 구성하려던 검찰은 2차 공판 이후 칼자루를 거꾸로 쥔 한 사장으로부터 파상 공격을 당하는 딱한 처지가 된 것이다.

검찰의 각본대로 한 전 사장을 도와서 한 전 총리를 공격하는 보조 역할을 맡기로 했던 증인들은 갑자기 바뀐 배역에 쉽게 적응하지 못했다. 줄곧 서로의 진술이 엇갈릴 뿐 아니라 제 증언마저도 앞뒤가 다른 모습을 연출해 왔다.

검찰 측에는 불행하게도 21일 7차 공판정에 나온 또 다른 검찰 측 증인 김 아무개 역시 열심히 검찰의 가려운 곳을 알아서 긁어 주는 열성을 보이기는 했으나, 결국 증언의 일관성을 유지하고 신빙성을 주는 것에는 실패했다. 더 큰 불행은 이 증인이 한 전 사장의 양심선언 후에야 부랴부랴 검찰에 불려가 5~10차례에 이르는 참고인 조사를 받은 후 증인으로 채택된 C급에 불과하다는 게 드러난 것이다. 당연히 이 사람은 애초 검찰 측 증인 명단에 들지도 못했음이 분명하다.

67년생인 이 사람은 무슨 죄(프라이버시를 이유로 무슨 사건인지는 밝히지 않음)인가로 1년 6개월 형을 받고 구치소에서 수형 생활을 하고 있었는데, 어떤 사건(이 사건 내용 역시 밝히지 않았으나 결국 벌금형을 받았다 함)의 참고인으로 지난해 4월 1일 검찰청에 출정했다가 참으로 희한하게도, 그날 한 전 총리 사건과 관련해 처음 검찰청에 불려온 한만호 사장을 만났다고 했다.

이후 이 증인은 한 사장이 한 총리 사건 관련 집중 조사를 받았던 4~7월 중 자신도 수십 차례 검찰에 나가 조사를 받으면서 한 사장과 아주 오랜 시간을 같이 있었다고 증언했다. 이 증인은 이날 비교적 확신에 찬 목소리로 한 사장과 자신은 수감되기 오래전부터 일산 지역에서 알고 지내던 사이이며, 한 사장은 한 총리에게 정치자금을 제공한 사실을 자신에게 낱낱이 토로했다고 말했다. 한 사장이 자신과 친한 은행 지점장이 구속되고 자신의 회사를 찾을 수 없게 되자 검찰에 배신감을 느낀 나머지 법정에서 진술을 번복하겠다는 결심까지 얘기한 적이 있다고 증언했다.

검찰 염두에 둔 '맞춤 증언'

뿐만 아니다. 이 증인은 자신의 증언에 신빙성을 더하고 싶은 듯, 한만호 사장이 2007년 대선 기간 중 자신에게 민주당 인사들의 유세 장소를 주선해 달라고 부탁했고, 한 사장이 자신의 진술 번복 결심을 '도마뱀 꼬리 자르기'라고 했다는 등 그의 세세한 발언 내용까지 기억해 내며 증언을 계속해 나갔다. 한 사장은 이 증인이 발행한 차용증 대상을 자신으로 하게 하는 등 위증까지 부탁했다는 것이다. 하지만 이 증인의 명확한 기억력이란 검찰 신문을 받을 때까지만 유효하다는 것이 변호인 측 반대신문을 통해 곧 드러났다.

변호인들은 이 증인이 2010년 9월 23일 만기 출소한 후 10월 초 한 사장을 면회한 자리에서 "특수부에 갔었는데 도와 달라더라. 그래서 안 한다고 했다."라고 말한 의미를 물었다. 그러자 이 증인은 자신이 다른 검사실에 인사를 간 적은 있지만 특수부에 간 적은 없다고 잡아뗐다. 그런데도 면회실에서 그런 이야기를 한 것은 한 사장이 면회실 대화 내용이 녹음된다는 사실을 알고 메모지에 그렇게 써 온 것을 읽으라고 손짓을 해 그대로 읽은 것뿐이며, 한 사장이 그렇게 한 것은 자신이 진술 번복을 실행에 옮길 때 유리하게 써먹기 위해 그랬을 것이라는, 놀랍기는 하지만 어처구니없는 상황 설명과 분석을 내놓았다. 이 증인의 예지력은 "한 사장이, 한 총리에게 뇌물을 준 증거로 '한'이라고 메모한 장부가 있는데 이것은 여차하면 한 총리가 아닌 한 사장 자신이 돈을 쓴 표시라고 하기 위한 것이라고 말한 바 있다."라는 증언에서 더욱 빛났다.

이 같은 그의 증언에 따르면 한 사장이 양심선언을 결심한 것은 2010년 6월 지방선거가 끝난 후가 아니라 감옥에 갇히기 오래 전, 그러니까 이 사건이 발생하기 전부터였으며, 그때부터 자신의 장부는 물론, 면회를 할 때까지도 교묘하게 관련 증거를 조작해 왔다는 터무니없는 결론에 이르게 된다. 그런데 검찰은 오히려 한 사장의 그런 면회 녹취록을 자신들의 주요한 증거로 붙잡고 있는 기이한 상황이다. 이 증인은 또, 자신이 출소 후 검찰에 찾아가 한 사장의 진술 번복 가능성을 알려 줬다고 토설했다가 곧 바로 다시 주워 담았으며, 12월 한만호 사장 건으로 처음 검찰에 소환되기 전까지는 "관심이 없었기 때문에 한 전 사장이 법정에서 진술 번복한 사실을 전혀 알지 못했다."고, 전혀 상식에 부합하지 않는 증언까지 내놓았다.

돈을 직접 줬다던 핵심 증인이 진술을 번복한 상황에서 검찰이 할 수 있는 유일한 대안은 "나도 한 사장으로부터 한 총리에게 돈을 주었다는 이야기를 들었다."는 증인을 최대한 많이 내세우는 것뿐일 터다. 이들의 입을 통해, 한 사장의 진술 번복이 검찰에 대한 개인적 감정 때문이며, 따라서 그런 진술 번복이 있기 전 이미 많은 주변인들에게 한 총리에 대한 정치자금 제공 사실을 자발적으로 떠벌리고 다녔다면, 그것이 사실일 개연성을 높여 주는 증거가 될 수 있기 때문이다.

하지만 검찰이 당면한 문제는 갈수록 증인들의 격이 떨어진다는 것이다. 이날 이 증인과의 대질신문에서도 한 전 사장은 "소설을 쓰고 있다."며 "스스로 군 특수부대 장성 아들이며, 여러 케이블TV 회사 주식을 다량 소유하고 있다고, 있지도 않은 사실을 떠벌리며 이 검사, 저 검사 말을 옮기고 다니는 당신 같은 사람에게 내가 그런 시시콜콜한 이야기를 했겠는가?"라고 일축했다. 한 사장은 상대에게 '프락치', '(검찰에서)숙박 훈련을 받았다'는 등의 표현을 사용하며 질책했다.

가관인 것은 검찰이다. 대질신문에 짜증이 난 한 사장이 검사를 향해 "내가 검찰에 협조하기로 했으면서도 하지 않은 말들을 감옥에서 처음 보는 후배한테 할 리 있겠는가. 아무리 그래도 그건 지나치다."고 항변했다. 이에 대한 검사 답변. "검찰에서 하는 얘기와 밀폐된 공간에서 재소자들끼리 하는 얘기가 다를 수 있는 게 아닌가."

그렇다. 구치소란 "재소자의 말만 듣고 있으면 감옥에 죄 짓고 온 사람

하나도 없다."고 할 정도로 온갖 거짓과 허풍과 은폐가 판을 치는 그런 특수 공간이다. 그렇다면 지금 검찰은 그런 밀폐된 공간에서 재소자들끼리 나눈 대화—설사 그 대화 자체가 사실일지라도—를 들고 나와, 그것으로 검찰보다 더 신성한 법정에서의 발언을 뒤집으려 하는 것인가. 이 어처구니없을 만큼 용맹스런 검찰의 무모함이라니!

그럼에도 검찰은 다음번 기일에도 한 사장의 또 다른 동료 재소자를 증인으로 불러내기로 했다. 그 다음번 기일에 또 다른 재소자를 불러내겠다는 요구는 "(똑같은) 그런 상황에서의 증언은 (두 번으로) 충분하지 않나요. 재판을 신속하게 진행하자고 요구해 온 검찰의 입장에도 맞지 않고……."라는 재판장의 완곡한 만류로 좌절됐다.

조서 조작 정황 폭로되다

8차 공판 2011년 3월 7일

　이번 재판의 핵심 증인 한만호 전 한신건영 사장은 2010년 12월 20일 법정 양심선언 이래 검찰이 급조해 내세운 증인들에 대해 "(당신이)그렇게 얘기하는 걸 이해할 수 있다."며 너그러운 모습을 보이다가도 "숙박 훈련을 받았느냐?", "가소롭다."며 불같이 화를 내기도 해 재판장의 제지를 받곤 했다. 때로는 상대 증인을 프락치라 부르며 사정없이 경멸하기도 했다. 왜 그랬을까. 어떤 자신감에서 그랬을까.
　3월 7일 열린 8차 공판에서 그는 이 사건 초기 수사 과정에서 자신이 검찰 측 핵심 증인으로 '만들어지는 과정'을 소상히 밝혔다. 이를 통해 그는, 상대방의 증언 내용을 거의 100% 부정하면서 보인 조울증 비슷한 극단적 반응들이, 자신을 이용해 어처구니없는 상황을 조작해 낸 검찰에 대한 철저한 불신과 그런 검찰이 만들어 낸 증인들의 정체를 너무나 잘 알고 있는 데서 비롯된 생리적 거부감일 수도 있겠다는 인상을 강하게 내비쳤다. 나름의 강력한 심리적 저항 기제였던 셈이다.
　이날 변호인의 반대신문과 이에 대한 그의 증언 내용을 시간 순서 관계

없이 정리하면 다음과 같다.

　지난해 4월 초부터 3개월여 동안, 마치 한 편의 상황극처럼 검찰 수사관들이 변호인 역할을 맡아 트레이닝하면서, 짜 맞춘 내용을 국민교육헌장처럼 외웠다. 검사가 "잘 했어요." 하면서 나이 오십이 넘은 한 전 사장을 저능아 취급해서 모멸감을 느꼈다.
　돈을 전달한 날짜를 정확히 특정하지 못한 것은, 혹시 그날 한 총리가 공식 일정이 있었다는 알리바이를 입증할까 봐 우려해서다. 오전이 아니라 저녁에 전달한 것으로 한 것도 오전에 한 총리 공식 일정이 많기 때문이다.
　검찰은 처음 돈을 전달했다는 도로의 정확한 위치도 특정하지 못했다. 돈을 전달한 사실 자체가 없기 때문이다. 한 총리와의 통화 횟수도 세 번의 돈 전달 때마다 각각 4회, 3회, 3회 한 것으로 했다가 다시 3-3-2회로 바꿨다가 결국 똑같이 3-3-3회로 바꿨다.
　검찰 관계자들로부터 "재판이 9월이나 10월이면 시작될 텐데 증언 한두 번만 잘하면 가석방시켜줄 수 있다."는 소리(만기 석방은 이듬해 6월)를 아주 여러 번 들었다. 그들은 "석방돼서 다른 사건으로 기소되지 않도록 해주겠으며 재기하도록 도와주겠다."는 소리도 했다.
　한 총리에게 돈을 줬다는 내용의 신문 기사를 보고 "이거 큰일 났다." 싶어 '실탄', '돈질'이라는 단어까지 쓰며, 사실 그 돈은 교회 신축 공사 로비 자금으로 쓴 것이라는 진실을 말했으나, 수사관은 '피곤하다'며 얘기를 듣지 않으려 했다. 그래서 검찰에서의 진술 번복은 의미가 없다고 생각해 법정까지 오게 된 것이다.
　자금 흐름을 담고 있는 총괄 장부는 없어진 것이 아니라, 채권을 챙기려는 남 아무개나 정 아무개 부장이 숨기고 있거나, 검찰이 갖고 있을 것이다. 이 장부에는 내가(한만호) 돈을 쓸 때마다 '한'이라고 메모해 뒀는데, 이 '한'은 한 총리가 아니다. 그것이 드러날까 봐 검찰이 내놓지 않고 있는 것이다.

증거 및 조서 조작 의혹도 있다. 채권 회수 목록에 '의원, 현금, 3억 원'으로 프린트된 부분에 3억 원을 손으로 가필한 것을 보고 한 사장이 "(이런 증거 자료를) 인정받을 수 있겠습니까?"라고 걱정할 정도였다. "2억 원을 김 아무개(한 총리 전 비서)를 위해 만들었다."는 검찰 진술 조서는 어느 날 '한 총리'로 바뀌어져 있었다. 검찰은 이에 대해 "한 총리와 연결되는 부분이니 양해해 달라."고 했다고 한다.

검사, 구치소 방문 피고 협박

놀랍고 무서운 일이다. 한 사장은 이미 6차 공판에서 "이번 사건은 아주 높은 윗선에서 계획적으로 만든 것이라는 얘기를 들었다."고 폭로한 바 있는데, 이날 그 구체적인 실행 과정까지 작심하고 폭로한 것이다. 한 사장은 또 양심선언 후 자신에게 닥쳐온 압박과 회유에 대해서도 토로했다. 양심선언 다음날 한 사장이 검찰의 소환 조사에 응하지 않자 수사 검사가 직접 구치소를 방문해 "공판 중에는 진술을 다시 번복해도 별 문제가 없으니 다시 한 번 번복해 달라."고 했다. 동료 수감자들조차 "검찰이 그냥 있겠냐?"며 협박했다. 일부는 옆에 붙어서 무슨 얘기를 하는지 엿듣기도 했다. 검찰에서 증거로 쓰기 위해 일부러 붙여놓은 것이다. 수사 검사가 꽃다발을 들고 심장병과 치매 증상으로 입원해 있는 한 사장 어머니를 찾아가 "아드님이 진술을 번복해서 빨리 나오기 어렵게 됐다."고 얘기했다. 검찰은 협박이 아니었다고 반박하지만 한 사장은 협박으로 느꼈다.

역시 놀랍고 무서운 얘기다. 하지만 불행하게도, 그의 생생한 폭로는 검찰의 맞불 작전에 막혀 '아직까지는' 일방적인 주장으로 받아들여질 수밖에 없을 듯하다. 진실을 가려줄 객관적인 지표가 아직은 없기 때문이다. 과연 이날도 검찰은 한만호 사장에 대한 신문에 앞서, 그와 함께 형을 살면서 "내가 한 총리에게 정치자금을 줬다."는 소리를 분명히 들었다는 또 한 명의 재소자를 증언대에 세웠다.

이 증인 역시 2010년 4월 초 한 사장을 처음 만나 그로부터 "한 총리와 누님 동생 하는 사이"라는 말, 한 총리에게 정치자금 9억 원을 제공했다는 등의 말을 들었으며, 이른바 재소자들끼리의 재판놀이격인 '심리 싸움'을 통해 한 사장이 한 말들이 진실임을 알 수 있었다고 증언했다. 그는 7차 공판에 나섰던 김 아무개와 마찬가지로, 한 사장이 8월 광복절 가석방이 좌절된 후 진술 번복을 결심했다고 여러 사람에게 말했고 위증죄에 대해서도 물었다고 말했다.

이 사람들의 증언에 따르면 이들은 교도소에서 판사, 검사, 변호사 노릇에 푹 빠져 놀면서 때로는 한 사장의 고해성사를 받는 신부 노릇도 한 셈인데, 문제는 이들이 하나는 상습 사기 전과자, 또 하나는 현재 9년형을 살고 있는 마약 사범이라는 점이다. 이 마약 사범은 설을 앞두고 검찰에 불려 나가 증인으로 채택된 후 재판 하루 전까지, 1주일에 3~4차례씩 검찰에 불려 나가 이날 증언에 대비해 왔음을 숨기지 않았다. 상습 사기범, 마약 사범을 내세워서라도 한 총리를 끝내 옭아매 보려는 이런 검찰의 행태를 무모하다 해야 하는가, 담대하다 해야 하는가.

최근에 대한민국의 법조계를 비판하는 두 권의 책이 출판됐다. 하나는 『검찰공화국, 대한민국』이란 책이고, 또 하나는 『천당에 간 판검사가 있을까』라는 책이다. '검찰을 바꿔야 나라가 산다'는 제목을 단 〈한겨레신문〉 서평을 보니, 『검찰공화국, 대한민국』은 법무부 외청에 불과한 검찰이 어떻게 무소불위의 권력이 되었는가를 법학 교수, 인권 전문가들이 역사적, 제도적 측면에서 고찰하고 그 개혁 방안을 모색한 책이다.

『천당에 간 판검사가 있을까』는 검사 출신 변호사가 법조계 인사들에 의한 사법 권력 오남용의 현장을 고발하고 있는 모양이다. 〈오마이뉴스〉에 소개된 글에서 저자는, "조지 오웰의 '동물 농장'에서 힘센 돼지들은 다른 동물로부터 비판을 당하면 어김없이 개들을 시켜 그런 동물들을 물어뜯도록 했다."며 "이 나라에서는 힘깨나 쓰는 사람들이 판·검사들을 시켜 비판자들을 마구 물어뜯게 하는 일이 날이면 날마다 일어나고 있으니 이 나라는 아주 특별한 동물 농장"이라고 꼬집었다.

3월 21일에 열리는 다음 재판 때까지 이 두 권의 책을 다 읽고 나면, 왜 검찰이 다른 듯 비슷한 두 사람(한상률, 에리카 김)을 한날한시에 불러 놓고 저렇게 요란을 떠는지, 그 해답도 덤으로 얻을 수 있을지 모르겠다.

검찰, 블랙코미디 진수를 보여주다

9차 공판 2011년 3월 21일

이날 증언대에는 두 명의 증인이 섰다. 한 명은 한만호 한신건영 사장 밑에서 중간 간부로 일했던 김 아무개이고, 또 한 사람은 한 사장의 부친이다. 임원도 아니고 자금 흐름을 관장하는 직책에 있었던 것도 아닌 중간급 간부가 검찰 측 증인으로 나선 것은, 그가 메모광이라 할 정도로 한 사장 주재 간부 회의 내용을 충실하게 기록한 다이어리가 증거로 채택된 탓으로 보인다. 검찰은 또 이 증인에게 회사 주변에서 무슨 말을 들었는가를 집중적으로 물었다.

"검찰이 참으로 열심히, 치밀하게 뒤졌다."는 감탄이 나올 정도인 2007년 3월, 4월 다이어리의 주요 내용은 주로 "한 총리가 한만호 사장을 돕기 위해 총리 공관에서 모 대형 건설사 회장과 함께 하는 만찬 자리를 만들었다. 이후 이 건설 회사들이 시행하는 대형 건설 수주를 따내기 위한 사내 움직임이 실제 진행됐다."는 사실을 입증하기 위한 정황 증거로 제시될 만한 것들이었다. 그해 3월은, 검찰 측 주장에 따르면, 한 전 총리에게 1차분 3억 원이 전달되기 직전이다.

문제는 증인으로 나온 김 아무개가 사장이 한 말을 받아 적기는 했는데

(자신에게 해당되는 지시는 *표 처리했다고 함) 그 정확한 뜻은 모르고 다만 추측만 했을 뿐이라는 점이다. 이를테면 'P건설사 백 회장 → 최대한 노력하자 → 기획 사업 관리 보강'이란 4월 3일자 메모가 어떻게 한 총리와 연결이 되는지 해석을 하지 못한다. 도무지 알 수가 없는 위치에 있었기 때문이다. 그 전 3월 1일자 '주변 루머, 주변 상황에 대한 철저한 관리, 정치권'이란 메모 중에서 '정치권'이란 단어가 왜 쓰여 있는지에 대해서도 그는 해석을 하지 못한다. 역시 추측뿐이다. 다이어리에 대한 신문에서 "그렇게 받아 적었을 뿐이다.", "정확한 기억이 안 난다."며 계속 멋쩍게 헛웃음을 짓던 그는 이어진 회사 주변 경영 상황에 대한 신문에서도 "그런 소문을 들었다.", "그런 느낌이었다."는 막연한 증언만 반복했다.

소문만 들은 증인, 기억력 없는 증인

이어 등장한 한 사장의 부친은 75세의 고령이었다. 물론 인간의 나이는 숫자에 불과한 것이어서 그보다 불과 한 살 적은 최시중 같은 이는, 자신의 재산이 그렇게 많다는 사실 외에는 모든 것을 명료하게 알고 있는 노익장을 과시하고 있다. 하지만 숫자의 의미도 사람마다 다른지 이날 증언대에 선 한 씨는 계속 자신의 부족한 기억력과 구강 구조를 탓하며 어눌한 어조로 횡설수설하는 바람에 변호인들뿐 아니라 재판장까지 괴롭혔다.

그는 나름 한 총리에게 유리한 증언을 하기로 결심한 듯했다. 종친으로서 한 총리와의 오랜 인연을 자랑하며 "만호(아들)가 한 총리에게 돈을 줄 이유도 없고, 한 총리가 받을 이유도 없다."고 분명히 말하고, 자신에 대한 검찰 조서의 내용들이 "기억도 없을 뿐 아니라 눈이 나빠 자세히 살펴보지도 않고 서명했다."고 증언했다.

검사가 접견 기록 등을 인용, 한만호 사장이 모친에게 한 총리에게 돈을 줬다고 했으며, 모친이 아들에게 검찰 가서 사실대로 잘 얘기하라고 했을 때 한 사장이 "예, 예."하고 답변한 부분에 대해 질문하자 "만호는 원래 (부모들이) 큰 걱정 하지 않게 예! 예! 라고 잘 해요."라고 답변한다.

그의 증언이 어느 쪽에 유리할지는 모르지만 재판관은 "말이 굉장히 불투명하다. (증언의 효력에 대해) 어떤 결론이 난다고 결론대로 해야 하는지 불명확하다."며 고개를 저을 뿐이었다. 불량 증인으로도 안 되니 함량 미달 증인까지도 동원하는 것인가. 한 총리를 엮어 넣으려는 검찰의 안간힘이 이젠 최소한의 절제와 예의마저도 벗어나는 느낌을 지울 수 없다.

주임 검사는 공판 때마다 기발한 발언으로 방청객들에게 실소를 선사하는 인물이다. 그는 이날도 예외 없이 한 가지 재주를 부린다. 김 아무개 증인을 통해 한신건영 주변에 나돌았다는 온갖 소문을 확인한 후다.

"(김 아무개 증인이 들었다는) 소문들이 정확하네요. 박 아무개 임원이 1억 원을 받았다는 것, 김 아무개 장로가 2억2,000만 원을 받았다는 소문은 바로 이 법정에서 자신들이 인정했지요. 1억 원을 받고 대출 편의를 봐줬다고 소문이 났던 김 아무개 지점장 역시 사실로 확인돼 구속된 상태구요."

그가 말하고 싶어 한 것은 결국 그러므로 한명숙 총리에게 돈을 줬다는 소문도 사실일 가능성이 많다는 것이었을 터다. 변호인단이 일제히 제지하자 그는 "아니 제 말을 끝까지 들어 보세요."라고 얼굴을 붉히면서 "그렇게 소문이 잘 맞게 된 것이, 채권자들이 부도 후에 컴퓨터, 경리 장부를 보고 밝혀냈기 때문인가요?"라는 터무니없는 질문으로 꼬리를 사린다. 집요함과 뻔뻔함은 기본이고 이 정도의 임기응변 실력은 있어야 이 시대 이 나라에서 정치 검사 소리를 듣지 않을까.

검찰 측 증인, 전멸 왜?

10차 공판 2011년 4월 4일

4일 열린 10차 공판에 나서기로 했던 증인 3명이 모조리 나타나지 않았다. 모두가 검찰 측 증인들이다. 상습 사기 전과자, 마약 사범 재소자 등 불량 증인들도 모자라, 무슨 말뜻인지도 모르고 사장의 발언을 받아 적기만 했던 말단 간부, 말귀 어두운 70대 노인 등 함량 미달 증인들까지 내세웠던 검찰이 그나마 바닥을 드러낸 것이다.

이날 나오기로 한 증인 가운데 한 사람은 한 총리의 주선으로 한만호 사장의 사업에 도움을 주었다고, 검찰이 주장하고 있는 P그룹의 백 아무개 회장이다. 만성 위궤양을 앓고 있는데, 미루고 미뤘던 내시경 검사를 이날 오전에 받았다고 했다. 오후 재판 때까지는 나올 수 있다고 했다는데 끝내 모습을 나타내지 않았다.

또 한 사람은 한만호 사장의 모친이다. 아들을 면회할 때 "한 총리께 돈을 빌려 드렸는데 받을 수 있다."는 말을 들었다는 것이 검찰의 주장이다. 아들에게 "검찰 가서 사실대로 잘 얘기하라."는 말도 했다고 한다. 아들이나 남편은 이 분에게 약간의 치매 증세가 있다고 하는데, 검찰은 '신경공황증'

에 불과하다고 한다.

'신경공황증'이 치매에 비해 별거 아닌 것인지는 모르겠지만, 잘 나가던 아들의 회사가 부도난 뒤 감옥에 갇히기까지 하고, 자신과 남편은 단칸 셋방에서 살게 된 현실에 상당한 충격을 받았음에는 틀림없다. 최근에는 검사가 병원에까지 꽃다발을 들고 찾아 와 "아드님이 진술을 번복해서 일이 어렵게 됐다."는 말까지 했다니 더욱 혼란스러울 것이다.

그러나 이날 공판에서 가장 관심을 끌 것이 분명했던 증인은 법조 브로커로 알려져 있는 남 아무개라는 인물이었다. '곽영욱 뇌물 사건'이 무죄가 날 것이 확실해지면서 곤혹스런 상황에 처한 검찰을 구한답시고 이 별건 수사의 단서를 제공한 사람이 바로 이 남 아무개로 알려져 있다. 한 사장의 주장에 따르면 "이 사건은 아주 윗선에서 계획적으로 만든 것이다."라고 말한 그 사람이다.

한 사장의 다른 법정 진술들까지 종합하면, 이 남 아무개는 한 사장의 회사가 부도난 후 채권을 정리하기 위해 영입한 사람인데, 정작 채권 회수보다는 한 사장의 회사를 아주 가로채려는 의도가 있지 않았나 하는 느낌까지 들 정도였다고 한다. 이 사람은 당초 검찰 측 증인으로 올라 있긴 했지만 사실은 변호인단 쪽에서도 물어보고 싶은 것이 많았던 사람이기도 하다. 어떤 경위로 검찰과 선이 닿았는지, 뭘 보고 한 사장이 한 전 총리에게 정치자금을 주었다고 생각했는지, 한 사장에게 "윗선에서 계획한 것"이라고 말한 것이 사실이라면 그 윗선이란 누구를 말하는 건지 등등.

그런데 묘한 것은 현재 아무도 이 증인의 소재를 알지 못한다는 것이다. 연락조차 되지 않는다고 한다. 더 묘한 것은, 그럼에도 불구하고 검찰이 이 사람을 구태여 찾아내서 증인으로 내세우고자 하는 의지를 전혀 보이지 않는다는 점이다.

검사, 증인 신청 해놓고 딴전

2차 공판 때 한만호 사장이 "돈을 준 것은 한 전 총리가 아니라 다른 사람들"이라고 양심선언을 하자 불과 몇 시간 만에 그 '돈 받았다는 사람들'을 법정에 불러내 "진실이 저 문 밖에 있다."며 당장 증인으로 채택해 달라고 부르대던 기민하고도 치밀한 검찰이다. 그런데 남 아무개에 대해서는 아무런 열의도 보이지 않는 것이다.

검찰은 결국 이 남 아무개는 쏙 빼놓은 채, 한 사장의 모친 김 아무개에 대해서만 구인장 발부 가능성을 언급했다. 횡설수설, 동문서답하던 남편보다 훨씬 더 심신의 건강 상태가 안 좋은 것으로 알려져 있는 사람인데도 꼭 부르겠다는 결기가 느껴진다. 한 사장이 모친을 증인으로 부르는 것을 극력 반대하기 때문일까. 이런 검사들이, 자기들에게 유리하게 증언했던 증인들을 변호인단이 한 번 더 법정에 부르자고 하자 "증인에게도 인권이 있다.", "왜 검찰 수사에 협조한 증인들을 죄인 취급하느냐."고 반발했던 그 훌륭한 '인권 검사들'과 동일인이라는 사실이 믿기지 않는다.

검찰은 이 재판 한 달 전에 BBK사건을 폭로한 주역 중 한 명인 에리카 김이란 여인에게 면죄부를 줬다. 수백억 원을 횡령하고 주가 조작에 가담했으며, 이명박 대통령 후보에 대한 허위 사실을 유포했다는 세 가지 혐의에 대해 각각 기소유예, 공소권 없음, 공소시효 만료 처분을 내렸다. 어제와 오늘은 이명박 대통령과 연결된 서울 도곡동 땅의 실소유주 논란, 노무현 전 대통령 서거로 이어진 태광실업 세무조사의 깊숙한 배경을 잘 알고 있는 인물인 한상률 전 국세청장에 대해 고작 그림 로비 혐의와 자문료 수수 혐의로만 불구속 기소할 것이란 뉴스가 신문지면을 떡칠하고 있다.

이런 검찰이 한명숙 전 총리를 이토록 질기게 물어뜯고 있는 검찰과 '동일체'라는 사실이 역시 믿기지 않는다. 검찰 고위 관계자는 한상률 처리 방침을 기자들에게 설명하면서 "사건을 오래 쥐고 있는다고 해서 달라질 것은 없다."고도 했다고 한다. 그런 검찰이 한 전 총리를 붙잡고 늘어진 게 벌써 1년 4개월이 넘었다.

자기 편리한 대로 '코에 걸면 코걸이, 귀에 걸면 귀걸이'다. 모든 것이 기소독점권이란 막강한 권력의 남용에서 비롯된 것이다. 여기서 다시 한 번 요체는, 검찰 권력을 분산시키고 검찰 권력의 남용에 대해 직접 제재가 가능하도록 하는 등 강력한 견제 수단의 마련이다. 그런데도 국회 사법제도개혁특별위원회 전체 회의에 출석한 이귀남은 특별수사청 설치, 대검 중앙수사부 폐지 등 검찰 개혁과 관련, "검찰에겐 고칠 것이 거의 없다."고 버텼다. 과연 '대한민국, 검찰공화국'의 법무부 장관답다.

아무튼 이날 공판은 30분 만에 끝났다. 스스로의 직업을 '피고인'이라 칭하며 자조하는 한명숙 전 총리는 재판 진행 중에도 불구하고 각종 모임 참석과 가까운 정치인들 지원 연설에 눈코 뜰 새 없이 바쁜 일정을 소화하고 있었다. 최문순 강원도 도지사 후보 선거대책위원장도 맡았다. 이날만은 재판 때문에 그런 공식 일정을 일체 잡지 않은 덕에 온전히 뜻하지 않은 휴식 시간을 갖게 됐다. 없어진 재판 일정이 아니라 미뤄진 일정인데도 기뻐해 마지않는 모습에서 재판이 주는 스트레스의 무게를 짐작할 만하다.

검찰 무너뜨린 결정적 증거

11차 공판 2011년 4월 19일

검사든 변호인이든 누구나 법정에서 자신이 믿는 바를 주장할 수는 있다. 하지만 주장을 뒷받침하는 분명한 증거가 없는 한, 그 주장은 예단과 억측에 불과할 뿐이다. 지금이 "네 죄를 네가 알렸다!"는 시대가 아닌 한, 증거가 없는 일방의 주장만으로 죄를 줄 수도, 죄를 면할 수도 없다. 무릇 법을 다루는 자라면 모름지기 혐의에 대한 심증과 추측에서 실증으로 나아가야 할 이유가 거기에 있다.

다만 정치인이나 공직자를 상대로 한 뇌물 범죄의 경우, 물적 증거를 찾기가 어려운 것은 사실이다. 금품이 은밀히 오갈 뿐 아니라 뇌물을 받은 사람 스스로 그런 사실을 인정하는 사례가 별로 없기 때문이다. 따라서 뇌물공여자나 제3의 전달자, 목격자 등 참고인의 진술과, 뇌물이 전달됐다는 시기를 전후한 상황을 따져 보는 정황 증거에 의존하는 정도가 다른 범죄에 비해 훨씬 큰 편이다.

'곽영욱 사건'에서 형편없이 깨진 검찰이 쥐구멍을 찾기는커녕 "이번에야말로 한명숙 전 총리를 엮을 수 있다."며 부르대고 나선 이유가 바로 거기에 있다. 세 차례에 걸쳐 3억 원씩 모두 9억 원을 한 총리에게 직접 전달했다는 한만호 전 한신건영 사장의 검찰 진술은 오락가락한 곽영욱의 법정 증언에 비할 바 없이 확고한 것이었다.

한만호 사장이 깃발을 든든히 붙잡고 있기만 한다면, "그렇게 들었다.", "그렇게 생각했다.", "그렇지 않겠느냐."는 식의 잡동사니 증인들과 증거들을 얼마든지 동원해 한 사장 증언의 신빙성을 강화할 수 있을 터였다. 여기에 한 사장의 증언에 버금하는 결정적인 물적 증거까지 하나 있었다. 한 사장이 발행했고, 한 총리의 여동생 전세 자금으로 쓰인 것이 확실한 1억 원짜리 수표 한 장을 확보하고 있었던 것이다.

18일 열린 11차 공판은 이 1억 원짜리 수표의 정체가 밝혀지는 자리였기 때문에 그 어느 때보다 중요한 재판이었다(이해찬 전 총리와 문재인 노무현재단 이사장까지 오래간만에 방청석에 모습을 보였다). 수표를 사용한 한 총리의 동생과, 이를 빌려줬다는 한 총리의 김 아무개 비서가 증인으로 나선 것이다. 물론 이 대목에서 검찰은 펄쩍 뛴다. 수표는 김 아무개 비서가 빌려 준 것이 아니라 한 전 총리가 동생에게 쓰라고 준 것이라는 강력한 심증 때문이다.

오후 2시부터 밤 11시까지 계속된 재판은 한 총리 동생에 대한 검찰 측 신문, 변호인 신문 순으로 이루어졌다(김 아무개 전 비서에 대한 신문은 결국 연기되고 말았다). 하지만 여기서는 시간 상 뒤에 이루어진 변호인 신문에서 드러난 사실들을 먼저 정리하는 것이 필요하다. 먼저 이루어진 검찰 신문의 내용이 완전히 뒤집히면서 사건의 요체가 일목요연하게 드러났기 때문이다.

동생이 받은 1억 수표와 진실 게임

한 총리 여동생은 2004년 총선 때 일산에서 출마한 언니를 돕던 자원봉사자 김 비서를 처음 알았다. 이후 언니 행사 때마다 자주 만났고, 가끔 식사도 할 정도의 친분을 쌓았다. 2008년에는 그녀의 소개로 일산에 있는 한의원을 소개받아 지병을 치료할 수 있게 돼 더욱 고마움을 느끼고 있었다. 그러던 중 2009년 초, 자녀들의 교육을 위해 거주지를 김포에서 서울로 옮길 결심을 했다. 그런데 약간의 재정적 문제가 생겼다. 서울로 이사 갈 집은 전세 2억1,000만 원, 김포 집 전세는 1억1,500만 원이이었다. 차액 9,500만 원 중 5,000만 원은 가지고 있던 돈, 나머지는 정기적금을 타서 해결할 작정이었는데 이사해야 할 날은 2월 22일, 정기적금 만기일은 3월 5일(2,000만 원)과 6일(3,000만 원)이었다. 제때 잔금을 치르고 이사를 하려면 약간의 이자 손실을 피할 수 없는 상황이었던 것이다.

이 사실을 알게 된 김 비서가 선뜻 단기 융통을 제안했는데, 문제는 김 씨가 갖고 있던 돈이 1억 원짜리 수표였다는 점이다(추후 밝혀진 대로 이 수표는 한신건영의 한 계열사가 경기도 일산에서 발행한 것이었다). 5,000만 원만 필요했던 동생은 약속한 날, 자신이 가진 돈, 시댁에서 빌린 돈, 작은 언니에게 빌려줬다 돌려받은 돈들을 묶어 두 장의 수표로 바꿔 김 씨에게 주고 1억 원짜리 수표를 받아 와 전세 잔금을 치를 때 사용했다. 그리고 3월 5일과 6일 적금 만기가 되자마자 이를 각각 3,000만 원과 2,000만 원짜리 수표 2장으로 만들어 갚았다.

그래도 의심이 많은 사람이라면 "무슨 소리! 뇌물을 받아쓰고 나서 나중에 문제가 되니까 말을 맞춘 것 아니야?"라고 할 수 있겠다. 적어도 이를 입증할 탄탄한 증거가 제출되지 않는 한. 맞다, 그렇게 의심할 수 있다. 그러나 이날 법정에는 전세 잔금을 지불할 때 중개인과 임대인이 서명한, 검찰이 제출한 1억 원짜리 수표와는 별도로, 한 전 총리 여동생이 발행했지만 누구도 사용한 적이 없는 4장의 수표 원본(2009년 2월 21일자 3,500만 원짜리, 1,500만 원짜리, 3월 5일자 2,000만 원짜리, 6일자 3,000만 원짜리)이 김 씨의 변호인을 통해 처음으로 공개된 것이다.

그래도 진상을 외면하고 의심을 한다면 그는 아예 구제 불능의 불신병 환자이거나, 처음부터 허깨비를 붙든 채 예단과 억측의 늪에 빠져 허우적거리는 검찰이거나 둘 중의 하나일 것이다. 아니나 다를까. 과연 이 날 공판에서의 검찰이 그러했다. 명백한 증거가 제시됨으로써 그동안 "한만호 사장에게 빌린 3억 원 중 2억 원은 돌려주고 나머지 1억 원은 한 사장의 의사에 따라 수표로 보관하고 있었다."는 김 비서의 진술까지 신빙성을 갖게 된 터다. (물론 김 씨가 왜, 어떻게 한 전 사장으로부터 3억 원을 빌리게 됐는지는 추후 밝혀질 문제다) 그럼에도 검찰은 동생 한 씨가 발행한 수표들을 김 씨가 쓰지 않고 보관하고 있었다는 '명백한 사실'을 외면한 채, "그럴 리 없다. 그 수표는 한 전 총리가 동생에게 준 것이 분명하다."는 억측에 여전히 매달렸다.

"언니한테 도움 줬지, 받은 적 없다"

앞서 이루어진 검찰 신문의 내용을 들여다보면, 아마도 검찰은 이날 공판 직전까지 피고 측에서 '4장의 수표'라는 명백한 증거는 없고 다만 여동생 한 씨와 전 비서 김 씨의 일방적 주장만 있는 줄 알았던 것 같다. 그러므로 "동생이 전세 자금으로 사용한 1억 원짜리 수표는 한 전 총리가 동생에게 준 것이다."는 자신들의 주장이 훨씬 더 신빙성 있는 것이라는 자신감이 있었던 듯하다.

"형제자매 간에 돈 거래를 많이 했고, 우애도 아주 돈독한 것 같은데 김 씨에게 돈을 빌린 것이 이해가 안 간다."
"김 씨는 별로 잘 못 살고, 언니가 돈이 많은데 왜 언니한테 빌려달란 말을 안 했나?"
"손해 보는 이자 금액이 12만 원밖에 안 되는데, 그걸 아끼려고 남한테 돈을 빌렸다는 것을 이해할 수 없다."
"계좌 이체를 하면 될 텐데 왜 수표를 들고 다녔나? 증인의 돈거래 방식이 상당히 번거롭다."

검사들이 스스로 "정말 잘 몰라서" 묻는다는 질문의 수준이 대략 그랬다. 그건 그렇다 치고 시정잡배 수준의 인격 모독성 질문도 있었다.

"(그런 돈거래가) 언니의 위신을 떨어뜨린다는 생각은 안 했어요?"
"식구들이 미국에서 귀국(아마도 남편이 교환교수로 나갔던 듯, 동생 식구들은 2005년 4월부터 이듬해 12월까지 미국에서 생활)할 때 왜 이렇게 달러를 많이 남겨 왔느냐?"
"조카(한 총리 아들)에게 송금한 5,000달러의 출처를 설명하라."
"500달러가 왜 이 날짜 공항에서 입금됐는지 설명하라."

결국 검사의 이런 질문에 변호인들이 강하게 항의했으며, 증인은 증언을 거부하는 사태까지 이르게 됐다. 한 총리가 한 사장에게서 받았다는 9억 원

중에 포함된 10만여 달러의 향방에는 손도 못 댄 채, 그 동생의 외환 계좌까지 샅샅이 뒤진 끝에 나온 겨우 5백 달러 규모의 외환 거래를 추궁하는 검찰의 초라한 모습이라니……

검찰은 한 전 총리 형제자매의 모든 금전 거래를 샅샅이 뒤적였음은 물론 누가, 언제, 누구에게 전화했으며, 그 전화를 걸고 받은 장소까지 밝혀냈다. 하지만 그렇게 치밀함을 넘어 집요하게 캐낸 '객관적 사실'들이 검찰의 주장을 뒷받침하는 마땅한 증거가 되기는커녕 오히려 검찰의 편집광적인 예단과 억측의 증거가 되는 기묘한 상황이 되어 버렸다. 뒤이은 변호인 신문에서 제출된 명명백백한 증거, '4장의 수표' 때문이다.

밤 10시 40분. 그때까지 비교적 담담한 어조로 의연하게 6시간의 검찰 신문, 40분간의 변호인 신문을 꿋꿋이 견뎌 내던 증인이 검찰의 재신문이 시작되자마자 결국 탈진하고 말았다. 검찰이 "김 아무개 비서가 언제 어디서 한의원을 소개해 줬습니까?"라고 첫 질문의 운을 떼자마자 "오늘은 더 이상 대답하지 않겠습니다."라고 증언을 거부한 것이다. 당황한 검찰이 "이건 증언 거부 사안이 아닐 텐데요", "이것 때문에 또 (법정에) 나올 생각은 없으시잖아요."라고 위협을 해도, 변호인까지 "포괄적으로 거부하지 마시고 개별 질문을 들어 보시고……"라고 충고를 해도 "오늘은 너무 지쳐서 판단력이 없다. 제대로 답변할 자신이 없다"며 법정에 다시 출두하는 것을 택했다.

그녀는 검찰의 집요한 수사와 이날 신문을 통해 밝혀졌듯, 아주 평범한 50대 초반 중산층 가정주부다. 남편이 지방대학에서 강의하는 주말부부로, 예전에도 그랬듯 지금도 가끔씩 아이들을 가르쳐 부족한 생활비를 보충한다. 재산은 김포에 있는 집과 예금 포함 약 7억 원 정도라고 했다. 무엇보다 자식들에 대한 교육 욕심이 앞서서 1년 반 남짓 기러기 생활도 했고, 무리해서라도 전세로나마 여의도로 이사하고파 했다. 그때 이자 몇 푼 손해 보는 것이 아까워, 흉허물 없다고 생각한 사람에게 임시변통으로 돈을 빌린 것이 이 사단이 된 것이다. 한 전 총리는, 말뜻 그대로 해석하자면 고관대작의 한 사람일 수도 있다. 그 고관대작이 몇 평 아파트에서 어떻게 살고 있는지는 대략 알고들 있지만, 그 고관대작의 가장 가까운 인척인 여동생의 사는 모습이 밝혀진 것도 대략 이러하다. 몇 십억, 몇 백억의 재산가에다, 실소유주가 누군지도 모르는 부자 회사의 회장님, 'XX대군'으로 불리는 정치 실세 의원님, 재벌가 사돈들만이 고관대작의 친인척이 될 수 있는 것은 아닌 것이다.

여동생은 이야기한다. "언니를 도와 준 적은 있어도 언니의 도움을 받은 적은 결단코 없다." 그녀의 단호한 어조에는 그 대신 어떤 재산과 권력이라도 무색케 하는 가족에 대한 무한한 애정과 자긍심이 배어 있었다.

정신병원에서 끌려온 증인

12차 공판 2011년 5월 2일

지난 공판에서 이번 공판까지 2주 동안 한명숙 전 총리는 모처럼 신명나는 시간을 보냈다. 4.27 재보선 덕분이다. 강원도지사 선거에서 최문순 후보 선거대책위원장을 맡은 그는 선거기간 내내 강원도에 상주하다시피 하면서 선거운동을 도왔다. 유세를 통해서, 혹은 상가와 시장통의 서민들과 1대1 대면을 통해서 유권자들의 지지를 호소했다. 지지를 호소하는 한 전 총리에게서나, 그를 맞는 도민들에게서나, 그가 지금 재판을 받고 있는 '피고인'이라는 그늘은 찾아 볼 수 없었다고 했다. 틈이 나면 김해로, 순천으로, 울산까지 돌면서 전체적인 야권 승리에 적지 않은 힘을 보탰다.

최문순 당선자 쪽에서는 "적지 않은 정도가 아니라 무지하게 큰 힘을 줬다."고 말한다. 한 총리 입장에서도, 가장 아끼는 후배 정치인 가운데 한 명인 최 후보의 당선에 힘을 보탠 것이 기쁠 것이고 특히 보람을 느낄 것이다. 4월 28일 열린 도지사 취임식에서 한 전 총리는 최 지사가 '겸손과 기개'를 겸비한 인물이라면서 그런 '강함과 부드러움'으로 도정을 잘 이끌어 줄 것을 당부했다.

5월 2일, 한 총리는 다시 '피고인' 신분으로 돌아왔다. 그동안 격정적으로 선거운동을 해 왔던 뒤끝이어서 그런지, 법정 한 구석에 앉아 검사들의 좌충우돌을 지켜보는 뒷모습이 이날따라 더욱 쓸쓸했다. 이날 공판은 한만호 한신건영 사장의 부친과 한신건영 중간 간부가 증언대에 섰던 9차 공판의 완전한 복사판이었다. 부친이 모친으로, 중간 간부가 약간 더 높은 임원급 인사로 바뀌었을 뿐이다. 전 총리일 뿐 아니라 많은 국민들이 여전히 차기 대권 주자의 한 사람으로 생각하고 있는 유력 정치인을 상대로 한 재판이라고 하기에는 너무도 어이없는 '함량 미달' 증인들이 반복적으로 등장하고 있는 것이다.

한 사장의 모친 김 아무개 씨가 먼저 증언대에 섰다. 일흔이 훌쩍 넘은 노인으로 '공황장애'를 앓아 정신병원에 입원해 있었던 탓으로 그동안 몇 번 증인 소환에 불응해 왔다. 이날은 주임 검사가 직접 나서서 이 노인을 강제로 구인해 왔다고 한다. 간호사의 보호 아래, 철 지난 분홍색 파커를 입은 채 증언대에 오른 김 씨는 초췌했고, 병색이 완연했다. 재판장이 걱정스럽게 "진술이 가능하냐?"고 묻자 간호사가 걱정이라고 대답했다. 그런 상태에서 검찰신문이 시작됐다.

"지난 4월 29일에 병원에서 변호사를 만난 사실이 있느냐?"
"없다."
"만났다는 증거가 있는데 없다고 하느냐?"
"모른다."

검사들이 일제히 들고 일어나 "이건 증언 거부도 아니고…….", "위증이면 처벌된다.", "거짓말하면 안 된다."며 겁을 줘도 김씨는 "모른다."를 반복했다. 검사는 그제야 변호사가 방문했다는 사실을 증명하는 간호 기록지를 꺼내 들고 회심의 미소를 지으며 "변호사 만난 것 맞지요?"라고 물었다. 기이한 것은, 그럼에도 불구하고 김 씨는 완강하게 머리를 흔들며 여전히 아니라고 부인한 것이다.

검사 vs 변호사, 때아닌 민주주의 논쟁

처음부터 끝까지 그랬다. 검사들은 김 씨가 남편과 함께 검찰에 나와 진술한 조서 내용, 아들을 면회하면서 나누었던 대화 녹음과 녹취록을 제시하면서 신문을 계속했으나 김 씨는 한결같이 "모른다. 아니다. 기억에 없다."는 답변만을 반복했다. 심지어는 녹음된 자신의 소리를 들으면서도 "저거 내가 한 말이요?"라고 검사에게 반문할 정도였다.

모자 간 접견 시 대화 녹음에는 확실히 한 총리의 이름이 몇 번 튀어 나온다. 하지만 한 사장이 총리에게 직접 돈을 주었다는 언급은 단 한 차례도 나오지 않고, 다만 한 사장에게서 일정액의 돈을 빌린 것으로 알려져 있는 한 총리의 전 비서 김 아무개와의 돈 거래 문제가 거론되면서 잠깐씩 총리의 이름이 나오는 정도다. 김 씨는 그런 대화 내용을 부인하는 데 그치지 않고 그런 이야기를 한 사실마저도 부인하고 있는 것이다.

"내가 어제 얘길 오늘 몰라요.", "그걸 내가 어떻게 알아요?"를 반복하는 증인을 상대로 검사들이 자기 하고 싶은 얘기를 다 하다가 결국 2시간 30분 만에 증인이 탈진하고 말았다. 재판장은 "신문을 진행해 봐야 (증인의 증언 기조가) 바뀔 수 있는 상황이 아닌 것 같다."고 우려했음에도 검사들은 "(증인의 정신 건강 상태가) 육성 녹음까지 부인할 정도는 아니다."라며 꿋꿋이 신문을 속개했다.

　대부분의 사람들은 사실을 부인하다가도 결정적인 증거가 제시되면 꼼짝 못하고 진실을 토설하게 마련이다. 그런데도 김 씨는 아무 문제될 것이 없는 변호인 면담 사실을 끝끝내 완강하게 부인했고, 녹음된 대화의 진실 확인은커녕 대화 사실 자체를 부인했다. 본인은 "아들이 사업 망해서 감옥에 가고, 딸은 죽고, 나는 남편과 집도 없이 살면서 정신병원에 입원해 있는 사람이다. 이런 나를 무슨 증인으로 세우는가?"라고 항변하면서 "머리가 띵하고 앞이 뿌옇고, 정말 아무것도 기억이 나지 않는다."고 호소한다. 본인의 주장에 따르면 확실히 정신병적인 문제가 있는 것이다.

　또는 누군가가 "모든 것을 부인하라."고 사주한 것이 틀림없는 것이다. 그것이 검사들의 생각이다. 공판 때마다 꼭 한 번은 웃음보따리를 풀어내는 주임 검사가 이번에도 "정신병자는 스스로 정신병자라고 하지 않는다."는 소리로 기대를 저버리지 않았거니와, 그런 '멀쩡한 김씨'에게 위증을 사주한 이는 공판 3일 전 김 씨를 면회한 변호인이라는 굳은 심증을 갖고 있었다.

　하지만 신문 과정에서 그런 정도의 '위증 교사'는 충분히 깨뜨릴 수 있어야 유능한 검사 아닌가. 그럼에도 신문이 진행되면서 점점 더 상황이 꼬여가자 검사들은 "법정 증언 문제 때문에 입원하란 사람 있었어요?", "누군가의 사주에 의해 모든 것을 모른다고 하는 것이 아니라면…….", "그렇게 부인하는데 무슨 (다른) 이유가 있나요?"라며 변호인단에 시비를 걸다가 "증인 태도를 보면 사전에 변호인이 무조건 부인하라고 한 것 아니냐?"는 데에까지 이르자 재판장으로부터 "답답해하는 건 이해하겠는데 확증도 없이 그런 의심하는 건 아니라고 봅니다."라는 핀잔까지 받았다.

　'안경 끼고 흰머리'라는 인상착의 때문에 검사들에 의해 '위증 교사 혐의'

를 받게 된 조광희 변호사가 화가 났다. 그는 "건강 상태 확인차 병원에 간 것은 사실이지만 김 씨가 관련 내용을 전혀 모를 뿐 아니라 상당히 쇠약해 보여 별다른 대화 없이 접견을 마쳤다."며 검찰 측의 위증 교사 주장을 일축했다. 이어 그는 격앙된 목소리로 "한 전 총리 사건 수사와 관련, 그 대상과 시기, (수사)강도 등에서 많은 의문을 갖고 있지만 검찰도 나름대로 입장이 있을 것이라고 생각한다. 마찬가지로 우리도 피고인의 무고를 믿고 민주주의를 위한다는 마음으로 사건에 임하고 있다."고 분명하게 말했다. 그러자 검찰은 "여긴 (주장이 아니라 진실만을 다투는) 법정이다. 그럼 우리가 비민주적이란 말이냐."고 언성을 높이면서 이날 법정에는 때 아닌 검찰-변호인단 간 민주주의 논쟁이 벌어지기도 했다.

증언을 마친 아내를 데리고 법정을 나선 한 사장의 부친이 말했다. 그는 아내가 구인될 때 검사에게 동승할 것을 부탁했다가 거절당하고 버스와 지하철을 타고 법원에 왔다고 했다.

"이렇게 하면 안 돼요. (부모 중에) 나 한 사람 불러서 물어봤으면 족하지, 환자를 데려다 놓고 이게 무슨 짓이야. 한 총리가 집안에서 내게 손녀뻘 돼. 내가 만호에게 한 총리님 힘닿는 대로 도와드리라고 한 건 사실이야. 그래서 사무실도 싸게 얻어 드린 거고. 만호 돈 뜯으려고 사기꾼, 깡패들이 우글우글했어요. 그 놈들한테 돈 뜯기고 엉뚱한 데 쓰고서는 헛소리한 걸 가지고 이 야단이야. 이 사람 진짜 아파. 이렇게 하면 진짜 안 돼."

'자금 관리인' 같은데 관리한 자금이 없다?

13차 공판 2011년 5월 17일

본질과 별 관련이 없는 사실을 부풀리고 비틀어서 상대를 괴롭히고 주변에 그릇된 인상을 주려 한다면 이는 야비한 짓이다. 자신에게 힘이 있다고 얼토당토않은 자신의 논리를 끝까지 관철하려 한다면 이는 졸렬한 것이다. 16일 열린 13차 공판에서 한명숙 전 총리의 여동생을 다시 증언대에 세운 검찰이 그렇게 야비하고 졸렬했다. 11차 공판에서 이미 한 번 검찰 측 증인으로 소환됐던 동생은 당시 증언 막판에 탈진 증세를 호소하며 증언을 거부하고 이날 재소환을 택한 것이다. 그 사이 검찰은 여동생의 재산 상태와 금융거래 내역을 다시 한 번 완벽하게 까뒤집은 모양이다. 통화 내역을 다시 수집·분석하고 한 총리와 김 아무개 비서와 관련된 그의 동선까지 완벽하게 파악했다.

지난번 공판에서, 일시 전세 자금으로 충당하기 위해 1억짜리 수표를 김 비서에게 빌리면서 (5,000만 원만 필요했기 때문에) 1,500만 원짜리와 3,500만 원짜리 수표 두 장을 교환했고, 빌린 돈 5,000만 원도 10일여 만에 수표 두 장으로 갚았다는 증인의 주장에 꼼짝 못하고 당했던 것을 뒤집기 위한 것이었음은 물론이다. 당시 김 비서 쪽 변호인단에서는 그 이래 손도 대지 않은 채 김 비서가 보관해 오던 수표 4장을 증거로 제출함으로써 증인의 주장을 완벽하게 입증했다.

과연 검찰의 수사력은 대단했다. 여러 가지 새로운 사실들이 드러났다. 동생이 다녔다는 일산의 한의원에 언니 한 총리도 다녔다는 사실, 김 비서 등 세 사람이 같은 날 그 한의원에서 진료 받은 적도 있다는 사실도 밝혀냈다. 그 한의원을 김 비서로부터 소개받았다는 동생의 주장을 뒤집기 위해서다. 별로 중요한 것 같지 않은 이 사실이 검찰에게 중요한 것은, 동생이 김 비서와 별로 친하지 않으며, 그러므로 동생이 별로 친하지도 않은 김 비서에게 돈을 빌렸을 리 없으며, 그러므로 그 수표는 한 총리가 동생에게 쓰라고 준 돈이 틀림없다는 검찰 측 추론의 첫 단추이기 때문이다.

검찰은 "김 비서가 아닌 언니 한 전 총리가 한의원을 소개한 것 아니냐?", "셋이 함께 한의원에 간 적이 있지 않느냐?"며 여동생을 추궁했지만, 끝까지 부인했다. 글쎄, 한의원 소개 여부가 두 사람의 친소 관계를 가릴 수 있는 유일한 잣대가 될 수 있을까? 형제 중에서도 가장 적극적으로 언니의 정치 활동을 도왔던 동생이 오랫동안 언니를 측근에서 보좌해 왔던 김 비서와, 한의원 소개 여부 말고도, 친하지 않다는 것이 오히려 이상하지 않을까?

검찰 입장에서는 더 구미가 당기는 것이 새로 밝혀낸 동생의 금융 거래 내역일 터다. 동생과 그의 남편은 2008년 7월부터 2009년 3월 6일까지 2억500만 원의 정기예금을 갖고 있었으며, 그 전해인 2007년 10월 같은 날 두 곳의 은행에서 현금을 내고 500만 원짜리 수표 8장을 발행했던 사실이 확인됐다. 검찰은 이 돈들이 어디서 났으며 어디에 썼는지는 물론 왜 자산을 현금으로 보관하고 있었는지, 왜 수표 발행을 한 은행이 아니고 두 곳의 은행에서 했는지 등등을 집요하게 캐물었다.

그런 집요한 신문의 목적을 검찰 스스로가 요약했다. "증인의 현금 거래가 많고 액수가 큰 데 출처와 사용처가 불분명하고, 같은 지역에서도 분산 거래를 하고, 수표 발행 후 장기간 사용하지 않는 등 미심쩍은 부분이 많다."는 것이다. 요컨대 증인의 실력으로는 그 많은 돈을 벌었을 리 없기 때문에 언니의 부정한 돈이 섞여 있을 것이고, 그 돈은 언니의 정치자금이다, 한마디로 증인은 언니의 자금 관리자라는 것이다.

명언 혹은 망언

증인과 변호인단은 증인의 남편이 2004년, 2006년, 2007년(2005년은 미국 체류) 3년간 2억2,000만 원을 벌었다는 소득증명서를 제출하면서, 그밖에도 증인이 87년 이래, 때때로 월 800만 원이 넘는 과외 아르바이트 수입을 오랫동안 모은 것일 뿐인데, 다른 사람도 아닌 언니하고 연결돼 부정한 돈으로 여겨지는 것이 억울할 뿐이라고 항변했다. 그래도 미진한 부분은 성심성의껏 관련 자료를 제출하겠다고 말했다.

물론, 일부 자신의 증언 거부 탓도 있지만, 그가 왜 현금을 내고 거액의 수표를 발행했는지, 그 수표들이 어디에 쓰였는지에 대한 동생의 증언은 여전히 석연치 않은 부분이 있는 것은 사실이다. 그러나 그것은 검찰이 범죄와 연결되었다는 명백한 증거와 함께 묻지 못하는 한 답변을 강제해서는 안 될 프라이버시의 영역임이 분명하다. 성인이 아닌 평범한 사람이란, 누가 언제 불쑥 끼어들어 물어도 그럴듯하게 설명이 가능한 명료한 삶을 항상 살 수는 없는 법이다. 한 총리 동생의 경우, 때때로 저금을 하다가 때때로 현금으로 보관도 하는 재정 관리법이 그만의 독특한 취향일 수 있는 것이며, 수표를 발행해 어디에 썼느냐는 문제는 남에게 알려주고 싶지 않은, 남편과의 문제일 수도 있고, 집안 다른 사람과의 문제일 수도 있고, 친구와의 문제일 수도 있는 것이다. 그것이 아니라는 증거는 검찰이 내밀고, 그 증거를 갖고 추궁해야 하는 것이다.

그런데도 검찰은 동생이 증언을 거부하자 "언니 한명숙 피고인의 형사처분을 우려해서 증언을 거부하겠다는 것이냐?"며 터무니없는 소리로 윽박지르다가 끝내 재판장의 제지를 받았다. 검찰의 그런 졸렬함과 야비함은, 시부모로부터 전세금의 일부인 1,000만 원을 증여받았다는 증인의 증언을 탄핵하기 위한 다음의 신문에서도 그대로 드러난다.

"시부모 사는 집이 자택인가, 전세인가?", "언제 퇴직했는가?", "뭘로 생활하는가?", "세를 놓았으면 집세는 얼마인가?", "시부모에게 용돈을 주는가, 얼마를 주는가?", "집에 (현금) 얼마를 보유하고 있는가?", "집에 금고는 있는가?" 그리고는 이날도 명언 한 마디를 잊지 않는다. "중산층은 집에 현금이 얼마 있는지 기억해야 한다."

"거래 내역이 향후에 다 드러나는 수표 거래로 돈세탁을 했다는 검찰 주장을 이해할 수 없다."는 변호인단의 주장이 틀리고, "동생의 자금 중 상당 부분은 언니인 한 총리의 자금이며 한 총리가 동생을 통해 자금을 세탁해 온 것으로 강하게 의심된다."는 검찰의 주장이 맞는다고 치자.

동생은 지난번 공판에서 자신의 재산이 6~7억 원쯤 된다고 밝혔다. 현재 살고 있는 아파트 전세금이 2억1,000만 원, 김포에 소유한 아파트가 2억 원 정도(전세가 1억1,500만 원을 근거로 한 추정가)이므로 그의 통장에서 움직였다는 3억 원을 포함해도 대략 그가 밝힌 전 재산의 범위 안에 있는 것이다. 도대체 남편이 연봉 7,000만 원 이상을 받고, 부인이 20년 넘게 아르바이트를 해 만만치 않은 수입을 올려 온 부부가 지금까지 7억 원을 모으지 못해 한 총리의 '정치자금'을 보태 간신히 7억 원을 만들었다는 말인가. 그렇지 않다면 도대체 한 총리의 자금은 어디로 사라졌는가.

검찰이 새로운 '자금 관리자'를 찾아낼 수 있을 것 같지는 않다. 벌써 한 총리 근처에 있는 수십 명의 계좌를 뒤진 결과(계좌 추적은 본인에게 통고되기 때문에 뒤에라도 알 수 있다) 가장 미심쩍다고 찍어 낸 게 바로 동생의 금융 거래 내역이었기 때문이다. 이제 검찰은 동생이 자금을 현금으로 보관한다는 정보를 알았으므로 가택 압수 수색 같은 비상수단을 강구해야 할 것 같다.

길에 떨어진 새끼줄을 집어 왔을 뿐인데 소가 따라 온 것일 뿐이라고 우기는 소도둑놈이 있었다던데 죄 없는 새끼줄을 붙들고 소는 어디 갔느냐고 닦달하는 검찰은 뭐라고 해야 하나……. 초라하다. 참으로 초라하다. 검찰의 안간힘이여.

법정에서 수사하는 검찰

14차 공판 2011년 5월 30일

　기자들은 쓰는 것이 직업이지만 때때로 그들이 하는 행동이 '쓰는 것' 이상으로 상황의 추이를 짐작케 해 주는 경우가 있다. 햇병아리 기자일 때는 아무 사건이나 천방지축으로 뛰어 다니지만, 어느 정도 연륜이 쌓이면 '이야기 되는 것'과 '안 되는 것'을 직감적으로 구별해 무거운 몸을 움직일 것인가 말 것인가를 결정하는 경향이 있기 때문이다.

　한명숙 전 총리 재판을 취재하는 기자들 수가 격감했다. 기자들은 처음에는 30석 남짓한 방청석을 거의 채울 만큼 이 사건에 지대한 관심을 보였다. 하지만 한 총리에게 돈을 주었다는 핵심 인물 한만호 전 한신건영 사장이 양심선언을 한 2차 공판 이래 취재기자 수가 눈에 띄게 줄기 시작했다. 그동안 딱 한 번, 검찰이 한 전 사장의 구치소 접견 녹취록을 입수해 놓고 "오늘 법정에서 한 건 터진다."며 '호객 행위'에 나섰던 때를 제외하고는 이제 취재기자 수가 많아야 6~7명을 넘지 못한다. 언론이 흥미를 잃었다는 건 재판이 이미 물 건너갔다는 얘기다.

　30일 열린 14차 공판이 잠깐 휴정됐을 때, 취재기자 너덧 명이 둘러서서 하는 이야기를 들어 보니 모두가 처음부터 사건을 꿰뚫고 있는 베테랑은 아 닌 듯하다.

"이 사건은 건설업자가 한 총리에게 9억 원을 줬다는 게 본질 아니었어?"
"그렇지. 공소 내용은 그렇지."
"그런데 지금이 재판 막바지인데 9억 원 얘기는 왜 여태 안 나오고, 고작 비서가 1억 원을 개인 용도로 빌렸네, 아니네, 하는 얘기만 계속하는 거지?"
"그나마 그게 유일한 물증이기 때문이야."

언론은 심드렁한데 검사들의 집요함은 뜨거움을 더해 간다. 오후 공판이 속개되기 전 변호인단은 재판장의 허락을 받아 '검사의 증거 확보 등에 관한 의견'을 냈다. 공소 제기 후에도 계속되는 일방적 수사와 무차별적인 증거 신청, 수사 자료 미공개뿐 아니라 제시 자료를 왜곡까지 함으로써 피고인들의 방어권이 침해되고, 개인 정보가 노출되는 것은 물론 신속한 재판 진행이 저해되고 있다는 것이다.

검사들은 "(검찰에 불리한) 증언들을 탄핵하기 위해 어쩔 수 없는 것"이라고 맞섰으나 재판장은 "앞으로 검찰이 증거 자료를 취득하고자 할 때는 법원을 통해서 하라."는 결정을 내렸다. 그것이 오후 2시 30분쯤이었다. 그런데 재판이 한창 진행되고 있던 오후 6시 20분쯤 "검찰 수사관이 강동구에 있는 모 한방병원에 와서 한 총리의 진료 기록부를 내놓으라고 난리다."라는 긴급 전갈이 변호인단에 전달됐다. 재판장이 결정을 내리고, 자신들이 "앞으로 꼭 그러하겠다."고 약속했던 사안마저 검사들은 이렇게 얼굴색 하나 변하지 않고 무시하고 있는 것이다.

물론 검찰은, 당사자의 당일 행적에 의심되는 부분이 있기 때문에 그 동선을 파악하는 과정에서 빚어진 일이라고 설명할 수 있을 것이다. 하지만 개인의 진료 기록이란 가장 보호받아야 할 프라이버시에 해당될 뿐 아니라, 한 전 총리의 경우 특히 소중하게 다루어져야 할 정보 사항이 될 수도 있다는 것이 상식이다. 재판에 필요하다고 아무나 입수해서 저장하고 퍼뜨릴 그런 정보가 아닌 것이다. 그걸 방지하기 위해 재판장의 판단에 맡기자고 결정한 지 불과 수 시간도 안 돼 검찰은 마치 무엇에 홀린 것처럼 다시 진료 기록 수집에 나선 것이다. 검찰에 '적대적인 증인'은 이렇게 증언대에 서기 전부터 금융 거래 내역, 통화 내역은 물론 진료 기록에 이르기까지 철저하게 발가벗겨진다. 그리고 증언대에 서는 순간 이번에는 갈기갈기 찢긴다. 이날 검찰에 '적대적인 증인'으로 찍힌 채 증언대에서 선 이는, 한 총리와 함께 피고인 신분이기도 한 김 아무개 전 비서다. 그러므로 김 씨는 이날 증언을 해야 할 뿐 아니라 동시에 스스로를 방어해야 하는 입장이기도 하다.

"개인용도 돈을 경선 기탁금 명목으로 빌렸다"

김 씨의 이날 증언을 요약하면, 김 씨가 2007년 3월 말 한 사장으로부터 3억 원을 빌린 것은 남편이 구상하는 관광사업 자금 용도였다. 2억 현금과 1억짜리 수표였는데 차용증은 쓰지 않았다. 언제든 한 사장이 다시 필요하면 돌려주기로 했다. 이 돈을 집에 보관하고 있다가 한 사장의 사정이 어려워져 2억 원은 돌려 줬고 1억짜리 수표는 계속 보관하고 있었는데, 2009년 2월 한 총리의 여동생이 이사하는 과정에 5,000만 원이 급히 필요하다는 것을 알고 빌려줬다. 당시 동생이 5,000만 원어치 수표 두 장을 가져와 1억짜리 수표를 바꿔 갔으며 이후 보름도 안 돼 또 다른 5천만 원어치 수표 두 장을 가져와 빌려 간 돈을 깨끗이 갚았다.

김 씨는 한 사장과 연계된 한 총리에 대한 별건 수사가 진행되고 있다는 신문 보도를 보고, 비로소 자신이 개인 용도로 한 사장에게서 돈을 빌린 사실이 있다는 것을 털어놓았다. 이후 6월 17일 변호사 사무실에서 "사실은 개인 용도로 빌린 것이 아니라 (한 총리 당내 대선 후보) 경선 기탁금 명목으로 빌렸다고 고백해 그 자리에 있던 한 총리에게 크게 혼이 났다."는 것이다.

한 총리는 2007년 7월, 그러니까 김 씨가 한 사장으로부터 돈을 빌린 지 4개월 후에 은행에서 2억5,000만 원을 대출받아 경선 기탁금을 충당한 바 있으므로, 김 씨가 한 사장에게서 빌린 돈은 경선 기탁금과 아무 상관이 없다. 그러므로 결국 김 씨의 증언은 자신이 개인적으로 한 사장에게 돈을 빌리기는 했지만, 돈을 빌릴 당시 한 사장에게는 '경선 기탁금'이란 명목을 댔으며, 이를 숨겨 오다가 지난해 사건이 터진 뒤에야 한 전 총리에게 고백한 것이 된다. 김 씨는 이날 증언대에서 '결과적으로 거짓말', '순간적으로 잘못된 판단'이라는 뉘앙스의 말을 여러 번 했다.

이것이 진실이라면 김 씨는 나름 용기 있는 증언을 한 셈이다. 처음에는 '개인적인 용도'로 빌린 것이라는 입장을 견지하던 그가 여러 번 망설임 끝에 '경선 기탁금' 명목으로 빌렸다는 사실을 털어놓음으로써 (그럼에도 실제 기탁금으로는 사용되지 않았으므로) 정치자금법 위반 혐의 외에 사기 혐의를 받게 될 우려가 새로 생겼기 때문이다.

하지만 검찰의 생각은 완전히 다르다. 김 씨가 한 사장에게서 무슨 명목으로 얼마를 빌려 어떻게 쓰거나 보관했든 그건 그 돈이고, 한 총리가 받은 9억 원은 따로 있으며 동생이 사용한 1억짜리 수표는 그 9억 원에 포함된 것으로, 한 총리가 직접 건넨 것이 틀림없다는 굳은 믿음이 있는 것이다. 검찰이 수표가 오갔다는 2009년 2월 21일 전후의 증인의 동선 파악에 그토록 집착하면서 "(그날 한 총리를 모시고 다니면서) 동생에게 1억 빌려줬다고 말할 수 있는 정황 아니었나?", "(동생이) 순순히 빌려가더냐?" "1억짜리 수표를 집 책상 서랍에 보관했다는데 도둑맞을 걱정은 안 했느냐?" "(동생에게서 고마움의 표시로 받은) 인진쑥이 어디 제품이더냐?" 등등 봉창 두들기는 질문을 지속적으로 해 대는 이유가 거기에 있는 것이다.

1억 원은 그렇다 치고 그럼 나머지 8억 원은 어디로 갔는가? 검찰은 한 총리가 2008년 7월, 1년 만에 대출금 중 1억 원을 상환할 때 김 씨가 심부름을 했다는 사실을 알아내고, 그 1억 원을 누구에게서 전달받아 은행에 갔는지를 실토하라고 증인을 윽박질렀다. 변호인들이 "이번 사건과 관계가 없다."고 항변하자 "가족들 계좌를 아무리 (샅샅이) 살펴봐도 1억 원을 인출한 사실이 없다."며 그 돈은 한 사장에게서 받은 현금 중 일부일 가능성이 있기 때문에 전달자가 누구인가가 중요한 것이라고 강변한다.

"꼭 그렇게 볼 수는 없지 않은가. 추상적(인 이유)으로 더 깊이 들어가기도 뭐하고 그만 하자."는 재판장의 완곡한 만류에도 검찰은 "경선 캠프는 어디에 있었나요?", "자금은 누가 관리했는지 아나요?"에서부터 "일정 관리는 누가 했나요?", "지역구 사무실 보증금은 어떻게 됐나요?"라는 질문에 이르기까지, 한 총리를 지구 끝까지 쫓아가 해체하고 싶은 욕망을 억제하지 못했다.

이날 재판은 검찰이 김 씨를 상대로 준비했다는 333개의 질문 중 절반 정도밖에 마치지 못하고 6월 8일 특별 기일로 넘어갔다. 김 씨는 검찰 스스로도 한 사장 버금가는 마지막 중요한 증인이라고 했다. 그럼에도 그가 직간접적으로 연관된 2억 원(1억짜리 수표와 대출금 상환자금)의 정체마저도 자신들이 뜻하는 대로 명쾌하게 밝혀내지 못하고 온갖 억측만 풀어냈을 뿐이다. 앞으로 검찰이 또 무슨 '수사'를 벌여 새로운 증거를 들고 나올지 모르지만 '시즌 2'라고 해서 뭐가 크게 달라질 것 같지 않다.

"난 그런 검사가 더 웃깁니다"

15차 공판 2011년 6월 8일

아무래도 왼쪽 다리가 가려운데 오른쪽 다리를 긁고 있다는 느낌을 지울 수 없다. 대검찰청 중앙수사부 철폐 여부를 놓고 국회 사법개혁특별위원회와 검찰 간에 벌어지고 있는 한바탕 힘겨루기가 그렇다. 검찰은 중수부가 없으면 정치권과 재벌 등이 연루된 '거악'과 맞서 싸울 수 없다고 뻗댄다. 사개특위는 마치 중수부만 폐지하면 검찰 개혁은 다 이루어지는 것처럼 부르댄다. 둘 다 아니다, 오버액션이다.

중수부를 통해서만 '거악'과 싸울 수 있다고 얘기하는 건 검찰의 '누워서 침 뱉기'다. 중수부가 제대로 '거악'과 싸워 왔다고 믿는 사람도 없거니와 오로지 중수부 검사들만이 외압에 자유로울 수 있다고 주장하는 건, 한 줌밖에 안 되는 중수부 검사 아닌 다른 모든 검사들을 핫바지로 만드는 짓이다.

야당 국회의원들은 중수부와는 별도로 서울지검 특수부가 1년 반 이상 한명숙 전 총리를 집요하게 물어뜯고 있는 현실을 직시해야 한다. 이 대목에서 도대체 특수부가 중수부와 다른 것이 무엇인가를 물어야 한다. 노무현 전 대통령을 죽음으로 몰아넣은 중수부가 어쩔 수 없이 자숙 모드로 들어가야만 했을 때, 그러나 이른바 친노 세력에 대한 정치 공작적 탄압은 계속해야 할 필요가 있을 때 바통 터치로 등장한 것이 특수부다. 중수부의 외피를 쓰든, 특수부의 외피를 쓰든 검찰은 여전히 '살아 있는 정치권력'의 시녀 노릇을 하고 있는 것이다. 그러므로 중수부냐, 특수부냐가 중요한 게 아니다. 검찰 자체가 바뀌어야 한다. 그러나 검찰 스스로 바뀌기를 기대할 수는 없다. 검찰에 집중된 권력을 분산시키고, 검찰의 권력 남용을 견제할 수 있는 더 강도 높은 방안을 마련해야 한다. 판검사까지도 수사 대상에 올릴 수 있는 '고위 공직자 비리 수사처' 같은 대안을 동시적으로 고려하지 않는 한, 중수부 폐지 논의는 여야 정치인들의 보기 좋은 '약속 대련'에 불과할 뿐이다.

그런 헛발질과 기합 소리만 요란한 가운데 15차 공판이 8일 속개됐다. 원래 격주 월요일에 규칙적으로 열리던 일정인데 재판 자체가 너무 늘어진다는 이유로 이날 한 번 더 기일을 잡은 것이다. 14차 공판 때와 마찬가지로 한 전 총리의 비서였던 김 아무개가 계속 증언대에 섰다. 그만큼 핵심적 증인이다. 그런데 검찰 신문 중 증인이 갑자기 화를 냈다. 주임 검사를 똑바로 쳐다보며 불쑥 한 마디 던진다.

"나름 성심성의껏 답변하고 있는데 계속 거짓말을 한다고 하니, (도대체) 왜 그러십니까?"

'당신 거짓말하는 거 다 안다.'는 듯 입가에 비웃음을 머금고 힐문하는 검사의 태도에, 자신이 증인이며 동시에 피고인이라는 처지를 잊고 순간적으로 울컥한 것이다. 주임 검사가 당황하자 옆에 있던 다른 검사가 동료를 편든다.

"증인이 (신문에 답변을 안 하고) 의견 표명을 하는 셈인데, 그런 것 처음 봅니다. 웃깁니다."

이번에는 증인의 변호인이 자리에서 벌떡 일어난다.

"난 그런 검사가 더 웃깁니다."

어느 쪽이 더 웃긴지는 몰라도 검찰과 증인 및 변호인단의 지루한 공방은 재판이 끝날 때까지 평행선을 그렸다. 2007년 3월 한만호 사장으로부터 1억짜리 수표 한 장과 현금 2억 원 등 총 3억 원을 빌렸다가 이 중 2억 원은 1년 후 갚았다. 1억짜리 수표는 계속 보관하고 있다가 2009년 2월 한 총리의 동생이 이사할 때 잠시 빌려줬으나 이내 되돌려 받아 지금까지 갖고 있다는 것이 증인이 14차 공판 이래 한결같이 주장하는 '팩트'다. 동생과 돈을 빌려주고 되돌려 받는 과정에서 1억짜리 수표가 동생이 발행한 4장으로 바뀌었을 뿐인데, 이 수표들은 이미 법정에 증거로 제출되어 있다.

반면 검찰은 김 전 비서가 3억 원을 빌렸다는 것 자체를 인정할 수 없다. 한 총리가 2007년 4월, 5월, 9월에 각각 3억 원씩 총 9억 원을 한만호 사장으로부터 직접 받았다는 것이 검찰의 공소 내용인데, 만일 3월에 오간 돈이 김 비서가 받은 것이 사실이라면 공소 유지 자체가 불가능해지는 것이다. 한 사장은 5월, 9월에 조성한 돈도 한 총리가 아니라 교회 공사 수주 로비 자금으로 박 아무개 브로커, 김 아무개 장로에게 전달한 것이라고 2차 공판에서 양심선언을 한 바 있다.

희한한 검찰 질문 "남편과 한방 쓰지 않는가?"

그러므로 검찰은 "증인 아파트에 빚이 몇 천만 원밖에 없는데 구태여 한 사장에게서 거금의 돈을 빌릴 필요가 없지 않았나?", "돈을 빌렸다면 써야 하는 건데 장롱과 서랍에 보관만 하고 있었다니 말이 되지 않는 것 아닌가?", "일단 아파트 빚을 갚든가 은행에 저금해서 이자수입이라도 올려야 하는 것 아닌가?", "동생이 돈이 필요하다는 것을 안 날짜와 수표를 주고받은 날짜와 시간, 장소 등이 (검찰이 진료 기록, 통화 기록 등을 분석해 추론한 결과) 두 사람의 주장과 맞지 않는데 이는 두 사람이 없는 사실을 꾸며냈기 때문이 아닌가?" 따위를 반복적으로 추궁할 수밖에 없는 것이다.

그밖에도 검찰은 "어디서 돈을 받았나?", "현금 2억 중에 달러는 없었나?", "그 돈이 여행용 가방에 꽉 차던가?", "구권이던가, 신권이던가?", "일일이 세어 봤나?", "나중에 가방은 어떻게 처리했나?" 등등 허접하기는 하지만 김 비서가 실제 돈을 받지 않았으면 답변을 제대로 하지 못할 질문 공세를 펴부으며 증언의 허점을 노렸다. 그러다가 결국 "남편과 한방을 쓰지 않는가?"라는 희한한 질문까지 나온 것이다. 김 비서가 현금 2억 원을 남편 모르게 장롱과 서랍에 보관하고 있었다는 주장을 탄핵하기 위한 것이었다. 이에 대해 김씨는 "남편은 장롱을 열어 보지 않는다. (1억짜리 수표를 넣어 놓은) 서랍은 쓸 때마다 열었다, 잠갔다 한다."고 답한다. 질문이 웃기는 건지, 답변이 웃기는 건지.

이밖에도 김 비서는 "한 사장이 먼저 돈을 빌려주겠다고 여러 번 제의한 바 있어 남편 사업자금 용도로 빌렸는데 사업 구상이 무산되는 바람에 쓰지 않고 있다가 한 사장이 어려워지자 1년 만에 그중 2억을 돌려준 것"이며 "1억 원을 지금껏 보관하고 있는 것은 돈 주인 한 사장의 요청 때문"이라고 답변했다. "한 총리 동생과 만난 날짜와 시간에 착오가 있는 것은 2년 전 일이어서 정확히 기억이 나지 않기 때문"이라는 등 때때로 기억력 탓도 하고 "다른 사람에게 물어야 할 것을 왜 나한테 묻느냐."는 항변도 했다. 본인으로서는 성심성의껏 사실을 그대로 말한다고 하는 것인데 검찰이 보기에는 모든 답변이 처음부터 끝까지 영 거짓말 같은 것이다.

이런 공방을 계속하면서도 한 전 총리에 대한 흠집 내기를 소홀히 할 검찰이 절대 아니다. 느닷없이, 한 총리가 이사할 때 한 사장 회사에서 인테리어를 해 주고 가구를 들여 놓지 않았냐는 엉뚱한 질문을 한다. 모두 430만 원어치 견적이 나왔는데 이것을 신세진 것 아니냐는 것이다. 이 대목에서 김 비서는 분명한 어조로 "인테리어 업체를 소개받은 것은 사실이지만 공사비 300만 원을 분명히 한 사장에게 지불했으며, 그 돈도 내가 낸 것이 아니라 한 총리가 주신 것"이라고 답했다. 나중에 업자로부터 손해 보게 생겼다는 연락이 와 30만 원인가를 더 보내준 기억이 난다고까지 덧붙였다. 검찰도 머쓱한 듯 더 이상 그런 류의 졸렬한 질문은 하지 않았다.

검찰처럼 처음부터 "이 증인의 말은 전부가 거짓말"이라고 작정한 사람이 아니라면, 김 비서가 개인 용도로 돈을 빌리기는 했으되, 정치인인 한 총리 비서란 입장 때문에 그런 돈거래가 문제될까 두려워, 은행에 입금하지 않고 집에 보관하고 있었다는 설명을 영 이해하지 못할 것도 아니다. 자신이 모시고 있던 분의 동생이 급전이 필요하다는 걸 알고, 기왕에 쓰지 않고 보관하고 있던 돈을 빌려줘 생색을 내고 싶었던 심정도 마찬가지다.

"검찰 수사 과정에서나 기자들이 취재할 때, 처음부터 증인이 개인적으로 빌린 것이고 한 총리 여동생에게 빌려준 것도 증인이 개인적으로 빌려준 것이라는 말을 왜 하지 않았나?"라는 질문에 "검찰과 기자들을 믿을 수 없었기 때문에 법정에서 얘기하려고 침묵했던 것"이라는 답변은 더욱 그럴만하다. 그런데 딱 한 가지, 단지 빌리고 빌려준 돈이라면 왜 2억이란 큰돈을 수표가 아닌 현금으로 주고받아야만 했을까. 이런 의문이 든 것은 재판장도 마찬가지였던 모양이다. 재판이 끝나면서 마지막으로 재판장이 묻고 증인이 답했다.

"한만호에게 돈 빌릴 때 용도를 얘기했습니까?"
"용도를 얘기 안 하고 돈을 빌릴 수 있나요?"

"현금으로 빌려줄 것을 예상했나요?"
"그런 예상은 하지 않았습니다."

"한만호가 수표로도 괜찮겠냐고 물어본 적이 있나요?"
"1억 원은 수표고 2억 원은 현금이라고 했습니다. 저는 괜찮다고 했습니다."

재판장이 무엇을 알고 싶었는지, 알고 싶은 것을 다 파악했는지는 모르겠지만 적어도 검찰처럼 김 비서가 안 빌린 돈을 빌린 것으로 새빨간 거짓말을 한다고 여기지는 않는 듯했다.

검찰, 만기출소 직전 감방 압수 수색, 왜?

16차 공판 2011년 6월 13일

13일 열린 16차 공판에도 10차 공판 때와 마찬가지로 3명의 증인들이 약속이나 한 듯 나타나지 않았다. 이날 증언대에 서기로 예정된 인물들은 한신건영 버스 기사 박 아무개와 중견 P그룹 백 아무개 회장, 법조 브로커로 알려져 있는 남 아무개였다. 박 아무개에게는 증인 소환장이 전달조차 되지 않았다. 최근 주소지를 옮겼기 때문이라고 한다.

 한 총리의 주선으로 한신건영 한만호 사장의 사업에 도움을 주었다고, 검찰이 주장하고 있는 인물인 백 아무개 회장은 10차 공판 때도 내시경 검사를 받아야 한다는 이유로 법정에 나타나지 않았었는데, 이번에는 그의 계열사에서 급한 일이 발생해 법정에 나올 수 없다는 설명이다.

 이번 사건의 제보자로 알려진 남 아무개 역시 10차 공판에 나타나지 않았었다. 이들과 마찬가지로 10차 공판 때 소환에 응하지 않은 한 사장의 모친에게는 다음 기일에 구인장을 발부하고 주임 검사가 몸소 정신병원에까지 가서 끌고 와 기어코 증언대에 세운 바 있다. 이날 검찰은 7월 4일에 특별 기일까지 정해 이날 나오지 않은 증인들을 다시 한 번 부르자고 요구했으나 최소한 남 아무개만은 특별 기일을 몇 번을 더 정해도 결코 나타나지 않을 것임을 법정에 있는 누구라도 눈치챌 만했다.

공판이 공전된 대신 앞으로의 재판 일정이 비교적 명확하게 정해졌다. 6월 27일, 7월 11일, 7월 18일 등 세 번의 기일에 검찰 측 증인신문을 모두 마치고 8월 8일, 8월 22일 두 번에 걸쳐 변호인 측 증인신문을 하되 7월까지 마치지 못한 검찰 측 증인신문이 있다면 8월 29일에 특별 기일을 정해 치르자는 것이다. 요컨대 8월까지는 모든 증거 절차를 끝내자는 데 양측이 대충 합의한 것이다.

영양가 없는 검찰 쪽 증인들

검찰은 10여 명의 증인들을 줄 세워 놓고 있지만 고민이 깊다. 한둘을 제외하고는 "그렇다고 들었다.", "그렇게 생각한다."는 식의 증언밖에 기대할 게 없는 함량 미달 증인들이기 때문이다. "돈을 줬다."는 한 사장의 검찰 진술을 기둥과 대들보로 세우고 나머지 증인들을 서까래 삼아 그럴듯하게 신기루를 세워 보려던 검찰은, 한 사장의 양심 고백으로 기둥과 대들보가 무너진 마당에 대책 없이 서까래만 뒤적이고 있는 형국인 것이다.

그래서다. 검찰이 한 사장의 만기 출소 직전에 그를 소환해 위증 혐의로 수사하고 감방을 압수 수색해 일기, 비망록 등을 빼앗아 간 것은 그런 다급한 상황에서 비롯된 최후의 몸부림 비슷한 것이다. 멍텅구리가 아닌 이상 그런 협박으로 한 사장에게서 다시 한 번 증언 번복을 끌어낼 수 있다고 기대하는 것은 아닐 것이다. 다만 한 사장이 일기와 노트 30여 권에 깨알같이 써 놓았다는 이번 사건의 '기획성'이 폭로되는 것이 두려워 미리 위증 혐의라는 예방조치를 취해 놓는 것일 뿐이다. 얼마 동안이나 통할지는 모르지만 "앞으로 한만호가 하는 말은 모두 거짓말"이라고 선수를 치는 것이다.

검찰의 그런 두려움은 이날 변호인단이 "압수한 한 사장의 비망록 등을 증거로 제출할 것인지 안 할 것인지, 변호인단과 (그 내용을) 공유할 것인지, 말 것인지" 물어봤을 때 "우리가 먼저 다 분석해 보고 필요한 부분만 증거 제출하고 변호인단과 공유하겠다."고 답한 검찰의 억지에서 적나라하게 드러난다. 한 마디로 자신들에게 유리한 부분, 별 문제가 없는 부분만 골라서 내놓겠다는 것이다. 검찰은 "(한 사장에 대한 위증 혐의는) 이 사건과 별도 사건이고 다른 검사가 담당하고 있기 때문"이라는 이유를 댔다.

하지만 한 사장에 대한 위증 혐의는 한 총리 재판과 별도의 사건이 될 수 없는 것이다. 한 총리 재판에서 나온 진술 번복이기 때문에, 위증 여부는 무엇보다 이 사건에 대한 재판장의 최종 판단에 달려 있다는 것이 상식이다. 그러므로 한 총리 재판이 아직 끝나지도 않았는데 한 사장에게 위증 혐의를 건다는 것은, 한 사장을 위축시키려는 의도 외에 결국 "재판을 더 이상 하나마나 한 총리는 유죄"라고 재판장에게 억지를 부리는 꼴이다. 이런 검찰의 행태를, 박주선 민주당 최고위원(한명숙 공동대책위 공동 대표)은 한 전 총리에 대한 정치 테러이며 사법 방해 행위라고 규정했다.

이날 재판장은 검찰이 압수한 모든 문건을 변호인단과 공유해야 한다고 결정했다. '무기 대등의 원칙'을 다시 한 번 확인한 것인데, 이 원칙은 이미 한 사장이 자신의 옥중 메모를 보면서 증언하기 시작한 제3차 공판 때, 검찰이 메모를 압수하려 하면서 변호인단과 치열한 법리 논쟁을 벌인 끝에 재판장이 최종 확인한 바 있다. 그새 검찰이 잊어버렸든지(머리가 나쁘거나), 아니면 잊어 먹은 척하는 것이든지(머리가 아주 좋거나).

다섯 명이 나오던 검사들이 네 명으로 줄더니 어느 새 또 세 명으로 줄었다. 바로 최근에 사라진 검사가 한 사장의 위증죄를 다룬다고 한다. 그런데도 검찰은 "한만호 위증 건은 다른 검사가 조사하고 있으므로 (마음대로 못하고) 2~3주 걸려서 분석이 끝난 후에야 공개할 수 있을 것이고, 이번 사건과 별건이기 때문에 필요한 부분만 공유할 것"이라고 주장하는 것이다.

망상에 사로잡힌 '빅 브라더'

17차 공판 2011년 6월 27일

염치가 없어도 너무 없다. 대검찰청 중앙수사부 부장검사를 지냈던 변호사 이인규의 경우다. 노무현 대통령의 급작스런 서거로 더 이상 검사로서 영달이 어렵다고 여겨졌을 때 변호사로 간 것이 하필이면 자신이 표적 수사하던 피의자의 변호를 맡은 로펌이었다. 하루아침에 적과 동지의 입장을 바꿔버린 것이다.

그래서 지난 한 해 120억 원을 벌었다고 한다. 한 달에 10억, 평일 하루에 5,000만 원. 재벌이라면 모를까, 아무리 변신에 능하고 능력 있는 변호사라도 도무지 한 개인이 벌어들일 수 있는 액수가 아니다. 그를 '돈벌레'로 보이게 만들기 위해 일각에서 만들어 낸 뜬소문일 거라고 생각했다.

그런데 그 불가능해 보이는 돈벌이를 이 사람이라면 충분히 할 수 있겠다는 걸 알게 됐다. 부산저축은행 피고인들을 변호하며 단계별 성공 보수 포함, 총 10억 원 규모의 변호인 계약을 맺었다는 뉴스를 접하고서다. "(거악을 척결하기 위해 존재한다는 대검 중수부에서) 수사하는 사람으로서 직분을 다 했다."고 큰소리치던 그 입과 혀로 사실은 서민들의 피눈물을 핥아

배를 불린 것이다. 파렴치한이다. 그것이 정치 검사들의 본질이다.

이렇듯 '권력에 취하고 돈에 미친 자'들을 대한민국 모든 검사들이 롤 모델로 삼는 것은 분명 아닐 것이다. 기획 수사, 표적 수사는 들어본 적도 없이, 온갖 압력과 청탁을 거부하며 용감하게 사회악과 싸우는 정의로운 검사들도 있기는 있을 것이다. 그렇다면, 1년 반을 훌쩍 넘기면서까지 돌아가면서 한명숙 전 총리를 악착같이 물고 늘어지는 서울지검 특수부 검사들은 과연 어느 부류에 속하는 것일까.

그 의문에 대한 결론과는 별도로, 이들이 분명 보통내기는 아니라는 사실이 27일 속개된 제 17차 공판에서 뚜렷이 드러났다. 비록 끝판에 망상에 가까운 논리 비약으로 스스로 먹칠을 하긴 했지만, '빅 브라더' 쯤 쪄 먹을 놀라운 정보력과 수사력을 바탕으로 피고인과 증인이 잊고 있었던-혹은 숨기고 싶었던-2년 수개월 전 며칠 동안의 행적을 거의 완벽하게 재생해냈던 것이다.

진실 규명보다 '범인 만들기' 몰두

이날도 대부분의 공판 시간이 증인신문으로 채워졌다. 당초 6명의 증인을 소환했는데 3명밖에 나오지 않았다. 한 사람은 2007년 7월 한 총리에게 아파트를 담보로 2억 몇 천만 원을 빌려준 모 은행 지점 직원. 검찰은 대출 과정에서 특혜는 없었는지, 이듬해 한 총리가 김 아무개 비서를 시켜 1억 원을 상환할 때 이상한 점은 없었는지를 집중적으로 물었다. "대출 과정에서 특혜는 없었고 상환할 때도 특이한 점은 없었다."는 것이 증인의 답변이다.

또 한 사람은 2007년 3월 한신건영에 사무 보조원으로 입사해 1년 남짓

총무팀, 경리팀 등에서 일했다는 20대 여성 김 아무개. 그 해 8월, 정 아무개 경리부장과 동행해 세 번 정도 은행을 돌며 환전한 적이 있고, 경리팀 사무실에서 돈 전달용으로 쓰인 것으로 보이는 여행용 가방을 본 적이 있다고 증언했다. 그 돈이 누구에게 전달됐느냐가 문제지, 환전 사실이나 어떤 가방에 담았냐는 사실 자체는 아무 쟁점이 되지 않는 상황에서 전혀 의미가 없는 증언이다.

그나마 이날 유의미했던 세 번째 증인은 한신건영에서 한만호 사장의 친구이며 동업자로서 공동주택 사업과 병원 사업 등을 담당했다는 50대 김 아무개. 검찰은 이 증인에게서 사업용 부지에 대한 문화재청 등의 사용 허가를 얻어 내는 데 한 총리의 도움이 있지 않았느냐고 캐물었으나 이 사람은 "내 힘으로 한 것"이라고 주장했다. 허가가 더뎌지자 한 사장이 딱 한 번 "한 총리를 통해 볼까?" 하고 넌지시 자신의 의사를 떠본 적이 있기는 하지만 "그런 얘기 꺼내지도 말라. 나 혼자 할 수 있다."고 일축했다는 것이다.

흥미로운 것은 한 사장으로부터 설계 용역비 등의 명목으로 여러 차례에 걸쳐 2억 원 남짓을 받았다는 이 증인이 "한 사장은 (교회 신축 공사 수주를 위해 뛰었던) 건설 브로커 박 아무개와 김 아무개 장로에게 나보다 더 잘 해줬다."고 증언한 대목이다. 이 두 사람은 한 전 사장이 (검찰이 한 전 총리에게 건네졌다고 주장하는 9억 원 중) 5억 원을 교회 공사 수주를 위한 로비자금 명목으로 2번에 걸쳐 전달했다는 바로 그 사람들이다. 이에 대해 박 아무개는 1억 원을 경비로 받아썼을 뿐이라고 반박했었다.

그렇다고 "한 사장이 (2억을 받은) 나보다 이 사람들에게 더 잘 해줬다."는 증언을 곧장 한 사장이 이들에게 5억 원을 준 것이 맞는다는 결론으로 연결시킬 수는 없다. 물적 증거가 없기 때문이다. 5억 원이 한 총리에게 간 것이 아니고, 한 사장의 양심 고백처럼 2인의 로비스트에게 간 것이 맞느냐 여부가 이 사건의 핵심이고, 그것을 밝혀낼 수 있는 유일한 실력자가 검찰인데, 검찰은 전혀 그럴 의지가 없다. 한번 재미삼아 들춰보고 싶어 하지도 않는다. 특수부는 처음부터 한 사장이 세 차례에 걸쳐 3억 원씩 총 9억 원을 한 전 총리에게 직접 전달했다는 프레임에서 한 발짝도 움직일 생각이 없는 것이다. 그들에게 이 재판은 진실을 가리는 것이 중요한 게 아니라 어떻게든 한 전 총리의 유죄를 입증하기 위해 만들어진 것일 뿐이기 때문이다. 바로 이 대목에서 이들이 이인규의 후예냐, 정의로운 검사들이냐의 질문에 대한 해답을 찾을 수 있는 것이다.

증인신문이 모두 끝난 후 검사들은 다시 한 번 한 총리의 여동생과 김 아무개 비서의 1억짜리 수표 관련 증언에 대한 탄핵을 시도했다. 지난 수차례 증언에서, 한 총리의 여동생은 전세 잔금을 치르는데 급전이 필요해 김 아무개 비서에게 5,000만 원어치 두 장의 수표를 주고 대신 1억짜리 수표를 받아 사용한 후, 정기적금이 만기되는 날 빌려 쓴 5,000만 원을 갚았다는 주장을 한 바 있다.

이 1억짜리 수표는 한만호 사장이 발행한 것으로, 현재로서는 이번 사건의 유일한 물적 증거인 셈이다. 검찰이 9억 원을 받았다고 믿는 한 총리와 가족, 친지들, 친구들의 계좌를 아무리 뒤져봐도 돈의 흔적이 나오지 않고, 한 사장이 줬다고 주장하는 2인 로비스트의 계좌는 전혀 들여다볼 생각도 안 하기 때문이다. 검찰의 입장에서는 귀중하기 짝이 없는 이 물적 증거가 여동생의 주장대로 김 비서로부터 빌린 것이 사실이라면 전혀 귀중한 것이 아니게 된다. 한만호 사장이 이 수표 포함 3억 원을 김 비서에게 빌려준 것이지 한 총리에게 준 것이 아니라는 주장이 맞는 셈이기 때문이다. 그러므로 지금까지 검찰은 여동생과 김 씨에게 수표를 빌려 쓰고 갚은 정황을, 결코 그럴 리 없다는 전제 아래 집요하게 캐물었던 것인데, 드디어 이날 이 두 사람의 그 동안 증언이 사실과 맞지 않다는 주장을 들고 나온 것이다. 지난 8일 두 사람에 대한 신문을 모두 끝내자마자 검찰은 한 전 총리 포함한 세 사람의 금융 거래 내역, 전화 사용 내역 추적은 물론 병원 진료 기록, 카드 사용 내역, 아파트 차량관리대장, 병원 주차장 출입대장, 차적 조회, 심지어는 신용카드 전표 사인과 한 총리의 T머니 사용 내역까지, 실로 이 잡듯이 뒤져왔던 것으로 드러났다.

인진쑥과 잔치국수가 왜 중요한가요?

과연, 두 사람이 돈을 빌렸다가 갚았다는 지난 2008년 11월 17일부터 2009년 3월 6일까지 여동생과 비서의 알리바이가 자신들의 증언과 맞지 않는 부분이 여러 개 드러났다. 특히, 김 비서의 집에서 수표를 주고받았다는 날에 두 사람이 시간적, 공간적으로 만날 가능성이 없었다는 것, 여동생이 3월 6일 오전 자신의 집에서 돈을 갚았다고 주장하지만 그날 동생의 수표 인출 시간은 오전이 아니라 오후였으며, 그날 보좌관의 차가 출입한 내역도 없고 오히려 여동생의 차가 그날 밤과 다음날 밤 자신의 아파트에 주차한 기록도 없다는 수사결과를 발표할 때는 마치 한편의 추리극을 보는 느낌까지 들었다.

"과연 수표를 바꿔서 어디로 갔을까요?" 정도로 여운을 남겼으면 좋았을 걸 한 술 더 뜬다는 것이 그만 무리수 두고 말았다. 두 사람의 증언 내용 중에서 비서 '김 아무개'라는 이름 자리에 '한명숙'이란 이름을 넣으면 세 사람의 동선이 설명이 된다는 것이다. 그러므로 이 1억 원짜리 수표는 한 전 총리가 동생에게 준 것이지 비서가 빌려준 것이 아니라는 것이다. A, B, C가 있는데 A는 B가 아니므로, 혹은 아닌 것 같으므로, A는 C가 틀림없다는 놀라운 논리 비약인 것이다.

도대체 한의원을 누가 소개해 줬는지가 왜 중요하고, 소개해 준 보답으로 인진쑥을 언제 어떻게 선물했는지가 왜 중요하며, 수표를 주고받으며 잔치국수를 먹었는지 안 먹었는지가 왜 중요한지 도통 알 수가 없다. 두 사람의 알리바이에 일부 착오가 있는 것이, 정교하게 짜 맞춘 입맞춤에 착오가 있어서인지, 단순히 10년 전의 어떤 기억은 또렷해도 며칠 전 기억은 감감한 '선택적 기억' 탓인지도 분명치 않다. 흐릿한 기억 탓이 아니고 짜 맞춘 것이라면, 3월 6일에 갚았는지, 7일 혹은 8일에 갚았는지가 그렇게 중요한 것도 아닌데 왜 두 증인이 구태여 3월 6일 오전이라고 시간을 기억하고 있는지도 알 수가 없다.

두 증인이 새빨간 거짓말을 했더라도, 거기에서 한 걸음 더 나아가 검찰이 1억짜리 수표를 김 비서가 보관하고 있었던 것이 아니라는 구체적인 증거를 내더라도, 그것이 곧바로 한 총리가 동생에게 준 것이라는 검찰의 추측을 입증하는 것은 아니다. 전혀 별도의 입증 과정이 필요한 것이다.

그런데도 왜 두 사람의 증언에 허점이 있었을까, 하는 의문은 계속 남는다. 단순한 기억 탓인가. 개인적으로 숨기고 싶은 무엇이 있었는가. 아니면 턱없이 모자라는 조각들로 큰 그림을 짜 맞추려는 검찰의 공격에 잠시 몸과 머리가 굳었던 것인가.

변호인단은 그것들에 대한 입장을 다음 기일에 내놓겠다면서 한만호 사장을 다시 한 번 증인 신청했으며, 한 사장이 한 총리에게 돈을 전달했다는 장소에 대한 현장 조사를 요청했다. 재판이 마지막 고비를 넘어서고 있는 느낌이다.

피고가 '착한 검찰' 죽이려 든다고?

18차 공판 2011년 7월 11일

"검찰에 조사받으러 가면서 농약을 품고 갔습니다."

심드렁한 분위기 속에서 진행되던 18차 공판이 이 한 마디로 발칵 뒤집혔다. 11일 열린 공판도 역시 예정됐던 6명의 증인 중 2명밖에 나타나지 않았다. 그 중 1명인 박 아무개 증인의 발언이었다. 이 증인은 2007년 5월부터 이듬해 3월까지 잘해야 10개월 남짓 한만호 사장의 회사 한신건영에서 주로 운전기사로 일했던 서른 서넛 정도 나이의 젊은 사람이다. 아무리 봐도 결코 이 사건의 핵심이랄 수 없는 인물인데, 덩치가 좋다는 것 말고도 뭔가 다부지고도 눈썰미가 있는 사람인 모양이다. 몇몇 회사 임원들이 이 사람을 좋게 보았고 한 전 총리의 비서였던 김 아무개 피고인과도 꽤 가깝게 지낸 것 같다. 구속 중이던 한 사장이 일부 채권 회수를 위임한 걸 보면 더욱 그렇다.

실제로 이 증인은 몇몇 한신건영의 채무자들로부터 약간의 채권을 회수했다고 한다. 바로 그 때문에 지난해 12월 29일 검찰에 소환당할 때, 수사관으로부터 '횡령 혐의' 운운의 협박을 받을 소지가 있었던 것이다. 한 전 총리에 대한 수사 과정에서 모 은행 아무개 지점장이 한 사장으로부터 뇌물을 받았다는 혐의가 밝혀져 구속됐는데, 이제 자신도 재차 조사받으러 오라면서 '횡령' 운운하니 "이젠 불똥이 나한테도 튀는구나." 하는 공포심에 농약을 준비했다는 얘기다. (이 증인은 지난해 4월 19일 1차 소환돼 조사를 받은 바 있는데, 12월 29일 재소환된 것이다. 이때는 한만호 사장의 양심선언으로 검찰이 궁지에 몰린 직후였다. 그리고 그 후 6개월여 만에 검찰 측 증인으로 법정에 나온 것이다)

'혐의 조작'을 위한 협박 수사 의혹

김 비서가 타고 다녔던 회사 차를 언제 어디서 회수 받았는가, 한 사장이 P건설과 함께 사업을 추진한다는 말을 듣지 않았는가, 한 사장이 한 총리에게 돈을 주었다는 소문을 듣지 않았는가, 경선 유세에 동원된 회사 버스를 운전해 주고 돈을 받은 적이 있는가, 등등 기왕의 재판 과정에서 이미 나왔던 비교적 한가한 질문을 계속하던 검찰이 느닷없는 '농약 소리'에 크게 당황했음은 물론이다. 그때부터 검찰은 농약을 준비해야 할 만큼 강압적인 소환이 결코 아니었음을 강조하면서, 증인이 농약을 준비했다는 증언 자체가 거짓이라는 인상을 주기 위해 안간힘을 썼다.

"언제 어디서 농약을 샀나?", "농약 가격이 얼마였나?", "농약이 가루였다면 어떻게 포장되어 있었나?", "포장의 크기는 어느 정도인가?"에서부터 "농약 가게 주인 나이는? 얼굴 생김새는?"에 이르기까지 정신없이 물어 댔다. 급기야 "소환되기 전, 채권 회수하면서 돈 받은 게 죄가 되는지 상담을 받았고, 괜찮다는 걸 알았으면서도 농약을 준비했다는 게 말이 되나?"는 회심의 질문을 던지고는 "(재판 자체가) 덮어씌우기이고 답이 없는 재판이었기 때문에 검찰이 안 좋게 할 것 같아서……."라는 듣기 거북한 답변을 듣기도 했다.

검찰이 그럴 일이 아니었다. 물론 농약을 준비했다는 것은, 이 사건 관련 인물들이 이 사건을 정치 공작적인 측면으로 받아들이고 있으며, 거기에서 얼마나 큰 압박을 받고 있는가를 적나라하게 드러내는 한 에피소드일 수는 있지만, 그 자체로 경천동지할 만한 폭로는 아니다. 공포심을 느끼는 정도는 사람마다 다르고 공포에 대처하는 방법도 사람마다 다르기 때문에, 이 증인이 과도하게 겁을 먹었던 것에 대해 검찰이 더 많이 책임질 일도 아니다. 정작 충격적인 것은, 그날 그런 배경을 두고 이루어진 검찰 조사 과정에서 벌어진 일들에 대한 그의 계속된 증언 내용이다.

2008년 2월 회사가 부도 상황에 있을 때 회사 직원 김 아무개가 검은 비닐봉지에 돈을 가득 담아와 직원 여럿이 있는 자리에서 "한명숙한테서(김 아무개라고 한 것 같기도 함) 받아 왔다."고 떠들어 댄 소리를 들었다는, 자신의 검찰 조서 내용에 대한 확인 신문에 답변을 하면서다(이 돈은 김 아무개 비서가 한 사장에게서 빌린 돈의 일부인데, 검찰은 한 총리가 직접 받은 것으로 보고 있다). 자신은 당초 "(한 총리가 아니라 비서인) 김 아무개한테서 받아 왔다고 들었다."고 진술했지만, 수사관은 "비서에게서 받아 왔다면 그 돈이 어디서 넘어 왔을까? 당연히 한명숙에게서 넘어 온 것 아니겠나?"라고 유도신문을 했고, 증인이 "그럴 수도 있겠죠." 하니까 조서를 그렇게 꾸민 것이라고 했다.

"횡령 혐의 안 걸리려면 '풍동' 간 적 있다 해라"

이뿐만 아니다. 자신이 구경조차 하지 못한 한 총리 집에 간 적이 있다고 거짓 진술을 하라는 압박을 받았다는, 더욱 놀라운 폭로가 이어졌다. 두 명의 수사관이 "횡령 혐의를 걸 수도 있다."는 것을 암시하는 가운데 "증인도 있다."고 겁박하면서, 돈을 갖다 주었든, 한 사장을 모셔 갔든, 그것도 아니면 혼자라도 한 전 총리 자택이 있는 풍동에 간 적이 있다고 진술하라고 겁박했다는 것이다. 백승헌 변호인의 반대신문을 통해 정리된 수사 과정의 대략적인 내용은 다음과 같다.

"소환 과정은?"
"여러 번 전화가 왔다. 아버지와 회사 임원 한 아무개가 좋을 게 없으니 가지 말라고 했다. 계속 나오라고 전화 왔고, 음성 메시지도 남겼다. 빨리 나오라고 하면서 돈 받은 게 있으니 횡령으로 조사할 거라고 했다. 한 전 총리 문제라는 소리는 없었다. 짐작만 했다."

"그동안 누구에게서든 횡령으로 자신을 고소하거나 고발했다는 얘기 들은 적 있나?"
"들은 적 없다."

"어떤 압박감을 받았나?"
"지점장이 구속됐다는 소리, 한 사장이 (법정에서) 갑자기 진술을 바꿨다는 소리를 듣고 나도 이번에 들어가면 구속될 거다, 하는 두려움이 들었다. 보증 선 문제, 금전 문제 등으로 사정이 안 좋은 때였다."

"검찰 조사는 어떻게 이루어졌나?"

"1차는 사무실, 2차는 영상 녹화실에서 했다. (한 사장에게서 받은) 채권 회수 위임장 사진을 찍고 휴게실로 갔다. 휴게실서 담배 피우며 조사관 두 명과 얘기했다."

"횡령 건에 대한 정확한 언급은?"

"한 수사관이 '(횡령) 이런 거 우리 검사님은 용서 안 한다'고 하면, 다른 수사관이 '그런데 당신은 풍동에 간 적도 없다고 한다. 한 사장 모시고 간 것이 아니면, 근처에라도, 혼자라도 간 거 아니냐'고 했다. 증인이 있다고도 했고, '발을 빼려면 확실하게 빼라. 지금은 좋지만 나중에도 좋게 해 줄 수는 없다'고도 했다.

"풍동에 한 총리 댁 있다는 걸 알았나?"
"(처음에는) 몰랐다."

재판장도 깊은 흥미를 느낀 듯했다.

"증인이 풍동에 간 사실이 있느냐는 것과 횡령 혐의 건은 잘 연결이 안 되는데, 수사관이 직접 그렇게 (연결시켜) 말한 것이 맞나?"

"같은 자리에서 한 분은 '(횡령 혐의에 대해 검사님은) 용서 안 할 것'이라 하고 또 한 분은 '사실대로 말하라. 증인도 있다'고 말하는 상황이었다."

"그럼 직접 그렇게 말한 것이 아니라 증인이 그렇게 느꼈다는 것이다. 그런데 발을 빼라는 의미는 무엇인가?"

"글쎄, 나도 모르겠다."

검찰은 이날 추호도 예상치 못한 불벼락을 맞은 셈이 됐다. 당초 이 증인은, 선임 검사의 말을 빌리면 "(별 중요한 증인도 아니고) 단지 정황 파악을 위해 부른 것이고, 혹시 빠진 것은 없는지 물어 보려 했던", 누가 봐도 'C급 증인'이었을 뿐이다. 노리개 삼아 한 총리 흠집 내기에 사용하려던 카드가 '표적 수사, 협박 수사' 논란으로 불길이 확 번진 셈이다. 머리 꼭대기까지 화가 치민 검사들은 방청석에 포진하고 있던 수사관들을 연신 검사석으로 불러 귀엣말을 나누면서 증인에 대한 격한 신문을 쏟아 냈다.

'C급 증인'에게 당하고 화가 치민 검사들

"휴게실 대화를 조사라고 생각했는가?", "수사관들이 직접 그렇게 얘기하든가?", "큰소리라도 낸 적이 있는가?", "구속시킨다고 하든가?", "증인이 한 사장 운전기사도 아니고 돈 전달 시기에 입사한 사람도 아닌데 풍동 간 걸 왜 물어 봤겠나?"

대답은 간단했다. "저도 그걸 모르겠습니다."

도대체 왜 '착한 수사관'을 그렇게 없는 말로 괴롭히느냐는 뉘앙스의 질문도 있었다.

"그 수사관은 늘 가족이 지켜본다는 느낌으로 근무하는 사람입니다.", "(수사관들과 함께) 커피도 엄청 마시고 담배도 반 갑이나 피우지 않았나요.", "(수사 마치고 헤어질 때) 그 수사관이 엘리베이터까지 마중하지 않았습니까?", "헤어질 때 언제 차 한 잔, 아니면 식사 한 번 하자고 않던가요?"

급기야는 "내가 차비 하라고 5만 원 주지 않았습니까?"라는 질문 아닌 질문도 나왔다. '착한 수사관'에 '착한 검사'다.

재판 초장부터 한 사장의 갑작스런 양심선언으로 검찰이 크게 놀라 다급해지긴 했던 모양이다. 근무한 지 몇 달 되지도 않는 운전기사를 한 사장과 엮어, 한 총리의 집 근처에서 돈을 전달한 것이 틀림없다는 정황을 만들어내기 위해 안간힘을 다 한 것이다. 문제는 수사관들이 한 건 올리겠다는 영웅 심리에서 개인플레이를 한 것인가, 검사까지 개입된 조직적인 것인가이다. 수사관들이 정식 조사 자리에서 진심으로 그런 말을 할 리가 없을 거라는 집요한 해명성 신문 끝자락에 증인이 주임 검사를 똑바로 쳐다보며 말했다.

"검사님도 (그날 조사 다 끝나고 마무리하는 자리에서) 그런 말('풍동에 가지 않았느냐') 하셨잖아요?"

이 증인은 2차 소환 조사를 받은 다음 날 피난처를 찾아 영등포 민주당사로 갔던 것으로 드러났다. 자신이 검찰에서 받았던 조사 내용을 낱낱이 밝히고 농약병과 위임장을 민주당에 연결된 변호사 사무실에 맡겼다고 한다. 재판장 직접 신문을 통해, 피고인 김 아무개 비서를 통해 2차 소환 전에 민주당 당직자를 소개받았던 것으로 확인됐다. 소환도 받기 전에 민주당 사람들을 왜 소개받았는지 납득이 안 간다는 재판장의 의문에 대해 증인은 "검찰 탐문 전화가 많았기 때문에 (뭔가 경계하고 대비하려는 차원에서) 그랬다."고 말했다.

그렇다면 검찰은 독이 잔뜩 오른 두꺼비를 어르고 달랜 구렁이가 된 셈이다. 협박 수사, 강압 수사 가리지 않는 무섭고 독한 검사인 줄만 알았는데 착하기도 하고 순진하기도 했던 셈이다.

분노한 검사 한 사람이 자신들에게 유리한지 불리한지도 모르고 "증인이 그때 농약병 들고 민주당에 갔을 리 없다. 갔었다면 그때 왜 민주당에서 비난 성명을 내지 않았겠나?"고 반박했다. 한 사장의 양심선언을 겪고도 아직 법정에서의 폭로가 얼마나 큰 파급 효과가 있는 것인지를 모르는 검찰, 그래서 억울하고 답답해도 꾹 참고 법정에서 진실 폭로의 기회를 기다리는 (혹은 노리는) 피고인 혹은 증인의 인내를 가늠하지 못하는 검찰. 착하고 순진할 뿐 아니라, 이 대목에서는 좀 멍청한 것 같기도 하다.

청탁 정황마저 사라지다

19차 공판 2011년 7월 18일

재판도 사람이 하는 것이어서 7월 말, 8월 초 더운 때 휴가는 가야 한다는 재판장의 배려로 19차 공판이 한 주 당겨져 18일 열렸다. 덕분에 19차 공판이 한 주 만에 열리게 됐다. 이날 2명의 증인 중 P개발그룹의 백 아무개 회장이 먼저 증언대에 섰다. 그동안 두세 차례 소환을 받고도 건강 문제 또는 회사 사정으로 나오지 못했다. 한신건영 한만호 사장이 한 총리에게 정치자금을 제공했다면, 반드시 뭔가 반대급부를 기대했을 것이고, 여러 정황상 이 백 회장이야말로 한 전 총리의 부탁으로 한 사장에게 사업상 도움을 줬을 개연성이 가장 높은 인물이다.

검찰은 이 증인에게 한 총리를 처음 알게 된 경위, 총리 공관 만찬에 참석하게 된 경위, 한 총리가 한만호 사장을 도와주라는 부탁을 했는지의 여부, 실제로 한 사장의 사업을 도와줬는지의 여부 등을 꼬치꼬치 캐물었다. 그는 한 총리의 중동 순방 때 경제인 수행단의 일원으로 처음 한 총리를 알게 됐으며, 귀국 후 공관 만찬에 초대받아 평소 알고 지내던 C건설 배 아무개 회장과 처음 보는 한만호 사장과 함께 식사했는데, 한 사장 사업 규모가 작기는 했지만 그가 동석한 것이 이상하다고 느끼지는 않았다고 자세하게 설명했다.

"(한 전 총리가) 한만호를 도와줬으면 하는 의도 있었다고 생각하나?"
"한 총리께서 정치인이기 때문에 (일산에서 사업하는 사람들을 대접하며) 넓게 봐서 지역구 관리를 하기 위한 자리라는 느낌을 가졌다. 난 누구한테 압력 받아서 뭘 하는 사람이 아니다. 내 경험상 부탁하는 사람은 (부탁할 것을) 명시적으로 부탁하더라. 한 총리가 무엇을 명시적으로 부탁한 사실이 없고, 한만호 사장도 그렇다."

"만찬 후 한만호를 따로 만난 적은 없나?"
"한참 있다가 전화가 와서 한 번 만났다. 숫기가 없는 사람이더라. 땀을 뻘뻘 흘리면서 사업에 끼워 달라고 해 한 번 노력해 보자고만 했다. (같이 하는) 사업이란 여건이 맞아야 한다."

"그 후에도 도와 달라고 안 했나?"
"김 아무개 비서란 분이 부탁해 한 번 더 만났다. 사람을 홀대하면 안 된다는 인생관 때문에 만난 거지 총리 때문에 만난 건 아니다."

더구나 백 회장이 한 사장을 별도로 두 번 만난 것은 총리를 그만 둔 한참 뒤였던 것이 변호인 반대신문으로 밝혀졌다. "난 누구한테 부탁을 한 적도, 받아본 적도 없다."는 것을 다시 한 번 강조한 증인은 한 총리에게 목례하는 것까지 잊지 않고 당당하게 증언대를 떠났다. 검찰은 씁쓸하게 입맛을 다시며 증인의 뒷모습을 지켜 볼 수밖에 없었다.

검찰은 일산 지역 모 교회 신축 공사에도 한 총리가 한 사장을 위해 청탁을 넣었다고 의심하면서도 그 교회 목사를 증인으로 부르는 것은 반대했던 터다. 이젠 한 사장이 왜 거액의 정치자금을 제공했는지, 그 '왜'는 다 사라져 버리고, '그냥' 준 것이 틀림없다고 우겨야 할 판이다.

두 번째로 나선 김승호 증인은 한 총리를 오랜 기간 보좌해 온 최측근 가운데 한 사람이다. 지금까지 두 차례 총선과 대선 경선, 지난해 서울 시장 선거 때 항상 곁을 지켰으며, 총리 시절에는 정무 담당 비서관으로 대국회 업무를 맡았다. 당연히 '곽영욱 재판' 때나 이번 '한만호 재판'에서도 한 총리를 지키기 위해 불철주야 뛰어온 인물이다. 그로 인해 지금까지의 다른 증인 신문에서 가장 많이 이름이 거론된 제3자다.

검찰에서 파악한 피고인, 증인들의 통화 내역 목록에서 가장 많이 등장한 제3자이며, 자기 명의로 개설된 핸드폰을 한 총리가 쓰도록 하기도 했다. 김 아무개 비서가 한 사장으로부터 돈을 빌렸다가 돌려준 사실이 있다는 것을 사건 발생 초기에 가장 먼저 파악해 한 총리에게 보고했던 인물이기도 하고, 김 아무개 비서가 쓰지도 않고 돌려주지도 않은 채 보관하고 있다가 한 총리 동생에게 일시 빌려준 1억 원짜리 수표의 발행인이 도대체 누구인가를 확인하기도 했다.

검사 발끈하게 만든 증인

검찰이 이 증인에게서 무엇을 노리고 있는지는 명확하다. 검찰이 보기에 이 증인은 변호사 사무실에 진을 치고 증인들의 위증을 사주하고 범죄 은폐를 기도한 핵심 인물이다. 심지어는 지난해 11월 17일 한만호 사장과 부친이 옥중 접견한 사실과 그즈음 이 증인이 마침 한 사장 친구와 통화한 내역을 묶어 한 사장의 양심선언을 종용한 것이 아니냐는 의심까지 할 정도다. 당연히 질문 내용에 날이 설 수밖에 없다. 그렇다고 고위 공직자 출신으로 한 전 총리를 보좌하는 데 무한한 자부심을 가진 이 증인이 호락호락할 리가 없다. 답변에도 역시 날이 서 있다.

"서울 시장 선거 때 보안 문제 때문에 자기 명의 핸드폰을 한명숙 피고인이 쓰도록 했다면서 선거가 끝난 후에는 왜 회수하지 않았는가?"
"선거는 끝났지만 한 총리에 대한 수사는 더욱 가혹해지는 상황이었다. 검찰의 기획 수사를 대비해야 했다."

"김 아무개 피고인이 한 사장에게서 돈을 빌렸다는 사실을 언제 알았나?"
"지난해 4월 8일 사건에 대한 첫 보도가 나간 후 그에게 직접 물어봤다. 처음엔 2억 원을 개인적으로 빌렸다가 돌려줬다고 했다. 납득할 수 없어 언제 어디서 어떻게 빌렸는지, 강하게 추궁했더니 경선 기탁금 예비 명목으로 빌렸다고 말을 바꿨다. 더 납득할 수 없었지만 4월 12일 선거가 시작되는 바람에 더 물어보지 못했다."

"김 피고인과는 친한가?"
"그렇다."

"그래도 개인적으로 돈을 빌렸다는데 증인이 (더구나 나이도 많은) 김 피고인을 질책하고 추궁할 수 있나?"
(이 대목에서 검찰은, 김 피고인이 한 사장으로부터 절대 돈을 빌릴 리

없다고 확신하고 있는 것이 문제의 핵심이라는 것을 다시 한 번 환기해야 한다)

"(같이) 모시고 있는 분과 관련 있는 공적인 것은 물어 볼 수 있다. 개인적으로 빌렸다는 것을 사실로 믿었다면 안 물어봤을 것이다. 그런데 납득이 안 가서 물어봤다. 모든 게 의심되는 상황이었다. 검찰이 곽영욱 사건 선고를 앞두고 한 총리님을 범인으로 낙인찍고 다양한 정보를 흘리는 상황 아니었나."

검사들이 발끈했다.

"증인은 자기 생각을 말하지 말라. '기획수사', '낙인', '(정보) 흘린다' 이런 말 쓰지 말라."

"생각을 물어보지 말아야 하는 것은 검찰이고, 증인은 자기 생각을 말할 수 있는 것 아닌가."

보다 못한 재판장이 "증인의 심정은 이해하지만 좀 더 객관적으로 대답해 주면 좋겠다."고 달래야 했다. 김승호 증인에 대한 신문은 이처럼 뜨겁게 과열된 분위기에서 장시간 계속됐지만 실질적인 신문 내용은 이미 지금까지의 공판에서 여러 증인들을 상대로 한 번씩 거론되었던 것을 재탕하는 것에 불과했다. 김 피고인이 한 사장에게서 돈 빌린 정황과 빌린 이유를 번복하는 과정, 한 전 총리에게 보고하는 과정, 1억 원짜리 수표 사본을 확인하는 과정 등등······.

오후의 증인신문을 앞두고 오전에 벌어진 프레젠테이션 공방 역시 마찬가지다. 변호인단이 먼저, 지난 17차 공판 때 검찰이 제시한 '김 아무개·한 아무개 증인의 알리바이 검토' 의견을 제시했고 이어 검찰이 한만호 사장의 모친 김 아무개 증인의 증언 신빙성에 대한 검토, 다시 이에 대한 변호인단의 반박, 검찰의 재반박이 치열하게 전개됐으나 이것들이 재판의 향배에 어떤 결정적인 영향을 미칠 것으로 보이지는 않는다.

이날 증인신문이 끝나고 차기 기일을 잡기 위한 논의 과정에서 변호인단은 한만호 사장을 다시 한 번 증인으로 불러 줄 것과 한 사장이 세 번에 걸쳐 돈을 전달했다는 장소(인적이 드문 길거리, 한 전 총리의 일산 자택)에 대한 현장검증을 요구했다. 한 사장을 증인으로 불러야겠다는 것은 김 피고인(비서) 측에서 아직 물어볼 것이 있다는 이유 외에도, 검찰이 한 사장을 위증죄로 기소하면서 압수한 그의 기록물들의 내용을 새로운 증거로 사용하려는 시도와 관련이 있다. 그러나 재판장은 "한 사장은 이미 여섯 번이나 증언대에 섰다. 충분하다고 본다."며 이를 받아들이지 않았다.

대신 재판장은 한만호 사장 입회 아래 현장검증을 해야겠다는 변호인단의 요구는 받아들였다. 이에 대해서도 검찰은 "진술을 번복한 증인이 지목한 장소에 현장검증을 실시한 유례가 없다."며 거의 필사적으로 반대했으나, 변호인단은 "공소 내용이 여전히 증인이 처음 지목한 돈 전달 장소를 유지하고 있는 상태에서 현장에 가보지 않는다는 것은 말이 안 된다."고 반박했다. 재판장이 변호인단 손을 들어준 것이다. 지난번 곽영욱 사건 때도 재판장(김형두 부장판사)이 적극 나서서, 곽영욱이 돈다발을 의자 위에 던져 놓고 나왔다는 총리 공관에 대한 현장검증을 실시해 곽의 진술이 얼마나 터무니없는 것이었는가를 밝혀내는 데 큰 도움을 받기도 했다.

이번에는, 아무도 없는 동네 뒷길에 차를 마주 세우고, 현금과 달러가 가득 담긴 여행용 가방을 꺼내 주고받는 마피아 영화의 한 장면 같은 그림이 제대로 연출될 수 있을까? 그것도 한 나라의 총리가 출연하는……. 당초 작품을 연출한 검찰이 이제 와서 두 손을 휘휘 내젓듯 "하지 말자."고 발뺌하는 걸 보면 아무래도 그런 긴박한 장면을 보기는 어려울 것 같다. 주연도 없고, 조연도 없는 골목길과 아파트 주차장에서 관람객들만 쓴웃음을 짓다가 돌아올 것 같다.

옭아 넣기-흠집 내기-괴롭히기
20차 공판 2011년 8월 8일

3주 만에 20차 공판이 열린 8일, 국회에서는 법무부 장관 후보 권재진에 대한 인사 청문회가 열렸다. 4일 먼저 열린 검찰총장 후보 한상대에 대한 청문회와 마찬가지로 시치미 떼기와 거짓말만이 난무한 모양이다. 그나마 제기된 각종 의혹에 대해, 그것이 마치 제 일이라도 되는 양 비장한 표정으로, 때로는 비굴한 웃음까지 지으며 비호하는 한나라당 의원들의 모습이 역겨워 TV를 꺼 버렸다는 사람들도 많다.

이들 후보자들은 자신, 혹은 자식의 병역 면제, 주식 거래나 부동산 거래로 얻은 부당 이득, 탈세, 권력형 비리, 재벌과의 유착 등 각종 의혹 중에서 유일하게 위장 전입 사실만 '유감'이라며 넘어갔다. 이명박 정권의 후안무치는 이제 그런 범법과 의혹 정도는 문제가 아닌 것이 되어 버렸다. 눈에 보이는 명박산성보다 더한 이런 심리적 철벽 앞에선 "도대체 청문회는 무엇 때문에 하자는 건가?" 생각하면 한숨을 피할 도리가 없다.

차라리 야당 의원들은 이들을 상대로, 검찰이 한 전 총리를 두 번이나 수사하고 기소한 과정에서 맡은 역할과 현재 재판 상황에 대한 입장을 집중적으로 물어 한 전 총리에 대한 정치 탄압을 다시 한 번 전 국민의 관심사로 부각시켰으면 어땠을까 싶다. 한만호 전 한신건영 사장이 양심선언 하고 윗선을 폭로했는데, 그 시기 검찰의 최종 윗선이랄 수 있는 청와대 민정수석이 바로 권재진이었다. 한상대가 서울지검장으로 부임한 것은 비록 기획이 끝나고 재판이 한참 진행 중일 때였지만, 그 역시 한 총리 담당 특수부의 보고를 받았을 것이 틀림없고 지금도 보고를 받는 직속상관의 위치에 있기 때문이다.

많은 국민들이 "아직도 재판을 하나?" 하고 놀랄 정도가 되어 버렸지만, 앞으로도 한 총리에 대한 재판은 최소 두 달은 더 가야 할 것 같다. 재판장은 "9월 19일 결심하는 것이 자연스러울 것 같다."고 하는데, 그날 결심하더라도 선고는 10월 중순에나 가서야 나올 것이다. 그렇다면 지금이야말로 막바지에 이른 셈인데 그렇다고 재판이 긴박하게 돌아가는 것도 아니다. 남은 증인들이라야 B급, C급들뿐이고 그마저도 재판정에 나오지 않기 일쑤다. 언론의 조명이 꺼진 건 이미 오래 전이다.

도대체 검찰은 이 지경에서 무엇을 더 노리고 있는 것인가? '옭아 넣기'는 애초부터 글렀고, '흠집 내기'도 이미 할 만큼 했으니 이젠 '괴롭히기'만 남은 것인가. 그렇다면 정치 검찰의 의도는 절반은 성공했다. 실로 이런 모멸적인 상황이 연장되면 될수록 한 총리의 심리적 압박감은 점점 더 커지고, 분노로 인한 마음의 상처가 깊어질 터이기 때문이다. 그러므로 검찰권의 투톱으로 내정된 인물들을 상대로, 이미 내성이 생겨 아무것도 아닌 것이 되어 버린 병역 비리 의혹 따위나 묻는 자리로 그쳐서는 안 되는 것이었다.

비록 지금은 대다수 국민들의 관심에서 멀어져 있기는 하지만, 한 나라의 총리를 지낸 야당 거물 정치인에 대한 이런 어처구니없고도 끔찍하기까지 한 정치 탄압이, 청문회가 열린 바로 그날 그 시간에도 여전히 자행되고 있었던 것이다. 이런 야비한 정치 탄압에 그들이 과연 어느 정도로 가담했는지, 가담까지는 아니더라도 지금은 어떻게 생각하고 있는지를 공개적으로 철저히 추궁하는 자리로 만들었어야 검찰 수뇌부 예정자들에 대한 더 의미 있는 청문회가 되었으리라고 믿는 이유다.

변호인단이 요청한 증인들을 상대로 열린 이날 재판도 예정된 4명의 증인 중 단 1명만 증언대에 선 가운데 열렸다. 한 총리를 오랫동안 모셨던 운전기사 겸 수행 비서 박 아무개다. 이번 사건을 처음 검찰에 제보한 법조 브로커로, 검찰에서 조사받던 한만호 사장에게 '윗선 기획'이라는 말을 전했다는 남 아무개는 이날도 나타나지 않았는데 "나는 특별히 아는 게 없다."는 그의 출석 보이콧 이유가 기막히다. 또 한 사람은 바빠서, 다른 한 사람은 출석 요구서가 전달되지 않아 나오지 못했다고 한다.

변호인단이 한 전 총리를 가장 가까운 거리에서 모셨던 비서 중 한 명인 박 아무개를 증인으로 내세운 것은, 한 총리가 평소 혼자서 차를 몰고 다니는 경우가 극히 드물었다는 것을 그를 통해 입증하고 싶었기 때문일 것이다. 한 총리가 자신의 아파트 단지 부근 이면 도로로 직접 차를 몰고 가서 한만호 사장으로부터 돈을 건네받았다는 검찰 주장을 탄핵하려는 것이다. 변호인단의 의도야 훌륭하다 치더라도 글쎄, 운전기사를 통해 그런 입증이 가능할까? 차를 몰고 가서 돈을 받지 않았다는 가장 완벽한 입증은 한 총리가 재직 중 단 한 번도 운전을 하지 않았다거나, 아예 운전을 할 줄 모른다는 것이다. 그렇지 않을진대 무엇을 운전기사를 통해 입증할 수 있을까. 역시나 이 증인에 대한 변호인단의 신문은 별 성과 없이 끝났다.

운전기사의 논리에 밀린 검사

정작 문제는 반대신문에 나선 검사들이다. 이 증인의 증언 내용과 함량이 지극히 제한적이라는 것이 처음부터 명확했음에도 그런 증언마저도 철저하게 신빙성을 무너뜨려야 한다는 강박증이 묻어났다. 한 총리의 비서 김 아무개가 2004년 총선 선거운동 때 도움이 됐는지, 한 총리의 여동생이 언니 집에 몇 번이나 왔는지 등 도무지 운전기사가 알 턱이 없거나 사생활을 묻는 질문들로 종횡무진 하더니 급기야 "한 총리는 운전을 잘하나?"는 질문을 던진다. 딴에는 얼마든지 직접 차를 몰고 나가 한만호 사장을 만났을 가능성이 없지 않다는 것을 입증하려는 의도였겠다. 그런데 증인의 답변이 묘하다.

"잘 모르겠다."

검사의 눈빛이 반짝 빛난다.

"잘 모른다니, 확실한가?"

이 대목에서 증인의 답변이 기가 막힌다. 실로 우문에 대한 현답이다.

"운전을 잘하는지, 잘못 하는지, 잘 모르겠다는 뜻이다. 한 총리가 운전을 하나, 못 하나를 물어보면 답하겠는데 잘하나, 잘못 하나는 질문에는 답을 못 하겠다. 기준이 뭐냐? 나 보다 잘하나, 못 하나인가?"

검사의 눈빛이 반짝 빛난 이유가 있긴 했다. 머쓱해진 검사가 "검사의 의도가 뭔지 생각하지 말고 본인의 생각으로만 말하라."며, 자신이 증인의 답변을 추궁한 이유에 대해 변명을 한다. 박 아무개 증인은 지난해 '곽영욱 사건' 때도 증인이었는데 당시 그는 "주말이나, 휴가 때는 (총리님을) 모시나요?"라는 질문에 "총리님이 (운전을) 잘하시기 때문에 그때는 모시지 않습니다."라고 답변했는데, 이번 진술은 그때와 달랐기 때문이라는 것. 그러고 보니 이 증인은 지난해 곽영욱 사건 때도 나온 것이 기억난다. 그런데 아무리 고쳐 들어도 그때의 "잘한다(운전을 할 줄 안다는 의미)."는 증언과 이날 "(운전을 아주) 잘하는지(는) 모르겠다."는 답변이 왜 모순된 것이라고 여기는지 알 수가 없다.

검사들은 계속해서 "총리를 그만 둔 뒤 일정 관리는 누가 했나?", "한 총리의 풍동 자택에는 언제 가 봤나?", "가 보니 어떻던가?" 등 도무지 사건의 본질과는 관련이 희박해 보이는 질문을 거듭하더니 '핸드폰'에서 또 한 번 스텝이 엉기고 말았다.

"한 전 총리가 몇 개의 핸드폰을 썼나?"
"한 개를 쓰신 걸로 알고 있다."

"신분이 바뀔 때마다 바꾸지 않았나?"
"그렇지 않다."

검사는 "지금 총리에게 유·불리 따지면서 답변하는 것이 아닌가? 왜 지난해와 답변이 다르나?"라고 추궁했다. 그러면서 검사는 다시 "기사로 근무하는 동안 한 전 총리가 몇 개의 핸드폰을 사용했나?"를 묻고, 증인이 "국회의원, 장관, 총리 등 신분이 바뀔 때마다 핸드폰을 바꿨기 때문에 몇 개라고 단정 짓기 어렵다."고 답변한 지난해의 법정 증언 내용을 제시했다. 증인은 여기서 잠깐의 망설임도 없이 즉각 "그때는 신분이 바뀔 때마다 새로 공용폰이 나온다는 의미였고, 오늘은 개인용 핸드폰을 몇 개 사용했나를 묻는 질문으로 받아 들였다."고 답했다. 핸드폰 사용 문제 하나만 가지고도 한 총리에게 뭔가 어둡고 음습한 이미지를 덧칠하려는 검찰의 얍삽한 의도를 증인이 꿰뚫고 있었던 것이다.

변호인이 "토요일에도 모셨나요?"라는 물음에 증인이 "가끔 모셨습니다."라고 답변하자, 검사들은 이번에도 "지난해 증언 때는 주말에는 안 모신다고 하지 않았느냐?"며 발끈한다. 하지만 증인은 "모시지 않았다는 건 행사가 없을 때 이야기이고, 공식 일정이 있을 때는 모셨다."고 자신의 답변 내용을 명확히 정리했다. 아무래도 검찰은, 주말에는 운전기사도 쉬어야 하고, 그러니 공식 행사가 있어도 '운전을 잘하는' 총리가 직접 차를 몰고 다녀야 한다고 밀어붙이고 싶은 모양이다. 아니면 강박증이 지나쳐, 상대의 말뜻을 잘 이해하지 못하는 난독증까지 생긴 것이거나. 그런데 이런 열면 질문들이 오가고 난 뒤 곰곰 되씹어 보면 무럭무럭 의문이 피어난다. 도대체 이것들이 공소 내용과 어떤 관련이 있다는 말이지?

함량 미달의 증인들을 불러 놓고 반복 신문, 억지 신문, 헛다리짚기 신문 등으로 일관한 게 벌써 몇 번째인지 모른다. 다행히 이런 식의 낭비적인 재판도 이제 한두 번이면 끝난다. 22일 21차 공판 때 5명의 변호인 측 증인들을 부르기로 했지만, 남 아무개 증인은 무슨 핑계를 대서라도 끝끝내 나타나지 않을 것 같고, 다른 증인들도 핵심 인물들이 아니다. 그나마 마지막 증인신문을 위해 특별 기일로 잡힌 29일에 예정된 한만호 사장에 대한 증인신문, 돈을 주고받았다는 풍동아파트와 아파트 근처 길거리에서의 현장검증이 볼 만할 듯싶다. (한 사장의 양심선언으로 전혀 허구의 공간이 된 탓에 사실은 전혀 볼 만할 것이 없을 것 같기도 하다)

재판장은 지난번 기일에 변호인단의 현장검증 요청은 받아들이되 한만호 사장을 증인으로 다시 한 번 부르겠다는 요청은 거부했는데, 이날 당초 결정을 바꿔 한 사장을 한 번 더 부르기로 했다. 한 사장이 구속된 상태에서 압수한 문건들을 계속 증거로 들이밀고 있는 검찰 측에 대해 최소한의 방어 기회를 피고인 측에 주어야 옳다고 생각한 것 같다.

검찰, 9억 끝내 못 맞춰

21차 공판 2011년 8월 22일

보고 싶었던 얼굴이 22일 열린 21차 공판에 드디어 나타났다. 이 사건의 제보자로 지목된 남 아무개(46)라는 인물이다. 한 사장의 폭로에 따르면, 사건 수사 초기 검찰에서 한 사장을 만나 '서울 시장 선거' 운운하면서 "이 건은 아주 윗선에서 계획적으로 만든 것이기 때문에 당신이 협조하지 않으면 무척 힘들어질 것"이라고 협박했다는 바로 그 사람이다. 수사관들에게 소리를 지르기까지 해 '아주 센 사람'이라는 인상을 받았다고도 했다.

연수원 포함 서너 개의 법인을 거느린 사업가인데, 보수보다는 지분을 받거나 이해 당사자들과 의기투합해서 부도난 회사의 뒤처리도 하고, 법정에서 증언을 한 대가로 금품을 수수하기도 하는 '도깨비' 같은 인물인 모양이다. 그런 사업들이 잘되는지 최고급 외제차를 타고 다닌다는 말도 있다.

이 증인은 한신건영이 부도난 직후인 2008년 3월 채권 정리를 위해 영입된 인물이다. 정 아무개 경리부장에게 '한 사장의 지시'라면서 '채권 회수 목록' 작성을 요구한 것으로 알려졌다. 그 목록에 적혀 있는 '의원 2억 원', '3억 원'이란 단 두 개의 메모가 한 전 총리 정치자금법 위반 혐의라는 어마어마한 사건으로 번진 것이다. 사건의 그늘진 곳에 가장 짙은 음영으로 어른거렸던 인물이다. 당연히 변호인단으로서는 물어보고 싶은 것이 많을 수밖에 없다.

대여섯 번의 증인 출석 요구를 이런저런 이유로 회피하던 이 사람이 '이젠 영 안 나타나겠구나.'라며 포기하려는 순간 정말 '영화배우'처럼 등장한 것이다. 증인석에 나서기에는 여전히 마뜩치 않지만, 이 사건의 '윗선 기획설'을 토설한 장본인으로 지목된 마당에, 나름 그런 의혹들을 털고 가야 할 필요성을 뒤늦게나마 깨달았을 것이다. 그러므로 스스로 찾아간 것이든, 불러서 간 것이든, 그가 증인 출석을 앞두고 지난 주 목요일 검찰에 갔었다는 사실은 오히려 너무도 당연한 것이라고 이해를 해야만 한다.

그가 검찰에서 한만호 사장에게 했다는 소리들이 "말도 안 되는 소리"이며 "(그런 소리 한 일이) 절대 없다."고 처음부터 부인하고 드는 것 역시 충분히 예상한 일이다. 그것을 제외하고라도 그가 검찰과 접촉하게 된 경위, '채권 회수 목록' 작성 경위와 신빙성 등을 묻고 확인하는 것은 여전히 중요하다. 그런데 이런 의문에 대해 검찰 신문과 변호인 신문에 따라 답변들이 약간씩 다르다. 어떤 경우에는 아주 크게 다르다.

검찰 조사를 받게 된 경위와 검찰에서 한만호 사장을 만나 대화한 정황에 대한 검찰 신문에서 증인의 발언을 요약하면 이렇다.

"지난해 4월 2일 골프를 치다가 검찰로부터 여러 번 나오라는 전화를 받았다. 왜냐고 물었더니 '한명숙 총리 건 때문'이라고 해서 검찰청에는 안 가고 모 호텔 커피숍에서 검사와 수사관을 만나 얘기했다. 얘기하던 중 한 사장이 검찰에 와 있다고 해서 한 번 만나보기는 해야겠다고 생각해 검찰까지 간 것이다. 한 사장에게 '검사가 다 알고 있는 것 같다. 검찰 조사 도우면 선처해 주지 않겠느냐.'고 했다. 한 사장이 나보고 빠지라고 하더라. 내가 '사실이면 빨리 얘기하라.'고 했더니 '생각할 시간을 달라.'고 하더라. 검찰에 '채권 회수 목록'을 전하지도 않았고 얘기를 꺼낸 적도 없다."(요약)

요컨대 자신은 검찰에 사건을 제보하거나 한 사장을 겁박하기는커녕, 이 사건의 검찰 수사 진행 상황에 대해 전혀 아는 바 없었으며 다만 한 사장에 대한 호의로 몇 가지 충고를 했을 뿐이라는 얘기다.

이날 검찰 신문 과정에서 주임 검사 스스로 밝힌 바에 따르면, 이 검사에게 사건이 떨어진 건 4월 1일이었다. 그런데 검사가 사건을 맡자마자 가장 먼저 부른 참고인이, 한 총리에게 정치자금을 전달했다고 검찰이 주장하는 시기인 2007년 상반기에 한신건영에 근무했던 수많은 임직원들을 제치고, 하필이면 그보다 1년이 지난 시점인 2008년 3월에 입사한 사람이 되는 셈이다.

이 상식 밖의 지점을 파고 든 변호인단의 질문에 대해 남씨는 계속 모르겠다며 비켜 나간다. 남씨가 오래전에 아무도 몰래 검사 귓전에 속삭인 것이 진실이라면 그는 거짓말을 하는 것이요, 모른다는 것이 사실이라면 그것이 검찰의 새 수사 기법이기 때문에 정말 남씨가 알 턱이 없을 터다. 변호인단이 계속 묻는다.

"4월 2일 이전에는 검찰이 어떤 다른 증인도 소환한 흔적이 없다. 왜 오라고 하느냐고 묻지 않았나."

"묻지 않았다. (꼭) 물어야 하나?"(조금 전 검사 신문 때는 분명 물었다고 했다)

"아니다. 사실 확인일 뿐이다. 소환되기 전에 누구하고 얘기한 적 있나?"
"여러 사람한테 한 것 같다. 한 아무개 상무에게 '왜 날 오라 하지?' 하고 물었다."

 4월 2일 골프를 치다가 그날에만 여러 번 소환 전화를 받았다는 인물이 주변 사람들하고 의논할 여유가 있었다는 증언에 재판관도 의아했던 모양이다. 의논했다는 한 상무는 남씨가 검찰에 있을 때 전화를 걸어 "내가 한 총리 건을 다 얘기해서 한만호 빨리 나올 것 같다. 협조하라."고 했다는 그 한 상무와 동일인이다.

 "검찰 소환 요구에 여러 번 거부하다가 커피숍에서 만났다는 건데 언제부터 소환 요구 받았나?"
 "몇 번 받은 것 같다."

 "며칠에 걸쳐 받았나? 당일 여러 번 받았나?"
 "그 이전에 받은 것 같다."

 "커피숍 면담 후 한만호를 만나는 과정에 대한 증인의 증언에서 한만호를 설득하려던 뉘앙스가 있는데……."
 "검찰이 다 알고 있다는 이야기를 했다."

검찰 물을 때 다르고, 변호인 물을 때 다르고

 사건의 본질상 이 증인이 더 중요한 것은 사실 사건 제보 여부보다는 '채권 회수 목록' 작성 과정에서 그가 맡은 역할일 것이다. 1억 원짜리 수표 외에 검찰이 제시하는 몇 가지 안 되는 물적 증거의 하나이기 때문이다. 남씨는 2008년 8월 경 한신건영 경리부장이었던 정 아무개를 찾아가 "'채권 회수 목록'을 만들어 주면 너도 못 받는 돈을 어느 정도 찾아 주겠다."며 목록 작성을 요구했다고 한다. 정 부장은 총괄 장부를 참고해서 목록을 만들었고, 남 씨는 그 목록을 신빙성 있다고 판단했다고 한다. 또 로비 자금 등 개인별로도 다 뽑도록 했다. 그것만 있으면 누가, 언제, 어떻게 돈이 오갔는지 다 알 수 있다고 자신한다고 했다. 그는 목록을 들고 구속 상태에 있던 한 사장을 찾아가 채권 회수 방안을 협의하기도 했다. 변호인단이 물었다.

"목록에 '의원 3억, 2억(이 부분은 볼펜으로 쓴 것임)'이라고 쓰여 있는데 이 5억이 달러냐, 수표냐, 현금이냐를 정 부장에게 안 물어봤나."
"안 물어봤다."

"왜 안 물어봤나."
"내가 관여할 부분이 아니라서 그랬다."

"(그밖에) 9억이란 말 들어 봤나."
"못 들어 봤다."

"이 '채권 회수 목록'을 근거로 사실 확인을 하거나 민사소송을 내거나 변호인 의뢰를 한 적이 있나?"
"한 적이 없다. 특별히 (채무자로부터) 받을 게 없었기 때문이다."

조금 전, 정 부장이 만든 '채권 회수 목록'이 신빙성 있다고 판단했으며,

그것을 로비 자금 등 개인별로 뽑기만 하면 누가, 언제, 어떻게 돈이 오갔는지 다 알 수 있다던, 그래서 자신도 자필로 작성해 놓았고 지금도 자신의 사무실 어딘가에 그 목록이 있을 거라는 자신만만했던 장담을 180도 뒤집는 증언이다.

5억의 내용에 대해 남 씨가 별다른 관심을 갖지 않았다 하고, '9억'이란 소리는 들어보지도 못했다는 증언에 당황한 검찰은 "정 부장이 B장부(일종의 비자금 장부)를 보지 못한 채 '채권 회수 목록'을 만들었기 때문에 4억이 누락된 것일 뿐"이라고 해명한다.

여기서 잠깐 6개월 전인 지난 2월 7일 열린 6차 공판에서 밝혀진 사실들을 되새겨 볼 필요가 있다. 당시 정 부장은 남 씨의 요청을 받고, 자신의 USB에 저장한 액셀파일의 날짜순 백 데이터를 이름별로 소팅(sorting)해서 '채권 회수 목록'을 작성했는데, 그 백 데이터는 회사의 총괄 장부와 B장부를 참고해서 만들어 놓은 것이라고 했다. 그런데 '채권 회수 목록'을 작성하고 나서 USB를 잃어 버렸다.

총괄 장부의 행방도 묘연하다. B장부에 있는 어떤 항목은 '채권 회수 목록'에 올라 있는데 어떤 항목은 누락됐다. 기재와 누락의 기준도 없다고 한다. 검찰 주장대로 '한 의원'에게 9억이 전달됐으면 그것이 모두 채권 회수 목록에 적혀 있어야 할 텐데 5억밖에 적혀 있지 않았다. 4억이 어디로 갔느냐니까, 아마 백 데이터에 '의원'이라 쓰여 있지 않고 '이원'이나 '으원'으로 돼 있어서 명칭별 소팅 때 누락된 건지도 모른다는 막연한 소리를 했다. 그런데 그걸 확인할 수 있는 백 데이터가 담겨 있는 USB는 이미 어디론가 사라져 버렸다니…….

세월이 얼마나 흘렀다고 검찰이 딴소리를 하는 것이다. 이날 남 씨도 자신은 B장부를 본 적이 없고 자신이 보관하고 있던 총괄 장부도 어디로 사라졌는지 모른다고 했다. 재판장이 "자신이 자필로 작성한 서류도 있다고 했는데 못 찾는가?"고 물었더니 "사무실 어딘가에 있을 텐데 찾을 수가 없다."고 한다.

재판장이 다시 "한신건영 처음 갔을 때 5억 소리를 들었다고 했는데 (정확히) 언제 들었나?"고 묻자 "(한 총리 비서 김 아무개로부터) 2억을 다시 받아 월급 줬다는 소리를 들었는데, 나중에 정 부장이 (김 비서에게) 5억이 갔다고 했을 때, 그 2억 원이 5억 원 외의 돈인지, 5억에 포함된 돈인지는 몰랐다."고 답변한다. 이제 검찰이 한 총리에게 전달됐다는 9억 원을 끌어대기는 완전히 불가능하게 된 셈이다.

점점 더 미궁 속에 빠지는 '총액 9억'

검찰은 이날 마지막 증인으로 나선 함 아무개 전 한신건영 임원을 상대로 그가 한 사장과 주고받은 수십 통의 편지 내용을 근거로 밤 1시 넘어서까지 십자포화를 퍼부었다. 대부분 이 사건 수사가 시작되기도 전에 오갔던 편지들인데, 그 중에서도 한 사장이 김 비서를 통해 한 총리에게 자금을 전달했다는 속내를 비치는 듯한 편지만 증거로 제출했다. 이 모든 편지들은 이 증인에 대한 압수 수색은 물론 한 사장이 만기 석방되기 전 자행했던 몰수로 확보된 문건들이다.

그런데 검찰의 의도와는 달리 자꾸 6억 원이 한 총리에게가 아니라 교회 장로나 건설 브로커에게 전달됐다는 정황이 튀어 나온다(검찰은 한 사장이 3억씩 세 번에 걸쳐 한 총리에게 직접 전달한 것으로 주장하고 있다. 반면 한 사장은 양심선언 이후 문제의 돈 9억 중 3억은 개인 용처로 총리의 비서 김 모 피고인에게 빌려준 것이 맞지만 나머지 6억은 일산 지역의 교회 신축 공사 수주를 위한 로비 비용-처음에는 성과급이라 주장-으로 썼다고 일관되게 밝히고 있다).

2008년 11월 편지. "김 비서에게 내 처지 이야기해 주고 면회 오게 해 주세요."라는 대목이 나오는 반면 "김 장로, 박 아무개(브로커)가 지원받은 게 얼마인데……"라고 섭섭함을 토로하는 대목이 나온다.

2010년 4월 편지. "박 아무개의 마귀 행각. 교회 건설 수주 안 되는 줄 뻔히 알면서 김 장로 뒤집어씌우고, 이번에 보니까 영업비, 카드비, 직원 비용 등 비용이 6억이 넘어요."

2010년 5월 편지. "앞으로 선거 후 재판 증언에 가슴 조이는 긴장……, 김 장로를 오해……, 접견 안 와서 그랬는데 이번에 보니 많이 도와줬더라, 그밖에 채권 회수 목록에 있는 명단 중에 누구라고 할 수 없지만 돈을 받아 간 것 같아서 확인해 보는 것……, 확실한 제보자를 알 수는 없지만 직원들이 진술을 적극적으로 잘 해 줘서 심적 부담을 덜었구요, 검찰에서 웃음거리가 됐구요."

그리고는 12월 20일 한 사장은 양심선언을 했고 지난 1월 11일 4차 공판에서 김 장로, 박 아무개 씨와의 대질신문을 통해, 두 번에 걸쳐 3억씩 6억 원을 그들에게 전달했던 과정을 생생히 진술했던 것이다. 그런데 검찰이 압수해 놓고도 숨겼던, 올 3월경 한 사장이 지인을 통해 함 아무개 증인에게 보낸 비밀 서신이 있었던 모양이다. 변호인 신문을 통해 밝혀진 그 내용을 요약하면 다음과 같다.

"저야 이미 어떤 고난이라도 제가 저지른 잘못의 '제 몫'이라, 사력을 다

해 최선을 다하고 있지만 밖에서 제 진실을 알아주시는 분들이 있으면 해요. 제 사건은 처음부터 시작이 현 서울 시장 당선을 돕고 '노무현 정신 지지 세력 척살'을 목적으로 정권 핵심부에서 계획적으로 진행된 수사입니다. 때문에 관련 고위 검수사관과 방대한 법무부 조직을 움직여서 모두 그들 나름대로 관직 생명을 걸고 총력(사력)을 다하고 있어서 결과에 따라 분명 그 대가가 치명적이라 믿고, 저 역시 결연한 각오를 단단히 하고 있어요. 제 '진실' 믿어 주시구요.

어느 분 서신에 해 주신 말씀처럼 '닭의 모가지를 비틀어도 새벽은 온다.' 모가지가 비틀어져 언제 죽을지 모르지만 그래도 꼭 새벽을 알리는 소리는 (그래서 누명 쓰신 분들에 참회하는) 지르고 죽을 수 있는 닭 모가지가 될 것입니다. 지금의 고난이 꼭 낭비한 시간이라 믿지 않아요. '진실'이 반드시 승리하지 않는다는 것에, 그로 인해 극심한 '오한'을 느끼고 있지만, 그래도 희망을 버리지 않고 끝까지 진실을 밝히기 위해 남아 있는 모든 사력을 다 해서 이겨 낼 것이니 성원해 주셨으면 해요. 하루하루 참회하며 '감언이설'과 정의롭지 못한 현실에 묵인 굴복하지 않겠다는 결의와 다짐 속에서 '반드시' 용서를 받지 못할 잘못을 속죄하며 '진실'이 승리하는 것 보여드릴 것입니다. 공개해도 아무 상관없으니 지인들에 전해주세요."

기막히고 희한했던 뒷얘기들

22차 공판 2011년 8월 29일

29일 열린 한명숙 전 총리 정치자금법 위반 혐의에 대한 22차 공판에는 야권 인사들이 대거 운집했다. 이해찬 전 총리와 문재인 노무현재단 이사장과 김원기 전 국회의장을 비롯해 정세균, 박지원, 문희상, 이미경, 신기남, 유인태, 유선호, 전병헌, 백원우 의원 등 야권 정치인들이 든든하게 뒤를 받친 형국이었다. 이기명 전 노무현 대통령 후원회장의 모습도 보였고 변호인석에는 오랜만에 강금실 전 법무장관도 모습을 보였다.

이날은 증인신문 마지막 기일이었다. 그동안 법정에 자주 나오지 못한 미안함이 우선 있었을 터이고 핵심 증인 한만호 전 한신건영 사장이 한 번 더 나온다니 호기심도 조금 있었을 것이다. 그러나 이제 9월 19일 결심과 10월 초 선고 공판 등 결정적인 순간이 다가오면서, 그동안 외롭게 정치 탄압에 맞서 왔던 한명숙 전 총리에게 총력 지원의 연대 의지를 과시하려는 뜻이 가장 컸을 것이다.

이날 재판장은 한 사장에 대한 신문 시간을 보충 질문 포함, 양측에게 각 1시간 30여 분씩으로 엄격히 제한했다. 오후에 예정된 현장검증 때문이다.

이 제한된 시간에 양측이 한 사장으로부터 끌어내고자 하는 것은 처음부터 분명했다.

검찰의 목표는 한 사장 석방 직전 몰수한 서신과 접견 대화 내용을 바탕으로, 돈을 줬다는 한 사장의 애초 검찰 진술이 진실이고, 법정 양심 고백이 거짓임을 입증하는 것이다. 반면 변호인단은 한만호 사장이 법조 브로커 남 아무개의 겁박과, 잘하면 검찰의 힘을 빌려 회사를 되찾을 수도 있겠다는 헛된 욕심으로 검찰에 협조한 것이 사실이며, 당연히 이후 한 전 총리에게 덧씌워진 혐의는 모두 거짓임을 입증하는 데 총력을 다하는 것이다.

하지만 양측에 다 불행하게도 특별히 새로운 것은 없었다. 검찰이 이날 한 사장이 옥중 서신을 통해 지역구 관리 비서인 김 아무개 씨에게 '중대한 결단'을 내리려고 하니 아무도 모르게 한 번 오라고 한 것이 무슨 뜻인지 집중적으로 물었다. 또 "(김 비서 포함) 지인들에게 3억 원을 빌려 달라고 했다.", "내가 반공갈성으로 넣었기 때문에 답변이 오긴 올 거예요." 등 모친과의 접견 대화 내용들은 이미 지금까지 재판 과정에서 한두 번씩 걸러진 것들이다.

다만 검찰은 이날, '(검찰에) 적극 협조하였기에 강압 수사는 없었다.', '검찰에 조기 가석방 요구나 보석 허가, 형집행 정지 등 여타 편의를 요구한 적 없다.'는 등의 한 사장 옥중 메모를 적극 제시해, 이 재판이 잘못된 것일지라도 그것은 한 사장이 자진해서 혐의 사실을 진술했기 때문이지 자신들의 책임이 아니라고 미리 발을 빼두려는 모습을 보이기도 했다.

반면 변호인단은 '어머니 증언 가혹하다. 치매 증상, 심장병 투병 중 검찰이 문병까지 가서 잘 알 텐데 증인 압박 고통주려 증인 신청, 수사 접견 때 부모 생명 지장 있으니 삼가해 달라. 검찰 부담되는 이야기 안 하겠다.'는 내용이 적힌 비슷한 종류의 옥중 메모를 제시하면서, 한 사장이 한 순간 양심선언을 다시 번복할 생각까지 할 정도로 극심한 강박증에 시달렸음을 강조했다. 이 대목에서 한 사장은 변호인의 신문에 이렇게 답했다.

"(그때는) 무엇보다 어머니의 생명이 우선 아닌가 하는 생각이 들었습니다."

이밖에 한 사장은 변호인 신문을 통해, (법조 브로커 남 아무개와 함께, 이 사건의 유력한 물적 증거로 채택된 채권 회수 목록을 만들었고, 1차와 5차 공판 때 증인으로 나와 돈 가방이 한 전 총리에게 전달된 것으로 알고 있다고 증언했던) 한신건영 전 경리부장 정 아무개가 부도가 임박한 상황에서 회사에 입금되어야 할 환급금 5억 원을 들고 잠적했던 사실을 밝혔다. 환급금을 회사로 돌려달라고 했으나 "내가 투자한 돈은 어떻게 받느냐."며 거부하자 자신의 부인이 횡령으로 고발했으며 그것을 자신이 취하해 준 적이 있다고 했다. 자금 조성과 전달 과정에서 중요한 역할을 맡았기 때문에 객관적인 정황을 증언할 수 있는 주요 증인으로 간주됐던 그가, 사실은 단순한 회사 직원이 아니라 한 사장, 남 아무개 브로커 등과 복잡한 돈 관계로 얽힌 이해 당사자였던 것이다.

한 사장은 이어 자신이 구속된 상태에서 정 부장 포함, 김 아무개, 한 아무개 등 회사 임원들과 몇몇 수분양자들이 자기들 이익 보호를 위해 회사를 마음대로 전횡했고, 남 아무개를 자신도 모르는 상황에서 회사에 영입했으며, 이 남 아무개가 한 사장의 보유 주식 25%를 넘겨받아 대주주가 됐다는 사실들을 이날 비교적 소상히 털어 놓았다. 한 사장은 또 진짜로 돈 가방을 전달한 사람으로 지목한 모 교회 김 아무개 장로가 "현금이 좋긴 좋네요." 하면서 가방을 들고 흔들다 손잡이가 떨어졌다는, 웃어야 할지 울어야 할지 모를 에피소드를 생생히 기억해 내기도 했다. 여기에 언급된 사람들은 대부분 지금까지 한 번씩은 증언대에 섰던 이들이다. 마지막으로 재판부가 여전히 이해하기 어려웠던 중요한 대목들을 한 사장에게 직접 물었다.

"2010년 4월 초, 검찰청에서 남 아무개를 만난 후 검찰에 협조하기로 결심했다고 했다. 처음에는 모두 9억 원을 준 것으로 하자고 했다는데, 정 아무개가 작성한 채권 회수 목록에도 5억 원만 전달한 것으로 나와 있고, 검찰도 그냥 5억으로 하자고 하는 상황에서 왜 증인만 9억 원으로 하자고 계속 주장했나?"

"회사를 경영하다 보니 많은 비자금을 조성해야 했다. 하지만 문제(김 비서에게 한 번 빌려 준 것, 김 아무개 장로 등에게 두 번 전달한 것)가 된 3억 원씩 3차례 자금 조성은 특별 조성 과정을 거쳤다."(많은 사람이 알게 돼 너무 공개된 자금인데다 한 묶음으로 처리해야 할 성질의 돈이어서 5억 원을 따로 분리하지 않는 것이 좋다고 생각했었다는 의미로 받아들여짐)

"증인도 그중 (맨 처음 조성된) 3억 원이 김 아무개 비서에게 간 것은 시인하고 있다. 왜 처음부터 3억 원만 하지 않았나?"

"큰 죄를 졌다."(나쁜 마음을 먹었을 때 기왕 저지르는 것 한 번에 해결해 버리려는 의도였다는 의미로 받아들여짐)

"대선 경선 즈음해서 한 총리에게 현금 1천만 원을 제공했다가 되돌려 받았다는 이야기는?"

"김 비서가 한번은 (한 총리) 사무실 직원들이 월급을 반밖에 못 받는다고 했다. 내가 봉투에 현금 1천만 원을 넣어 아무도 없을 때 책상에 올려놓았는데 얼마 후 김 비서에게서 전화가 와서 '무슨 돈이냐, 직원들 월급 얘기는 농담이었다.'면서 '당장 본인이 직접 와서 가져가라.'고 해서 가져 왔다."

"그 일이 언제쯤인가. 3억 원 빌려 주기 전인가, 후인가?"

"정확히 기억 안 나지만 후인 것 같다."

허구의 현장검증으로 끝난 기나긴 1심

오후에 현장검증을 앞두고 일산 지역 모 교회 류 아무개 담임 목사와 한만호 수사를 맡았던 검찰 조 아무개 수사관에 대한 증인신문이 있었다.

류 아무개 목사는 한 전 총리의 지역구이며 한 총리가 다니기도 했던 교회 목사다. 검찰은 한 전 총리가 정치자금을 받는 대가로, 한 사장이 이 교회 신축 공사를 딸 수 있도록 류 목사에게 청탁했으며, 그 대신 한 총리가 교회 건축을 위해 교통 영향 평가, 문화재 지표 조사 등 여러 민원을 부당하게 해결해 줬다는 그림을 그리고 있다.

류 목사는, 한 전 총리가 한신건영이 공사를 따게 해 달라며 청탁한 사실이 없느냐는 검찰 질문을 딱 한 마디 "그런 일 없다."로 일축했다. 한신건영은 후보 3개사 중 하나로까지는 올라갔지만 결국 탈락했다. "자금 조달 방안이나 회수 방안 등에서 내건 조건이 좋았기 때문에 최후 후보까지 올라갔으나, 교회 소속 회계사를 시켜 3개사 재무 구조나 경영 상태 조사를 해 보니 한신이 적합지 않아 탈락시켰다."는 것이다.

한 사장의 증언에 따르면 거기까지 오르는 데만 김 아무개 장로, 박 아무개 브로커에게 로비자금 6억 원 이상을 쏟아 부은 것이다. 이들이 어떤 역할을 했느냐는 질문에 대해서도 류 목사는 "나와 건축위원회 외에 어떤 교인도 역할을 할 수 없다."고 못 박았다. 그걸로 끝이다. 한 총리는 돈도 받은 적 없고, 청탁을 넣은 적도 없다고 한다. 나머지는 한 총리가 자신이 다니는 교회의 신축 사업이 순조롭게 진행되기 위해 어떤 도움을 줬느냐는 것인데, 그것이 무슨 역할이 되었건, 심지어 불법·부당한 청탁일지라도 그건 이 사건의 본질과 아무 상관이 없는 것이다.

희한한 것은 마지막 증인으로 나선 검찰 수사관이다. 이 사람은 지난해 4월 초 수사 초기에 한 총리와 한 사장이 돈을 주고받았다는 한 총리의 일산 풍동 지역 자택과 길거리에 대한 현장조사를 한 후 실황 조사서를 작성한 장본인이다. 4월 7일에 작성한 것으로 되어 있다. 그러나 변호인단은 검찰 현장 조사단이 그 전날에도 오후 늦게 현장에 갔던 사실이 있음을 지적했다.

전날 갔을 때는 아무 활동도 하지 않고 그냥 되돌아 왔다고 한다. 검사가 "퇴근 시간도 되고 해서 아파트에 왕래하는 주민들이 많으니 (보안상) 오늘은 적절치 않은 것 같다. 내일 일찍 다시 오자."고 해서 그랬다는 것이다. 단순히 그것이 문제였다면 출발 전에 충분히 착안했어야 할 사항이다. 더구나 사건 현장을 조사하려면 발생 시점과 가장 근사한 정황에서 살펴보는 게 원칙일 텐데, 오후 4~5시에 그 장소에서 돈이 오갔다면서 구태여 그 시간대를 피해 오전에 가 보는 것도 이상하기는 하다.

하지만 증언 내용보다 문제는 이 증인의 태도다. 이 증인은 검찰 신문 과정에서, 한 총리가 차에 앉아 돈을 전달받는 정황에 대한 조사 내용을 설명하다가, 백승헌 변호인이 재판장에게 이의를 제기하려는 순간, "여보세요! 내가 지금 증언하고 있잖아요."라고 소리를 지르는 것이었다. 황당한 상황에 부딪힌 백 변호인이 "아니, 내가 지금 증인에게 뭐라는 것이 아니라 재판장에게······."라고 설명하려 하자 이 증인은 끝까지 "글쎄, 내가 (먼저) 재판장께 증언하고 있잖아요."라며 계속 소리쳤다. 재판장도 이 뜻밖의 상황에 어리벙벙한 듯했다.

이 수사관은 증언이 끝나고도 즉시 증언대에서 내려오지 않고 굳이 발언 시간을 얻더니 신세타령을 늘어놓았다.

"내가 지금 검찰 수사관 20년 인생에 최대 위기를 맞고 있다. 한만호가 검찰에서 내게 '돈 준 사람이 따로 있다'고 했는데 내가 묵살한 것으로 알려졌기 때문이다. 검찰 수사관이 죄인이냐. 그런데도 내 이름이 인터넷 등을 통해 알려져 견딜 수 없다. 재판장께서 어떻게 좀 해 달라."

검찰 집단의 안하무인이 이 정도인 것이다. 일국의 전 총리를 함정에 쳐 넣으려는 집단의 일원이 보잘것없는 자신의 처지는 철저히 챙기려 하는 이 이기주의와 보신주의. 부끄러움을 모르는 이 단세포적인 사고방식. 그가 검찰 내에서는 지위가 낮은 직급이기에 그가 속한 집단의 오만의 수준을 더욱 적나라하게 폭로하는 것 같다.

이로써 증인신문이 모두 끝나고 오후 늦게 일산 풍동 지역에 있는 한 총리의 옛 자택과, 돈을 주고받았다는 구(舊) 도로에서 현장검증이 이루어졌다. 현장검증 방법에 관해 논의했던 먼저 기일에, 검사들이 인터넷 등을 통해 자신들의 얼굴이라도 유포된다면 난리가 난다며 초상권 보호를 강력하게 요구했던 터다. 1백50여 명의 경찰을 동원해 외부인을 철저히 통제한 가운데 한만호 사장, 재판관들과 법원 직원들, 검사들과 수사관들, 변호인단, 풀(pool)기자 및 사진기자들 40여 명만 참석한 가운데 현장검증이 이루어졌다.

돈을 줬다는 한 사장의 진술을 기둥으로, 채권 회수 목록과 한 사장이 발행한 1억 원짜리 수표를 물적 대들보로 짜 맞춘 혐의 내용이다. 1억 원짜리 수표의 용처가 어느 정도 설명이 됐고, 채권 회수 목록은 믿을 수 없는 인물들이 믿을 수 없는 동기로 작성한, 그다지 신빙성이 없는 문건이라는 사실도 드러났다. 가장 결정적인 건 '한 전 총리께 돈을 준 적이 없다'는 한 사장의 양심선언이다. 이렇게 기둥이 부러지고 대들보가 무너진 상황에서 도대체 돈을 주고받았다는 현장에 대한 검증이 무슨 의미가 있을까. 조작의 현장이 허구의 현장으로 변했을 뿐이다.

정확히 몇 월, 며칠, 몇 시에 한 총리에게 돈을 전달했는지조차 특정하지 못하고 시작된 재판이, 한 총리의 차를 길거리에서 발견하고 그 차에 가방을 실어 날랐다면서도 당시 한 총리의 차종은커녕 차량 색깔도 특정하지 못한 채 이루어진 현장검증으로 끝났다.

최후 변론에서 드러난 '최후의 진실'

결심 공판 2011년 9월 19일

9월 19일, 드디어 결심공판이다. 물론 10월 31일 선고 공판이 아직 남아 있지만, 한명숙 전 총리를 겨냥해 한해 전 7월 시작된 검찰의 2차 정치 탄압극은 일단 1년 2개월에 걸친 장정을 마쳤다. 재작년 12월에 시작된 '제1차 곽영욱 사건'까지 포함하면 무려 1년 10개월이다. 모두가 지친 표정이 역력하다. 그동안 피고인석에서 모멸과 수치를 견뎌 내야 했던 한 전 총리가 우선 가장 지쳤을 것이다.

"잠깐 쉬고 내쳐 변호인 최후 변론까지 모든 절차를 일찍 마치자."는 변호인단과 "저녁 먹고 속개하자."는 검사들이 티격태격할 때 "이젠 밥 먹는 시간까지 내가 판단해야 하느냐."고 한숨 쉬는 재판장의 표정에서도 피곤이 묻어났다.

오직 검사들만이 아드레날린을 주사한 듯 여전히 흥분 상태다. 그 많은 정예 수사 인력이 2년 가까이 오로지 한 총리 사건에만 매달리고 다른 일은 거의 한 것이 없다는 비아냥거림을 받는 특수부다. 허깨비 붙들고 용쓰는 것인지도 모른다. 한 전 총리 사건을 만들고, 밀어붙이고, 키우는 데 전심전

력해 온 터다. 그 마지막 순간에 맥을 놓기보다는 일부러 흥분한 척이라도 하는 게 스스로에게 위로가 되긴 할 것이다.

고르고 골랐을 말들이 그래서 더욱 살벌하다. '범행이 치밀'하고, '죄질이 불량'하다고 했다. "표적 수사·정치적 탄압 운운하며 농성까지 하고, 진술을 거부해 법정 질서를 어지럽히는 등 선처 이유가 어디에도 없다."고 결론을 내린다. 그런 한 전 총리에게 검찰은 징역 4년과 함께 추징금 9억4,500여만 원(미화 32만7,500달러 포함)을 구형했다.

그런 '어마어마한 구형'에 그럴듯한 이유가 없겠는가. 한 총리가 '이 사건은 나와 아무 관련이 없는 가공의 사건'이라며 검찰 신문은 물론 변호인 신문까지 진술 거부권을 행사하자, 검찰이 이어 풀어낸 논고가 장황하고 자못 치밀하다.

"이 사건 제보자는 한신건영 전 사장 한만호 자신이다. 피고인으로부터 사업상 도움을 받기 위해 3억씩 세 차례 총 9억 원의 불법 정치자금을 제공했다. 돈을 전달할 때마다 어음할인까지 하면서 급히 자금을 조성한 것을 보면 정치자금용이 분명하다. 합법 자금으로만 정치하는 정치인은 극히 적을 것이다.

회사가 어려워져 (피고인으로부터) 2억을 돌려받은 후 서로 '고맙다'는 등 통화한 사실까지 있는데 3억을 더 돌려 달라 했으나 돌려주지 않으니 배신감과 분노 때문에 폭로를 결심한 것이다. 그 후 피고인에 대한 기소가 임박했을 때, 검찰에 대한 기대가 어긋나고, 출소 후 피고인의 도움을 기대하면서 한만호 주변 인물들이 피고인 주변 인물들을 접촉해 법정 진술 번복 사태가 벌어진 것이다."

이렇게 사건을 요약한 검찰은, 한만호의 검찰 진술서와 실황 조사서, 한신건영의 채권 회수 목록과 그 근거가 된 B장부, 자금 추적 결과 및 환전 내역, (돈 전달 때 쓰인) 여행용 가방 구입 영수증, 경리부장 정 아무개가 작성해 검찰에 보낸 이메일, 한만호 핸드폰 통화 내역, 한만호의 구치소 접견 시 녹음 CD 분석 등등의 증거가 범죄 사실을 입증한다고 주장했다.

이 증거들의 신빙성을 강변하던 검찰이 이날 비장의 무기로 처음 내놓은 것이 자금 사용처다. 한 총리가 현금 4억8,000만 원, 미화 32만7,500달러, 1억짜리 수표를 받았는데, 수표와 반환한 2억 원을 빼고 나머지 2억8,000만 원이, 계좌 추적 결과 나온 한 총리와 남편, 여동생의 저금액, 사무실 보증금 등의 총액과 같다는 것이다. 달러에 대해서는 아들 유학 자금으로 7만 달러가 들어갔고, 동생이 1만2,700여 달러를 사용했는데 나머지는 한 총리의 해외여행 시 환전 기록이 없기 때문에 한 총리가 쓴 것으로 보인다는 것이다.

검찰의 추정에 따르면, 한 총리가 국회의원이나 총리를 지내면서 받았을 월급과 남편의 수입들은 어디론가 다 사라졌고, 한 총리는 정치자금을 받아놓고도 다 저축했으며, 정작 대선 후보 경선 기탁금 등 정치자금은 집을 담보로 은행 빚을 얻어 쓴 셈이 되는 것이다. 또 검찰로부터 언니의 정치자금 관리인으로 지목된 동생은, 자신의 수입은 한 푼도 없이 오직 9,000여만 원의 '어마어마한' 대통령 후보 경선 정치자금을 통장에 집어넣고 관리한 것이다.

또 하나, 검찰은 한 사장이 처음부터 9억 원을 줬다고 하는데도 정 아무개 경리부장이 '채권 회수 목록'에 5억 원이라고 적어 놓고, 그걸 근거로 자신은 한 총리에게 5억 원이 간 것으로 알고 있다고 주장했던 부분에 대해서도 설명을 잊지 않았다. 검찰에 따르면, 정 아무개는 총괄 장부와 B장부를 토대로 '목록'을 작성한 뒤, 그 두 개의 1차 장부를 잃어버렸던 것인데 후에 자신의 차 트렁크에서 B장부를 찾아, 옮겨 적을 때 4억 원이 누락된 것을 알았다는 것이다.

그런데 더욱 희한한 것은 지난달 23일 21차 공판에 나와 증언했던 남 아무개 증인이, 당시 자신의 사무실 어딘가에 있는 것 같은데 영 못 찾겠다던 총괄 장부를 드디어 찾아내 검찰 증거로 제출했다는 것이다. 이처럼 필요하기만 하면 잃어버린 증거를 순식간에 찾아내고, 전과자는 물론 재소자까지 필요에 따라 100% 신빙성 있는 증인으로 둔갑시키는 검찰이야말로 신의 손을 가졌음이 틀림없다.

구형이 끝나고, 느닷없이 기자들 배고픈 것까지 챙기는 검사의 배려 덕분에, 저녁 먹고 시작한 변호인단의 최후 변론이 볼 만했다. 한 총리 전 비서 김 아무개의 권영빈 변호인은, 피고인이 한 사장으로부터 돈을 받았고 법인 카드를 받아 사용한 사실 등은 인정하면서도, 그것은 한 총리와는 아무 상관없이 어디까지나 두 사람이 사업 파트너였기 때문에 발생한 일이었음을 강조했다. 특히 피고인이 정치자금법 위반으로 피소됐으나, 한 사장으로부터 받은 돈이나 카드를 (한 총리의 대선 경선 운동 등) 정치 활동을 위해 쓴 사실이 일체 없음을 조목조목 밝혀 그에 대한 정치자금법 위반 혐의를 원천적으로 부인했다.

"한 총리는 그날 거기에 없었다"

이어 백승헌 변호사가 대표로 진행한 한명숙 총리에 대한 최후 변론에서 변호인단은, 수사가 시작된 시점(1차 사건 무죄 선고 직전)이나 초기 수사 속도로 볼 때 이 사건에 정치적 표적 수사의 의혹이 있음을 우선 지적했다. 또한 한만호의 초기 부인 조서가 없고, 그로부터 마지막 조서를 받은 후에도 검찰은 그를 계속 소환해 총 73회에 걸쳐 조서를 외우게 하고 사건을 '굳히려는' 의도가 있었음을 지적했다.

변호인단은 이밖에도, 검찰이 아직 아무 조사가 없는 상태에서 한 사장으로 하여금 이 사건 첫 제보자로 알려져 있는 남 아무개를 만나게 한 점, 증인들에 대해 강압 수사를 벌이고 비정상적으로 대우했다는 점, 범행 일시를 특정하지 못하는 등 '실체적 진실을 밝히고자 하는 의지가 없었다.'고 강력하게 비판했다. 즉 처음부터 짜 맞추기 수사 아니었냐는 날카로운 추궁이었던 것이다.

변호인단은 계속해서 검사가 주로 인용하는 한 사장과 모친 간 접견 대화 내용이 얼마나 부실한 것이며, 검찰이 신주단지처럼 모시는 채권 회수 목록이 얼마나 믿지 못할 증거이며, 한 총리와 한 사장 사이에 정치자금이 오갈만한 '사업상 대가성'이 존재할 수 없음을 논증했다. 무엇보다도 한만호 사장의 진술 번복에 대한 검찰과 변호인단의 확연한 입장 차이가 두드러졌다. 검찰은 한 사장의 검찰 진술이 진실이며 설사 진술이 엇갈려도 재판부가 유죄를 인정한 판례를 제시했다. 반면 변호인단은 한만호 사장이 검찰에서 허위로 진술할 복합적 동기가 있었음을 밝히고, 그의 법정 양심선언은 고사하고라도 검찰에서 한 진술까지 일관되지 못하고 비합리적이었으며 객관적 타당성을 결여했음을 지적했다.

하지만 이날 변호인 최후 변론에서 가장 흥미로웠던 것은, 그것이 판결에 얼마만큼 영향을 주는 요소인가와는 별도로, 한 총리의 범행 장소 부재증명(알리바이)이었다.

이번 사건에서 검찰의 가장 큰 약점 중의 하나가, 한 사장이 한 총리에게 돈을 전달했다는 구체적 날짜와 시간을 특정하지 못하는 것이었다. 검찰에 비협조적인 증인들에게는 수년 전의 사소한 일까지 시간대별로 모조리 기억해 내라고 닦달하던 검찰이, 정작 한 사장 공소장은 3억이나 되는 거액을 전달한 날짜를, 세 차례 모두 기록도 없고, 기억도 없는 상태로 작성한 꼴이다.

만일 어느 날짜를 정해 놓았다가 그날 한 총리의 알리바이가 성립되면 낭패를 볼까 봐 일부러 4월 초, 5월 초, 9월 초로 느슨하게 잡아 놓았다는 추측이다. 검찰의 주장은 매달 말일쯤 급히 자금을 조성해서 다음 달 초 열흘 중 날씨가 좋은 어느 평일 오후 4~5시에 전달했다는 것이다. 검찰이 끝까지 이 문제를 손대지 않고 넘어가면 변호인단으로서야 어쩔 도리가 없지 않겠는가, 했을 텐데 그건 오산이었다. 역시 드림팀 변호인단이라 할 만했다. 공판 마지막 날 드디어 검찰의 이 허점을 파고들어 선제공격에 나선 것이다.

2007년 4월의 경우 1억짜리 수표를 뺀 나머지 자금은 그 전달 3월 30일에 조성되었다. 4월 초를 10일까지 잡으면 모두 열하루가 된다. 이 중 주말은 3월 31일, 4월 1일, 7일, 8일. 모두 빼면 7일이 남는다. 하지만 여기에서, 수표야말로 정치자금 수수에서 최고 금기로 여겨지고 있다는 점을 고려해야 한다. 검찰과 한 사장도 이것을 고민했다는 것이 한 사장의 검찰 조서에서 드러난다. 그렇다면 화요일 이후에 돈을 전달했다는 것은 논리에 맞지 않는다. 당연히 수표를 현금으로 바꿀 수 있는 시간적 여유가 있기 때문이다. 그러므로 부랴부랴 수표까지 끼워 전달해야 할 만큼 다급했다면 4월 2일(월요일)에 전달했다는 이야기다. (이것도 오전에 바꿀 수 있는 것이기는 하지만) 그런데 4월 2일 오후에는 한 총리가 국회에서 표결에 참여했다는 것이 증명된다.

9월도 마찬가지다. 8월 28일에 자금을 조성했다. 29일, 30일, 31일과 9월 초 열흘 중 주말(1일, 2일, 8일, 9일)을 빼면 아흐레가 남는다. 그런데 한만호 사장이 5일부터 8일까지 외국여행을 갔다. 그해 9월엔 유난히 비가 많이 와 일산에는 1일부터 6일까지 계속 비가 왔다. 남는(전달이 가능한) 날은 8월의 사흘과 9월 10일이다. 이날들의 알리바이는 이렇다.

8월 29일 오후 한 총리는 국회 대학생 정치체험단 행사에 참가했다.
30일 오후 5시 YTN 생방송 대담에 출연했다.
31일 제주도당 개편대회 등으로 제주도에 내려가 있었다.
9월 10일 민주신당 청주 합동연설회에 참석했다.

이 대목에서 방청객 몇 사람이 박수를 쳤다가 법정에서 쫓겨났다.

한 전 총리가 최후진술을 위해 일어섰다. 아마도 법정에서 그가 하는 마지막 말이 될 것이었다. 재판장의 노고에 경의를 표하면서도 2년 가까이 피고인으로서 "감당하기 힘든 모멸과 수치를 견뎌 내야 했으며 분노로 가득 찬 마음을 다스려야 했다."는 대목을 읽을 때까지 그의 목소리는 다소 갈라진 듯했다.

한 총리는 "이 사건의 본질은 정치적 의도를 가지고 권력과 정치 검찰이 합작하여 기획한 보복 표적 수사"라는 것을 다시 한 번 강조하고 "깨끗한 정치인으로 알려진 한명숙에게 부패와 비리의 낙인을 찍음으로써 한명숙이 몸담았던 민주 정부의 정통성과 도덕성을 훼손하고, 상처와 모욕을 주어 국민과 유리시킴으로써 모든 가능성을 차단시키고 싶었을 것"이라고 지적했다.

그는 구체적으로, 정권이 자신의 서울시장 출마를 막거나 낙선시킬 의도가 있었다고 생각한다면서 결과적으로 자신이 0.6%포인트 차이로 패함으로써 검찰의 그런 의도는 성공했다고 소회를 밝혔다.

재판 내용과 관련, 한 총리는 한 사장과 단 두 번 만났을 뿐인, 결코 통화를 자주 하거나 돈을 주고받을 만큼 친밀한 사이가 아니며, 거액의 정치자금은커녕, 검찰이 집요하게 주장한 사무실 임대나 자택 인테리어를 할 때 혜택을 받은 것이 전혀 없다고 분명히 밝혔다.

한 총리는 "(아무 관련이 없는 재판에 나와) 관객의 한 사람으로, 알지도 못하고 저와는 아무 관계도 없는 말을 듣기 위해 그 숱한 날을 그냥 멍하니 앉아 있기만 해야 했음"을 상기시키면서 "응원을 보내는 국민이 없었다면 몇 번이고 자리를 박차고 뛰쳐나가고 싶은 충동에 사로잡힌 적이 한두 번이 아니"었다고 토로했다.

한 총리는 정적 제거를 위해 제대로 된 근거도 없이 공여자의 허술한 진술 하나에 의존해 공소권을 남용하여 기소부터 하고 보는 검찰이 언론을 통한 피의 사실 공표는 물론, 재판이 시작된 이후에도 수사를 계속해 표적이 된 피고인을 끊임없이 괴롭히고 흠집 내는 것을 서슴지 않았음을 상기시키면서, 이 재판 과정을 통해 나라가 바로 서기 위해서는 무엇보다 검찰 개혁이 필수적임을 절감했다고 강하게 비판했다.

한 총리는 "이제 법정 안에 갇힌 자의 삶이 아니라 법정 밖의 세상에서 그간 접었던 꿈을 펼칠 수 있기를 간절히 소망한다."면서 자신에게는 "뒤틀린 역사를 바로 세우고 더불어 잘사는 세상을 만들어, 국민들이 행복해지는 모든 '긍정적 변화'에 제 땀과 열정을 녹일 수 있기를 간절히 바라는 꿈이 있기에 이 시련을 단련의 기회로 삼자고 다짐했다."고 말했다. 그리고는 "그 꿈을 향해 다시 힘차게 출발하는 것은 제가 가진 진실이 이 법정에서 입증될 때 비로소 가능할 것"이라고 마무리했다.

    원고지 38매에 이르는 장문의 최후진술이었다. 그럼에도 법정에서 그간 쌓여 온 그의 한과 분노, 족쇄가 풀렸을 때 펼치고자 하는 앞으로의 소망을 다 풀어낼 수는 없는 듯했다.

"나는 그렇게 살아오지 않았다"
선거 공판 2011년 10월 31일

진실은 무죄였다.

"한명숙 피고인에 대한 모든 혐의는 무죄"라는 재판장(형사합의 22부 부장판사 김우진)의 선고가 떨어지는 순간, 법정은 숨죽인 환호에 휩싸였다. 소리 없는 박수 소리로 들썩였다. 법정을 가득 메운 방청객들은 부릅뜬 법정 정리들의 제지로 인해 마음껏 소리 지르고 박수 치지는 못했지만, 그럼에도 법정은 이심전심으로 전해지는 감격으로 터져 버릴 듯했다. 여든은 넘어 보이는 이름 모를 한 노(老)방청객이 기어이 참지 못하고 고함을 내질렀다.

"재판장님, 만세!"

정리들이 달려들어 제지했지만 한번 터진 그의 격정은 거침이 없었다.

"저 놈들! 저 정치 검찰 놈들! 노무현 대통령까지 죽이고……."

하지만 만세는 재판장이 아니라 한명숙 전 총리가 받아야 마땅한 것이었다. 만세를 받아 마땅한 그의 두 눈에 언뜻 눈물이 비친 것 같았다. 잠시였다. 곧 평정을 되찾은 그는 법원 밖 마당에 운집한 지지자들과 일일이 악수를 나눈 뒤 기자들 앞에 나섰다.

"저의 진실을 밝혀 주신 재판부에 깊은 신뢰와 감사를 드립니다. 저는 지난 2년여 동안 상상할 수 없는 잔혹한 시간을 보냈습니다. 그러나 저의 진실과 결백을 믿어 주는 국민 여러분이 있어서 제가 이렇게 여기까지 버티고 이겨 낼 수 있었습니다. 진실로 감사드립니다. 참 고맙습니다."

수사가 시작된 지 1년 7개월, 재판이 시작된 지는 정확히 1년 3개월여 만이다. 한명숙 전 총리를 정치자금법 위반으로 옭아매려던 정치 검찰의 검은 음모는 30일 그렇게 일단 막을 내렸다. 1차 곽영욱 뇌물 사건으로부터 계산하면 무려 1년 11개월 만이다.

전 정부의 최고위 임명직을 상대로 한, 역사적으로 유례가 없는 모략극이었다. 정치 탄압이었다. 그러므로 이날 한 총리에 대한 무죄 선고는 한 개인에게 덧씌워진 부당한 혐의를 벗긴다는 의미를 훨씬 넘어서는 것이었다.

한 시간 넘게 진행된 재판장의 논고는 이명박 정권의 무도함을 질타하는 쟁쟁한 징소리였으며, 참여정부의 도덕성을 확인하고 민주 진보 세력의 건강함을 만천하에 알리는 소리였다. 물론 재판이 아직 완전히 끝난 것은 아니다. 이날 자리를 지키고 앉은 특수부 검사들이, 억울하고 분한 표정을 억지로 꾸미지 않았더라도, 그들이 2심, 3심까지 끝까지 한 총리를 물고 늘어질 것임은 불문가지다. 그것이 그들 세계의 논리이기 때문이다. 이런 어처구니없는 표적 수사, 기획 수사가 실패함으로써 검찰 전체의 위신과 명예가 끝 모를 나락으로 추락할지라도, 그런 사태에 책임지는 검사는 하나도 없을 것이다. 그것 역시 살아 있는 권력과 결탁한 정치 검찰 세계의 논리이기 때문이다.

하지만 그들의 악랄함에서 더 이상 독기는 뿜어져 나오지 못할 것이다. 가면 갈수록 그들의 사악함 뒤에 숨겨져 있었던 치졸함에 대한 비웃음만 더해질 것이다. 철면피한 수구 언론들도 적어도 이 사건에 관한 한 더 이상

'악마의 속삭임'에 귀를 기울이진 못할 것이다. 진실이란 태양 앞에, 각다귀 떼를 연상케 하는 정치 검찰과 수구 언론은 맥을 놓을 것이다.

 이 재판은 지난 해 12월 20일 2차 공판에서 핵심 증인 한만호 전 한신공영 사장이 "나는 한명숙 총리님께 돈을 준 적이 없습니다. 한 총리님은 지금 누명을 쓰고 계신 것입니다."라고 양심선언을 했을 때 일찌감치 거둬져야 했다. 검찰의 겁박과 회유 속에, 그리고 잠시 헛된 욕심에 사로잡혀 철석같이 검찰의 설계에 협조하기로 했던 인물이 뒤늦게 참회한 것이었다. 그러나 재판부의 생각은 달랐던 것 같다. 이날 선고 공판에서 재판부는 우선, 이 사건이 수사 시기에 문제가 있었음을 지적하면서도, 전적으로 정치적 의도에서 비롯됐다는 피고인 측의 주장은 받아들이지 않았다. 재판 과정에서 일체의 정치적 고려를 배제했음을 강조한 것이다. 재판부는 한 사장이 검찰에서 (한 전 총리에게 정치자금을 제공했다고) 진술한 것도 검찰의 강압이라기보다는 회유 혹은 자신의 이해관계에 대한 고려에 따라 (자발적으로) 한 것으로 보이기 때문에 그의 법정에서의 진술 번복이 바로 검찰에서의 진술을 전면 탄핵하는 것은 아니라는 전제 아래 사건을 심리했음을 밝혔다. 재판을 2차 공판에서 끝내지 않고 스물세 차례, 장장 11개월을 끌어야 했던 재판부 나름의 이유를 밝힌 셈이다.

 따라서 재판부는 한 사장의 검찰 진술 조서를 중심으로, 한 사장의 회사 정 아무개 경리팀장의 진술과 채권 회수 목록, 환전 기록 등 검찰이 제시한 직접적인 증거 자료는 물론 한 전 총리의 여동생이 사용한 1억짜리 수표, 남편의 금융 거래 내역, 아들의 유학 자금 등 간접 증거들까지도 샅샅이 살펴보고 그것이 한 사장의 검찰 진술을 입증하는지의 여부를 따져 보았음을 분명히 했다. 그리고 그 모든 사안에서 "합리적 의심을 할 만한 이유를 전혀 발견하지 못했음"을 또한 분명히 한 것이다. 재판부의 사안 별 중요한 판단은 다음과 같다.

재판 과정에서 밝혀진 무죄 증거들

• 정 아무개 경리팀장의 진술과 그가 작성한 유력한 증거인 '채권 회수 목록'에는 허위나 추측이 개입한 것으로 보인다. 그는 검찰에서 모호하게 진술한 부분도 법정에서는 단호하게 증언했다. 채권 회수 목록에 '의원' '3억' 등이 적혀 있으나 그것이 한 전 총리를 지칭한 것으로 보기 어렵다. 똑같은 사항도 어떤 장부는 타이핑, 어떤 장부는 손으로 기재했다.

• B장부 등을 검토해 볼 때 9억 원의 비자금이 조성된 것은 사실인 듯하다. 이 돈이 법정에서 한만호가 로비 자금으로 주었다고 말한 그 사람들에게 전달됐다고 볼 수는 없다. 그러나 한만호가 검찰에서 진술했듯 한 총리에게 전달됐다고 할 수도 없다.

• 한만호가 자금을 제공할 때마다 한 전 총리와 휴대전화로 여러 차례 통화했다고 하는데 그 당시 그의 전화에 한 전 총리 전화번호가 입력되어 있지 않았던 것으로 보인다.

• 한 전 총리가 모 교회 신축 공사 과정에서 문화재 지표 조사를 빨리 하기 위해 관계 부처에 부탁을 한 것은 자신이 다니던 교회를 위한 순수한 마음에서 한 것이지 한만호를 위해 로비를 한 것이 아니다.

• 한만호가 동료 재소자들에게 한 총리에 대한 정치자금 제공 사실을 떠벌렸다고 하지만 그것으로 한만호의 검찰 진술의 신빙성을 높인다고 할 수는 없다.

• 거액을 주고받았다는 장소(한 총리 아파트 앞 길거리), 정황이 상식에 맞지 않는다. 피고인이 현장 부재를 완벽하게 입증한 것은 아니라 하더라도, 이 사건 공소 사실 기재 일시 장소에 피고인이 없었던 것이 아닌가, 의심을 불러일으키기에는 충분해 보인다.

• 한만호가 피고인 측으로부터 진술 번복 회유를 받았다고 볼 수 없다.

• 한 전 총리와 한만호는 종친이기는 하지만 거액의 돈을 주고받을 만큼 친분이 있는 사이가 아니다.

• 한 총리의 동생이 1억짜리 수표를 김 아무개 비서로부터 빌려 이사 자금으로 썼다는 주장을 믿기 어렵다. 객관적인 사정은 이 수표를 동생이 사용했다는 것 밖에 없는데 그러한 사정만으로 이 수표가 한 총리로부터 동생에게 전달되었다고 단정할 수는 없다.

결국 한만호가 법정에서 번복한 진술을 그대로 믿을 수 없어 재판을 속행했지만, 유일한 증거라 할 수 있는 검찰에서의 진술 역시 허위 진술, 과장 진술의 여지가 있으며, 객관적 자료와도 전혀 맞지 않고 합리성·신빙성·일관성도 결여됐다는 것이 재판부의 판단이었던 것이다.

재판장은 판결문을 읽어 가는 과정에서 "대선 경선에 나서는 정치인이 정치자금을 직접 수수한다는 것은 흔한 일이 아니다. 조심성이 없는 사람, 무감각한 사람이나 할 수 있는 일이다. 피고인은 총리를 지냈으며 오랜 기간 깨끗한 정치인으로 활동해 왔다. (정치자금을 직접 수수할) 그럴 가능성은 없다."고 단언했다.

또한 "검찰 주장에 따르면 피고인은 매우 용의주도한 인물이어야 하거니와 평소 피고인의 성격, 인간관계에 비추어 볼 때 (검찰의 그런 주장은) 맞지 않다."고도 말했다. 그러므로 재판장에게는, 검찰이 제시한 수많은 증거자료들을 하나하나 살펴보는 과정이, 자신이 보고 듣고 느꼈던 한 전 총리의 '깨끗한' 일생을 새삼 확인해 가는 과정과 다름없었을 터다.

다시 법원 앞마당. 지지자들은 마음껏 흥거워했다. 그들의 손에 들린 백합꽃이 환하게 미소 짓는 듯했다. 고작 몰상식이 상식의 상태로 돌아오고, 비정상이 다시 정상이 됐을 뿐인데도 그랬다.

한 전 총리는 "이번 판결은 이명박 정권과 정치 검찰이 합작해서 만든 추악한 공작에 단죄를 내린 것"이라며 "민주 정부 10년 동안 하지 못했던 검찰 개혁을 2012년 정권 교체를 통해 반드시 이뤄내야 한다."고 강조했다. 이어 "저는 앞으로 새로운 각오와 결의로 우리 앞에 놓여 있는 역사적 소명을 다하기 위해서 국민 곁으로 다가가겠다. 지금 정치에 새로운 바람이 불고 있는데, 이 새로운 변화의 물결을 끌어안고 앞으로 통합과 승리의 길을 여는 데 저의 있는 힘을 다 하겠다."고 다짐했다.

2장_
충격과 공포의 2심

"이게 아닌가 봐, 혐의 좀 바꿉시다"

3차 공판 2013년 6월 10일

남의 돈으로 베팅하는 프로 도박꾼의 배짱이 이와 같을까. 절대로 죽지 않는다는 신탁을 받고 전쟁터에 나선 용사의 무모함이 이와 같을까. 서초동 고등법원 302호실에서 열린 한명숙 전 총리에 대한 불법 정치자금 사건 항소심 3차 공판이 진행되는 법정에 죽 버티고 앉은 검사들이 영락없이 그랬다. 한 전 총리를 에워싸고 칼춤을 추어 대는 이들에겐 이젠 조금의 사리 분별력도 남아 있지 않은 듯했다. 오직 억지와 만용을 뽐낼 뿐이었다. 왜? 그들은 결코 자신들이 죽지 않는다는 사실을 잘 알고 있으니까.

검사들은 이날 느닷없이 한 전 총리에 대한 공소장 내용을 변경하겠다고 했다. 3년이나 끌어 온 사건의 막바지에, 그동안 집요하게 매달려 왔던 혐의 내용을 바꾸겠다는 것이다. 그럼 지금까지 검찰은 1심 재판 포함 모두 20여 차례의 공판을 통해 도대체 뭘 입증하려 했고, 뭘 갖고 재판을 해 온 건가?

그동안 한 전 총리에게 씌워진 주요 혐의는 한만호라는 건설업자로부터 2007년 4월 초, 5월 초, 9월 초 세 차례에 걸쳐 각각 3억 원씩, 총 9억 원을 불법 정치자금으로 '직접' 전달받았다는 것이다. 당초 공소장에 따르면, 첫 번째는 한만호 사장이 당시 고양시 풍동에 있던 총리의 자택 근처 길가에서 한 총리 차에 직접 실어 주었고, 나머지 두 번은 한 사장 혼자 한 총리 자택을 직접 방문해서 전달했다는 것인데, 이날 검찰은 처음 전달한 3억 원은 한 총리가 직접 받았을 수도 있고, 비서 김 아무개를 통해 받았을 수도 있는 것으로 공소 내용을 바꾸겠다는 것이다.

왜 아니겠나. 그동안 검찰은 1차 돈 전달 장소로 찍었던 한 총리 자택 근처 길거리가 1심 재판 현장검증을 통해 전혀 돈 전달 장소로 부적합하다는 사실이 명백히 드러난 이래 나름 고심에 고심을 거듭했음이 분명하다. 누누이 강조했지만 검찰 입장에서 이 재판은 돈을 준 것으로 되어 있는 결정적인 주요 증인 한만호가 1심 2차 공판에서 "그런 일이 없다. 한 총리님은 누명을 쓰고 계신 거다."라고 일찌감치 양심선언을 해 버리는 바람에 처음부터 꼬였다. 게다가 돈을 준 날짜도 특정하지 못하고, 돈을 줬다는 장소마저 터무니없는 것으로 드러나면서 1심에서 완벽한 무죄 판결이 난 것인데, 검찰 입장에서는 이대로 아무 손도 쓰지 못한 채 항소심까지 끝낼 수는 없다고 생각했을 법하다. 좀 창피하긴 하지만 지푸라기라도 잡아 보자, 뭐 그런 미련이겠다.

백승헌 변호사의 설명처럼, 검찰은 이 사건의 수사를 제대로 마치고 기소한 것이 아니라 기소부터 해 놓고 재판과 수사를 병행해 왔다. 2010년 4월 이른바 '곽영욱 뇌물 사건'이라고도 하는 1차 사건에서 무죄 판결이 확실시되고 지방선거가 코앞에 닥치자 검찰이, 수감 중이던 한만호 사장을 엮어 급히 별건으로 기획한 것이 이 사건이었던 것이다. 그렇게 3년을 수사해 온 결과가 "2007년 4월 초 어느 날, 한 전 총리가 돈을 직접 받았을 수도 있고, 비서에게 지시해 간접적으로 받았을 수도 있다."는 애매한 결론인 셈이다.

재판부 "검찰, 너무 나가는 것 아닌가?"

검찰이 더욱 비겁한 것은, (한만호 사장의 증언과 1심 판결에 따르면) 처음부터 있지도 않은 사실을 검찰과 한 사장이 그럴 듯하게 짜 맞추었기 때문에 자금 수수의 시간·장소 등에서 엇박자가 난 것인데, 이를 한 총리의 묵비권 행사 때문이라고 우는 소리를 내는 것이다. 피고인이 협조를 안 해서 혐의를 제대로 입증하지 못했다는 주장이다. 이 대목에서는 재판장까지 불쾌한 듯했다.

"그건 검찰이 너무 나가는 것 아닌가요? 형사소송에서 피고인의 증언 거부나 묵비권 행사는 법적으로 보장된 피고인의 권리입니다. 피고인의 혐의를 입증하는 책임은 검찰에 있고, (검찰이) 입증에 성공하면 유죄가 되는 것이고, 입증에 실패하면 무죄가 되는 것이고."

최고의 베테랑이라 자부하고 있을 검사들이, 법학개론마저 떼지 못한 어리보기 법학도처럼 꾸중을 듣는 듯한 민망한 모습이었다. 그래도 부끄러움은 없다. 이익만 눈앞에 어른거릴 뿐이다. 그동안 한 전 총리를 괴롭혀 왔던 검사들은 1차 곽영욱 사건이 1심 무죄, 2심 무죄, 대법원 무죄, 2차 한만호 사건 역시 1심 무죄 등 완벽한 패배를 거듭하는 와중에서도 승진과 영전 대열에서 탈락한 경우가 없다고 한다. 신탁도 이런 신탁이 없다.

이젠 공식적으로는 아니라 하지만 대부분의 사람들은 여전히 검사 집단이 동일체라고 믿고 있다. 한명숙 전 총리를 집요하게 물어뜯고 있는 검사들과 원세훈 사건을 수사하고 있는 검사들이 동일체라는 이야기다.

그러나 검찰이 한 전 총리 재판에서 보이고 있는 무모하기까지 한 용기를 원세훈의 국기 문란 사건에서도 보여주긴 어려울 것 같다. 왜? 국정원 정치 개입 사건에는 신탁이 없으니까. 신탁은커녕 잘못하면 크게 다칠 우려가 많으니까.

검찰, 1심 재판부에 '화풀이'

결심 공판 2013년 7월 8일

6월 10일 열린 항소심 3차 공판에서 검찰은 느닷없이 공소장 내용 변경을 하겠다고 나섰지만, 지난 8일 열린 항소심 마지막 공판에서 재판장은 검찰의 공소장 변경 신청을 기각했다. 검찰 역시 공소장 변경 신청이 기각되리라는 것을 예상한 듯, 이날 결심공판에서는 길거리에서도 얼마든지 자금 수수가 가능하다는 주장을 다시 펼쳤다. 훤한 대낮이었기 때문에 한 사장이 차 안에 있는 사람(한 전 총리)을 쉽게 식별할 수 있었고, 실제 돈을 주고받은 것은 길거리가 아니라 주차한 차 안에서였고, 현금을 여행용 가방에 넣어 끌고 다녔기 때문에 지나다니는 사람들의 이목을 의식할 필요가 없었다는 등의 설명을 붙였다. 그렇게 자신만만하다면 왜 공소장을 변경하려 했을까. 가히 진퇴양난에 빠져 오락가락하는 모습이다.

정치인들의 뇌물이나 불법 자금 수수는 돈을 주고받을 동기(대가성), 자금을 조성한 방법, 전달 시기와 장소, 돈을 사용한 용처 등에 대해 '합리적 의심'이 없어야만 혐의가 입증된다. 이런 쟁점들에 대한 이날 검찰의 논고는 1심 때와 판박이다. 그럴 수밖에 없는 것이 1심에서 이미 십 수 명에 이르는 증인들의 수십 차례에 이르는 증언을 통해 거의 모든 사실들이 완벽하게 밝혀졌기 때문이다. 항소심에서는 단 두 명의 증인만 불렀는데, 이들도 새로운 증인들이 아니라 이미 1심에서 여러 차례에 걸쳐 증언했던 이들이다.

이처럼 한 전 총리에 대한 혐의 사실을 입증할 만한 새로운 증언이나 증거를 전혀 내놓지 못한 검찰이 마지막으로 기댈 것은 억지 부리기일 수밖에 없을 것 같기는 하다. 1심에서 검찰이 충분한 증거를 내놓았는데도 1심 재판부가 "한명숙 전 총리가 돈을 받았을 리 없다."는 '선입견'에 사로 잡혀 "(그런 선입견 때문에) 검찰 수사가 조작됐고, (그런 조작에) 한만호 사장이 영합한 것"이라고 봤으며, 그 결과 재판부가 증거를 무시하고 진실을 제대로 못 봤다는 주장이다.

그런 재판부의 선입관과 잘못된 인식을 검찰은 납득하기 어렵고, 너무 모욕을 받았다면서 "(그런 재판 결과가) 역사에 남을 것이며, 검사들은 결코 잊지 않을 것"이라고 목소리를 높이는 대목에서는 섬뜩한 느낌마저 들 정도였다. 검찰은 한 전 총리에게 1심 구형과 마찬가지로 징역 4년, 추징금 5억8,000만 원에 미화 32만7,500달러를 구형했다.

검찰 "1심 무죄, 재판장 선입관 때문"

변호인단의 최후 변론 역시, 검찰이 시도했던 공소장 변경 내용이 상호 모순된다는 사실을 지적한 것 외에는 1심 변론 때와 큰 차이가 없었다. 한 사장이 불법으로 자금을 조성한 사실은 맞지만 이것이 한 총리에게 전달됐다는 검찰의 주장은 전혀 입증될 수 없음을 논증했다. 한만호 사장의 검찰 진술에 일관성·합리성·객관적 상당성이 결여돼 믿을 수가 없다는 전제 아래 핵심 증거인 채권 회수 목록이 편집, 조작된 정황이 있고, 한 총리의 동생이 사용했다는 1억 원짜리 수표가 한 전 총리로부터 전달됐다는 검찰의 주장에 구멍이 있음을 밝혔다. 가장 큰 구멍은 역시 돈 전달 장소와 일시다. 검찰이 자금 수수 일시를 특정하지 않고 4월 초, 5월 초, 이런 식으로 막연하게 잡았음에도, 변호인단은 1심에서 4월 초 열흘, 5월 초 열흘, 9월 초 열흘간 한 전 총리가 낮 시간 동안 자택 근처에 있지 않았다는 알리바이를 증명해 보인 바 있다. 받지 않은 수표를 동생에게 건네줄 수는 없는 일이다. 이 수표는 비서 김 아무개가 개인적으로 한 사장에게서 받아 보관하고 있던 것으로, 한 총리의 동생이 잠시 빌려 사용하고 바로 갚은 적이 있다는 것이 김 비서와 한 총리 동생의 주장이다. 검찰의 느닷없는 재판부 비판에 항소심 재판장도 난감했던 모양이다. 재판장은 8월 19일로 선고 기일을 정하면서 "1심 기록을 보면서 검찰 입장에서는 (혐의를 입증하기 위해) 열심히 했다는 것을 알 수 있었다. 그것이 무위로 돌아갔을 때 허탈감이 생겨 1심 재판부를 비판했을 것이고 그 심정을 이해하기는 하지만 재판은 사실과 증거로 판단하는 것"이라고 말했다.

선입관이 문제가 된다면 1심 재판장이 아니라 검찰의 선입관이 문제다. 이날 검찰은 논고를 하면서 "모든 정치인들이 깨끗한 정치를 표방하지만 무수한 정치인들이 또한 이 법정에서 유죄 판결을 받았다."는 사실을 주지시켰다.

선입관이다. 검찰의 그런 선입관이 생사람을 잡을 수도 있다는 것을 검찰은 왜 외면하고 있을까. 한 총리도 최후 진술을 통해, 자신이 이 사건과 전혀 무관함을 다시 한 번 확인하고 그럼에도 자신이 4년째 피고인의 신분으로 말할 수 없이 큰 고통을 받고 있는 것은 "모든 정치인은 돈을 받는다."는 검찰의 선입관 때문이라고 말했다.

새로운 증거 없이 판결 뒤집어

선고 공판 2013년 9월 16일

'충격과 공포(shock and awe)'

미국이 1993년 이라크 침략 때 바그다드에 대한 대규모 공습을 감행하면서 붙인 작전명이다. 상상을 초월하는 융단 폭격으로 이라크 군의 사기를 꺾어 초전에 무력화시키기 위한 작전이었다. 굳이 바그다드에 대한 무차별 폭격이 아니더라도 충격과 공포는 정확히 테러리즘의 목적이다.

16일 한명숙 전 국무총리에 대해 징역 2년과 추징금 8억8,000만 원을 내린 항소심 선고 공판(제6형사부 주심 정형식. 부심 김관용, 윤정근)을 목격한 참관인들도 바그다드 시민들 혹은 테러리즘의 희생자들과 똑같은 충격과 공포를 경험했다. 백승헌·강금실 등 변호인단도, 이미경·남인순·이목희·도종환 등 10여 명의 민주당 의원들도 판결이 내려지는 순간 하나같이 얼굴이 하얗게 바랬다. 당사자 한명숙 전 총리야 두말 할 나위가 있겠는가. '충격'은 1심에서 완벽하게 정리된(혹은 정리됐다고 믿었던) 각종 증거들에 대한 해석이 단지 사람(재판부)이 바뀌었다는 이유로 이렇게 2심에서 뒤집어질 수도 있다는 사실에서 비롯된 것이다. 그 충격은 자연스레 공안 독재에 대한 '공포'로 이어졌다.

한 총리에 대한 재판을 둘러싼 불온한 공기는 8월 19일로 예정됐던 선고기일이 뚜렷한 이유 없이 1개월 가까이 연기되면서부터 감지되기 시작했다. 그 전까지는, 1심 재판에서 이미 22차례의 재판을 거치면서 10여 명의 증인들이 나와 온갖 증거와 증언들을 토해 냈던 반면, 2심에서는 단 세 차례 두 명의 증인(이들도 이미 1심 재판 때 증인대에 섰다)만을 상대로 증언을 듣고 마무리됐다는 점에서 1심 판결이 뒤집힐 리 없을 것이라는 낙관이 있었다.

더구나 검찰은 결심 공판을 앞두고 공소장 변경까지 시도한 터였다. 한만호 사장이 길거리에서 한 총리에게 자금을 전달했다는 공소 사실이 검찰 스스로 생각하기에도 터무니없었던 것이다. 당시 2심 재판부는 이 같은 검찰의 공소장 변경 요청을 받아들이지 않았는데, 이제 와 보니 재판장은 그 때 이미 길거리에서도 얼마든지 돈을 주고받을 수 있다고 확신한 것이다. 검찰보다 한술 더 떴다.

1심 재판부는 한 전 총리를 옭아맨 한만호 사장의 검찰 진술에 신빙성이 없다고 봤다. 한 사장 역시 재판이 시작되자마자 자신은 한 총리에게 불법 정치자금을 공여한 적이 없다고 양심선언을 하면서, 한 총리에 대한 혐의는 검찰 윗선에서 짜 맞춘 것이라고 폭로한 바 있다. 자신이 법정에 와서야 양심선언을 한 것은 한 총리를 잡아넣겠다는 검찰의 의지가 워낙 확고해 검찰에서 진술을 번복해 봐야 아무 소용이 없다고 생각했기 때문이라는 충격적인 증언도 덧붙였다. 이밖에도 1심에서는 검찰이 유력한 증거로 제시했던 한신건영의 B장부와 채권 회수 목록이 변조됐을 가능성, 한 사장이 비자금을 조성한 것은 인정되나 그것이 한 총리에게 갔다고 단정할 수 없다는 점

(한 사장은 이 돈이 교회 신축 공사를 따내기 위한 로비자금으로 쓰였다고 증언), 오히려 한 총리와 한 사장이 직접 거액을 주고받을 만한 친분이 없었다는 점 등을 들어 한 총리에게 무죄를 선고했었다.

검찰은 자금 수수 시점을 특정하지 못하고, 4월 초, 5월 초, 9월 초 식으로 막연히 제시했지만 변호인단은 일일이 그 시기 전체를 통틀어 한 총리가 자금 수수 장소에 있지 않았음을 증명해 냈다. 그럼에도 2심 재판부는 한만호 사장의 법정 증언보다 그의 검찰 진술이 신빙성이 있다고 판단했다. 두 사람은 얼마든지 거액을 수수할 만한 친분 관계가 있는 것으로 보이며, 한 총리의 동생이 전세 자금으로 빌려 쓴 (한 사장이 발행해 한 총리 비서에게 건넨) 1억 원짜리 수표는 비서가 아니라 한 총리에게서 받은 것으로 보인다고 했다.

판사, 피고에 엄격…검찰에 추파

더 기가 막힌 것은, 1심 재판부가 현장 검증까지 해 가면서 길거리에서 돈을 주고받았다는 정황(1차 자금 수수)이 성립 불가능하다는 것을 밝혀냈음에도 2심 재판부는 한 사장이 직접 했기 때문에 그렇게 진술한 것이지 그가 인위적으로 꾸민 것으로 보이지 않는다면서 검찰의 손을 들어 준 대목이다. 돈을 주고받을 당시와 현장 검증 때와는 계절도 다르고 날씨도 다르기 때문에 현장 검증에 한계가 있다는 친절한 설명도 덧붙였다. 재판부는 또 변호인단이 공들여 조사해 제출한 알리바이들이 한 총리가 꼭 그 시간에 자금 수수 장소(1차 자택 근처 길거리, 2·3차 자택)에 없었다는 증거가 될 수는 없다고 했다. 대낮에 전직 총리에게 정치자금을 전달한다면서 거액이 든 트렁크를 들고 길거리에서 접선하거나 자택을 출입할 수 있겠느냐는 상식적 의문에 대해 "누가 그 트렁크에 돈이 들어 있는 줄 알겠느냐?"고 답하는 대목에 이르러서는 헛웃음이 나올 정도였다. 변호인단은 판결 직후 2심 판결의 문제점을 조목조목 지적하는 성명서를 발표했다. 그 중요한 내용을 정리하면 다음과 같다.

2심 재판부가 한만호를 다시 증인으로 불러 신문해 보지도 않고 아무런 근거도 없이 1심의 판단을 뒤집고, '한만호의 검찰 진술에 신빙성이 있다'고 판결한 것은 형사소송법의 대원칙인 공판중심주의와 직접심리주의를 저버린 위법한 판결이며, 또한 "증인의 진술의 신빙성에 관한 제1심의 판단이 현저하게 부당한 경우가 아니고는 항소심이 이를 함부로 뒤집어서는 아니 된다."는 대법원 판례에도 명백하게 배치된다.

2심 판결은 또, 일반인의 상식에만 비춰보더라도 매우 합리적이라고 할 수 있는 의심에 모두 눈감은 채, 그대로 공소 사실이 인정된다고 판단해 버림으로써 '형사소송 절차에서의 범죄 사실에 관한 입증 책임' 및 '유죄 인정을 위한 증명력의 정도'에 관한 법리를 오해한 위법한 판결이라고 지적했다. 형사 사건의 재판에서 가장 중요한 '엄격한 증명'의 원칙을 지키지 않은 것이다. 이에 관하여 "검사의 입증이 확신을 가지게 하는 정도에 충분히 이르지 못한 경우에는, 비록 피고인의 주장이나 변명이 모순되거나 석연치 않은 면이 있는 등 유죄의 의심이 간다고 하더라도, '피고인의 이익'으로 판단할 수밖에 없다."는 1심 판단이 형사법의 대원칙이라는 것이다.

또 2심 재판부는 변호인단이 공들여 마련한 알리바이 증명에 대해서도 "당일 날씨가 비가 왔다는 증거에도 불구하고 (하루 종일) 비가 왔다고 단정할 수 없다.", "피고인의 바쁜 일정들을 감안하더라도 피고인이 자금을 수수하는 것이 물리적으로 불가능하지 않다.", "피고인이 2007년 9월 4일에는 하루 종일 텔레비전 토론 준비를 하였다고 하더라도 일시적으로 귀가하여 한만호로부터 3억 원을 받을 수 없었다고 보이지는 않는다." 등의 이유로 배척하고 있다. 이에 대해서도 변호인단은 "피고인의 현장 부재 증명은 엄격한 증명의 대상이 아니고, 공소장에 기재된 범죄 일시 및 장소에 피고인이 없었던 것이 아닌가 하는 합리적인 의심을 불러일으킬 정도로 증명하는 것으로 충분하다."고 항변하고 있다. 검찰에 물어야 할 '엄격한 증명' 책임을 피고인 측에게 지우고 있다는 것이다. 변호인단은 이 사건이, 공소 사실을 인정하기에는 객관적 사실이 부족하고 그 간격을 메우기 위한 관련자들의 진술은 무엇이 진실이고 무엇이 허위인지, 즉 어느 쪽으로 보더라도 합리적인 의심을 배제하기 어려운 상황임을 인정한다. 그럼에도 불구하고 항소심 재판부는 (부족한) '객관적 사실'과 피고인에 대한 (확실한) '공소 사실' 사이의 간극을, 선입견에서 나온 수많은 억측을 통해 채우고 있다는 것이다. 그러면서 재판부는 공소 사실에 부합하는 듯한 증거들에서 보이는 여러 불일치, 모순, 의문에는 애써 눈감으면서, 오히려 피고인의 주장과 증거에는 불신의 전제에서 현미경의 잣대를 들이대며 엄격한 증명을 요구하는, 형사법원으로서는 결코 취해서는 안 될 태도를 취했다는 것이다. 더욱이 피고인으로서는 알 수도 밝힐 수도 없는 제3자들(한만호와 김 비서) 사이의 사정을 피고인이 입증해야만 유죄 혐의에서 벗어날 수 있다면, 이는 '무죄 추정'이 아니라 '유죄 추정'이 될 수밖에 없는 것이다. 피고인이 불명확한 사정을 분명하게 밝히고 해명하지 못하는 한 유죄라는 것은 헌법과 형사소송법이 정하고 있는 형사법 원칙을 무시한 위법한 판결이 분명한 것이다.

검찰은 지난 7월 8일 결심 공판에서 논고를 통해 "1심 재판부가 '한명숙

이 돈을 받았을 리 없다'는 선입견에 사로 잡혀 (그런 선입견 때문에) 검찰 수사가 조작됐고, (그런 조작에) 한만호 사장이 영합한 것이라고 봤기 때문에 그 결과 재판부가 증거를 무시하고 진실을 제대로 못 봤다."고 1심 재판부를 맹비난한 바 있다. 똑같은 논리라면 2심 재판부는 처음부터 "한명숙이 돈을 받은 것이 틀림없다."는 선입견에 사로 잡혀 진실을 외면한 셈이다. 하지만 법관은 선입견이 아니라 법과 양심에 따라 판결한다. 양심의 차이가 180도 다른 판결로 드러난 것일 뿐이다. 어떤 양심이 진실에 부합하는 것일까? 부실한 재판 끝에 1심 판결을 완전히 뒤집어 버린 2심 재판장의 양심은 "1심과 완전히 다른 판결이므로 대법원 판결이 날 때까지 법정 구속을 하지 않는다."고 스스로 상급심의 권위를 주장하지 않은 것에서 그나마 구원을 받을 수 있을까? 그마저 "2심 판결은 정치권력과 재판장의 막후 결탁의 결과"라는 합리적 의심에 대한 책임을 대법원에 떠넘긴 극단의 양심 불량인가.

3장_
진실의 추락 3심

이러려고 늑장 부렸나?

대법원 판결 2015년 8월 20일

2015년 들어 대법원이 한명숙 전 총리에 대한 최종 판결을 늦추고 있는 데 대한 항의의 목소리가 갑자기 높아졌다. 5월에는 정권의 전위대라 할 수 있는 '자유청년연합'과 '국민행동본부 청년위원회'라는 수구 단체들이 이 사건 재판을 맡은 대법원 2부 이상훈·김창석·조희대 대법관을 직무 유기 혐의로 검찰에 고발하기까지 했다. 이 단체들은 "이 사건 대법원 판결이 20개월 가까이 지연되고 있다."며 "대법관이 본연의 임무를 충실히 하지 않는다면 법적 책임을 물어야 한다."고 주장했다. 〈조선일보〉는 이 고발 건을 계기로 22일 사설을 싣고 "2012년 국회의원에 당선된 한 전 총리는 4년 임기 중 이미 3년을 마쳤다. 만약 한 전 총리가 유죄 판결을 받는다면 국회의원 자격이 진작 박탈됐어야 할 사람이 재판 지연으로 임기를 다 채우는 황당한 일이 벌어지게 된다."면서 "대법관들이 재판을 질질 끈다고 고발당하는 것은 전례 없는 일이다. 법관은 법과 증거에 따라 판결을 내리면 되는 것이다. 대법원은 판결을 서둘러 시중의 억측을 스스로 씻어내야 한다."고 촉구했다. 그러나 사실 박상옥 대법관 후보자 임명동의안이 그전 5월 6일 국회 본회의에서 새누리당의 단독 표결로 처리되면서 한 총리에 대한 판결이 임박했다는 사실이 분명해졌다. 신영철 퇴임으로 생긴 대법관 공석 사태가 78일 만에 해소돼 그간 지연됐던 상고심 사건 처리와 전원합의체 심리 등도 탄력을 받을 것이었다. 한 전 총리 사건을 맡은 대법원 2부에서 신영철이 2월 17일 빠져 나가고 이제 박상옥이 들어간 것이다.

대법원 2부는 그 사이 나머지 세 대법관이 여러 차례 합의에 나섰지만 의견이 엇갈리자 전원합의체 회부를 결정했다. 이런 중요 사건을 대법관 1명이 공석 상태인 소부에서 처리하기는 부담스러운 상황이었기 때문이다. 결국 대법관 결원 사태가 해소된 지 3개월여 만인 8월 20일, 한명숙 전 총리 정치자금법 위반 사건이 재판 시작한지 4년 8개월, 2013년 9월 항소심 판결이 난 지 23개월 만에 대법원 판결이 나왔다. 외국에 나가 있던 한 전 총리는 급거 귀국, 대기 상태에 들어갔다.

전원합의체는 대법원장이 재판장을 맡고, 대법원장을 포함한 대법관 13명이 다수결로 결론을 내린다. 이날 대법원 전원합의체(재판장 양승태 대법원장, 주심 이상훈 대법관)는 한 전 총리의 상고를 8대5로 기각했다. 한만호 한신건영 대표이사로부터 9억 원의 정치자금을 수수한 혐의로 기소된 한명숙 의원에게 징역 2년과 추징금 8억8,000만원을 선고한 원심을 확정한 것이었다. 절망적인 판결이었다. 진실에 눈감고 정의를 차 버린 정치 검찰의 망나니 칼질에 대법원이 장단을 맞춰 준 것이다.

다수 의견(요지)

형사 재판에서 범죄 사실에 대한 증명 책임은 검사에게 있다. 유죄의 인정은 법관으로 하여금 합리적인 의심을 할 여지가 없을 정도로 확실한 증명력이 있는 증거에 의하여야 하는 것은 물론이다. 여기에서 말하는 '합리적인 의심'은 막연한 의문·불신이나 단지 관념적인 가능성만으로 품게 되는 의심이 아니라 논리와 경험의 법칙에 기초하여 볼 때 증명 대상이 되는 사실과 양립할 수 없는 사실이 존재할 개연성이 있다고 할 정도로 객관성과 합리성을 지닌 의심임을 요한다.

한편 형사소송법은 증거의 증명력은 법관의 자유 판단에 의하도록 규정하고 있다. 이는 법관이 증거 능력 있는 증거 중 필요한 증거를 채택·사용하고, 증거의 실질적인 가치를 평가하여 사실을 인정하는 것은 법관의 자유 심증에 속한다는 것을 의미한다. 따라서 충분한 증명력이 있는 증거를 합리적인 근거 없이 배척하거나 반대로 객관적인 사실에 명백히 반하는 증거를 아무런 합리적인 근거 없이 채택·사용하는 등 논리와 경험의 법칙에 어긋나는 것이 아닌 이상, 법관은 자유 심증으로 증거를 채택하여 사실을 인정할 수 있다.

원심(2심)은, 공소 사실과 같은 일시·장소에서 세 차례에 걸쳐 합계 약 9억 원을 피고인(한명숙)에게 정치자금으로 공여하였다는 공소 외 1(한만호)의 일관된 검찰 진술 내용이 신빙성이 있다는 전제 아래, 한명숙에 대한 공소 사실을 전부 유죄로 인정했다. 원심 판결 이유에 의하면, 다음과 같은 사실을 알 수 있다.

원심 판결 근거가 된 사실들

이 사건의 수사는 누군가의 제보로 검찰의 소환 조사를 받게 된 한만호가 피고인에게 정치자금을 공여한 사실을 진술한 후 그에 부합하는 증거들 즉, 이 사건 1억 원 수표와 달러를 포함하여 공소 사실과 같이 세 차례에 걸친 자금 조성 시점 및 내역과 일치하는 객관적인 금융 자료, 정치자금을 담아 운반하였다는 여행용 가방의 구입 영수증, 한신건영의 경리부장 정 아무개의 진술과 그가 작성한 이른바 B장부 사본, 채권 회수 목록 등의 자료가 차례로 조사되거나 제출되는 과정을 거쳐 이루어졌다.

공소 사실과 같은 자금 조성 시점 및 내역은 예금 계좌 추적 결과, 환전 기록 등 객관적인 금융 자료를 통하여 인정된다. 한만호도 제1심 법정에서 세 차례에 걸쳐 자금을 조성한 사실은 시인하면서도, 각 조성 자금의 사용처만 검찰 진술과 달리 진술하였는데, 원심은 물론 제1심조차도 그러한 사용처에 관한 한만호의 법정 진술을 믿지 아니하였다.

정 아무개 경리부장은 한만호가 매번 자금 조성 과정에서 각별한 주의를 강조하고 은연중에 '한명숙에게 전달할 정치자금'이라는 의미로 말했다고 진술했고, 자신이 별도로 작성한 채권 회수 목록 등에도 '의원', '△의원' 등의 표시와 함께 '2007. 3. 30. 3억 원 지급, 2007. 8. 20. 2억 원 지급, 합계 5억 원'이라고 기재했다.

한만호는 사무실 마련, 인테리어 공사 등으로 한명숙을 돕고 함께 식사와 전화도 했으며 2008년 2월 27일 한만호가 부도로 인해 입원했을 때는 피고인이 병문안을 가기도 했다. 병문안 다음날 피고인의 비서 김 아무개가 한신건영 운전기사에게 현금 2억 원을 전달하였다. 아울러 그 직후에도 피고인과 한만호가 두 차례 통화한 내역이 각각 남아 있다.

한명숙의 동생인 공소 외 6은 2009년 2월 23일 이 사건 1억 원 수표가 포함된 돈으로 전세 보증금을 지불했고, 이 1억 원 수표에 관한 언론 보도 직후 이 수표를 빌려주었다는 김 아무개 비서와는 일절 접촉하지 않고, 피고인과 상의하여 이 수표의 최종 소지인으로부터 그 수표의 사본을 받아 피고인에게 전달하였다. 이러한 주요 증거 및 사실 등과 관련하여 원심이 판단한 요지는 아래와 같다.

원심의 판단 요지

한만호의 검찰 진술이 허위라고 의심할 만한 사정이 없다. 피고인과 한만호가 상당한 친분 관계를 가지고 있었다는 점도 인정할 수 있으며, 서로 정치자금을 주고받을 수 없는 관계에 있었다고는 보이지 아니한다. 한만호가 검찰에서 허위로 진술할 만한 동기라고 주장되는 사정은 모두 검찰 진술의 신빙성을 의심할 만한 근거가 되기 어렵다. 경리부장 정 아무개의 진술 내용이 객관적인 자료와 대체로 부합하고 설득력이 있는 점, 허위 진술을 할 별

다른 이유가 없는 점에서 진술의 신빙성을 인정할 수 있다. 그리고 그가 작성한 B장부와 채권 회수 목록 등의 서류도 마찬가지로 신빙성 내지 정확성이 있다.

자금 조성 및 환전 내역에 관한 객관적인 금융 자료, 자금을 담아 운반하였다는 여행용 가방의 구입 내역 등은 직접적인 증명력은 없을지라도, 다른 증거 자료들과 종합하여 볼 경우 공소 사실에 관한 증명력이 있다.

피고인이 한만호를 병문안 한 다음날 한만호가 2억 원을 전달받고 나서 두 사람이 통화한 사실은 2억 원을 반환한 주체가 피고인임을 추단할 수 있는 정황 자료이다. 김 아무개 비서와 여동생 사이 1억 원 수표 거래에 대한 두 사람의 진술은 믿을 수 없고, 종전까지 아무런 금전 거래가 없었던 사이로 보이며 통상적인 금전 거래의 형태라고 하기 어려운 점 등을 이유로 위 각 진술의 신빙성을 배척한 제1심 판단을 수긍할 수 있다.

위와 같이 원심이 공소 사실을 모두 유죄로 인정하는 과정에서 필요한 심리를 다하지 아니하고, 객관적인 사실에 명백히 반하여 증명력이 없는 증거를 채택하는 등 논리와 경험의 법칙을 위반하여 자유심증주의의 한계를 벗어난 잘못이 있다거나, 증거의 신빙성 내지 증명력, 증명 책임 및 유죄 인정을 위한 증명의 정도, 현장 부재 증명 등에 관한 법리를 오해한 위법이 있다거나, 공판중심주의·직접심리주의 원칙을 위반하여 판결에 영향을 미친 잘못이 있다고는 인정되지 않는다.

한만호가 세 차례에 걸쳐 현금과 달러 등을 섞어서 각 3억여 원 씩 총 9억 원 정도의 자금을 조성한 사실은 객관적인 금융 자료에 의하여 인정될 뿐만 아니라 한만호가 제1심 법정에서도 시인한 부분이다. 한만호가 제1심 법정에서 이 자금 사용처에 대해 진술 번복했으나 김 아무개 비서에게 주었다는 부분, 로비 자금으로 사용했다는 부분은 원심은 물론 1심에서도 믿지 않았다.

그렇다면 한만호가 조성 자금의 사용처로 법정에서 주장한 사실이 진실일 수도 있다는 의심은 합리적으로 배제할 수 있으므로, 이 사건의 핵심은 조성 자금의 사용처에 관한 한만호의 검찰 진술과 법정 진술 중 어느 쪽을 믿을 것인지가 아니라, 검찰 진술의 신빙성을 인정할 수 있는지 여부라고 할 것이다.

그런데 형사소송의 기본 원칙상 검찰 진술보다 법정 진술에 더 무게를 두어야 한다는 점을 감안한다 하더라도, 한만호의 법정 진술을 믿을 수 없게 된 사정에서 그가 법정에서 검찰 진술을 번복하였다는 이유만으로 검찰 진술의 신빙성이 부정될 수는 없다. 또한, 그의 진술을 직접 들은 제1심조차도 조성 자금의 사용처에 관한 핵심적인 부분의 신빙성을 인정하지 않았는데 원심이 그를 다시 증인으로 신문하지 않았다고 하여 공판중심주의·직접심리주의 원칙을 위반한 것이라고 볼 수도 없다.

원심 판결 이유와 원심 및 제1심이 적법하게 채택하여 조사한 증거들에 의하여 알 수 있는 아래와 같은 사정들을 종합하여 보면, 위와 같은 조성 자금의 사용처에 관한 한만호의 검찰진술의 신빙성은 넉넉히 인정된다.

(가) 한만호는 검찰에서 수십 회에 걸친 조사를 받으면서 정치자금을 공여하였다고 일관되게 진술한 것은 사실이라고 인정했다. 제1심 법정에서 존경과 자부심의 대상이었다고 표현한 바 있는 피고인을 상대로 전혀 있지도 않은 허위의 사실을 꾸며내거나 굳이 과장·왜곡하여 모함한다는 것은 선뜻 납득하기 어려운 일이다. 어떠한 이익을 얻거나 곤란한 처지에서 벗어나기 위하여 검찰에서 허위 또는 과장·왜곡된 진술을 한 것이라고 합리적으로 의심할 만한 정황 역시 특별히 나타나지 아니한다.

그리고 관련 증거들이 문제가 된 이후에 차례로 조사되거나 제출된 사정도 한만호의 검찰 진술이 전체적으로 허위가 아님을 뒷받침하는 정황이 되기에 충분하다.

(나) 이 사건 1억 원 수표가 여동생에 의하여 사용된 사실은 의문이 없는 부분이다. 또 이 수표는 피고인으로부터 받은 것이라고 할 수밖에 없다. 또한, 이 사건 1억 원 수표 및 2억 원을 김 아무개 비서에게 빌려주었다는 한만호와 김 아무개 비서의 진술을 믿을 수 없는 이상, 김 비서는 2억 원의 단순한 전달자에 불과할 뿐 그 반환 주체는 따로 있다고 보아야 하고, 여기에 피고인이 2008. 2. 27. 한만호의 병문안을 한 바로 다음날 2억 원이 반환되고 그 직후 피고인과 한만호 사이에 2차례의 통화가 이루어진 점 등 당시의 전후 사정을 더하여 보면, 그 반환의 주체는 피고인이라고 보는 것이 논리와 경험의 법칙에 부합한다. 이에 관하여는 별다른 합리적인 의심이 들지 않는다.

그처럼 피고인이 이 사건 1억 원 수표와 2억 원을 공여 받은 사실이 객관적으로 드러나게 되었다면, 자금 조성의 방법이 유사한 1차 내지 3차 조성 자금은 모두 동일한 사람인 피고인에게 공여되었다고 추론하는 것이 상식에 들어맞는다.

(다) 경리부장 정 아무개의 일관된 진술과 B장부, 채권 회수 목록 등 증거, 그가 굳이 피고인을 모함하여 허위 진술을 할 만한 동기나 개인적 이해관계가 있다고 볼 만한 사정은 드러나지 않는다. 그의 진술이나 B장부 등의 기재 내용을 작위적으로 나누어 그 신빙성 내지 증명력을 따로 판단하는 것은 적절하지 않을 뿐더러 근거도 없다.

그러므로 상고를 모두 기각하기로 하여 주문과 같이 판결한다.

재판장 대법원장 양승태
대법관 민일영 고영한 김창석 김 신 조희대 권순일 박상옥

소수 의견(요지)

다음과 같은 이유로 다수의견에 찬성할 수 없다. 원심 판결 중 한명숙에 대한 부분은 파기하는 것이 옳다.

(가) 전문 증거와 본래 증거 중 어느 쪽에 우월한 증명력을 인정할 것인가. 이것이 이 사건의 핵심 쟁점이다. 단순한 증거의 취사선택이나 사실 인정의 문제가 아니다.

한 사람의 검찰 진술과 법정 진술이 정반대의 내용인 경우, 검찰청의 어느 조사실에서 검사와 진술인 사이에 이루어진 문답 내용을, 그것도 그대로 기재한 것이 아니라 작성자가 요약·정리하여 기재한 조서의 진술 기재(검찰 진술)를 믿을 것인지, 아니면 형사재판을 담당하는 법관이 주재하는 공개된 법정에서 거짓말하면 위증죄로 처벌받겠다고 선서한 다음 검사와 피고인 측의 교호 신문, 나아가 법관의 보충 신문을 통한 검증 과정 속에서 이루어지는 증인의 법정 진술을 믿을 것인지가 핵심 쟁점인 것이다. 어떤 수사(修辭)를 동원하였든 다수 의견은 법정 진술보다 검찰 진술에 우월한 증명력을 인정하겠다는 것에 다름 아니어서 이에 동의할 수 없다.

우선 이 사건 검찰 수사 과정에서 한만호가 작성한 진술서는 증거 능력이 없다. 수사기관이 그에 대한 조사 과정을 기록하지 아니하여 형사소송법에 정한 절차를 위반하였기 때문이다.

(나) 자유심증주의를 규정한 형사소송법 제308조에 따라 사실심 법관이 증거 판단에 관한 전권을 갖더라도 그 판단은 실체적 진실 규명과 기본적 인권 보장을 위한 형사소송의 기본원칙에 부합하면서 논리와 경험의 법칙에 합치하여야 하는 제한을 받는 것이다.

수사기관이 일련의 증거 수집 과정에서 수사의 정형적 형태를 벗어남으로써 실체적 진실 규명과 기본적 인권 보장을 목표로 하는 형사 사법 절차의 존재 의의와 목적에 비추어 수사의 상당성을 인정하기 어렵고, 그 과정에 허위가 개입될 여지가 있을 경우에, 그 진술 조서의 신빙성을 인정하려면 그것을 뒷받침할 객관적인 증거나 정황 사실이 존재한다는 특별한 사정이 있어야 한다.

그리고 검찰 진술과 법정 진술이 다를 경우에, 검찰 진술을 증거로 삼으려면 이를 뒷받침할 객관적인 자료가 있어야 한다. 이때 단순히 추상적인 신빙성의 판단에 그쳐서는 아니 되고, 그와 같이 진술이 달라진 데 관하여 그럴 만한 뚜렷한 사유가 나타나 있지 않다면 위증죄의 부담을 지면서까지 한 법정에서의 자유로운 진술에 더 무게를 두어야 함이 원칙이다.

(다) 한만호는 검찰 조사가 시작될 당시 분양 대금을 편취하였다는 범죄 사실로 2008. 6. 5. 구속된 후 징역 3년의 수형 생활을 하고 있었다. 그는 비자금의 정당한 사용 내역을 밝히지 못하면 그 자금을 횡령한 죄로 형사처

벌을 받아 수형 생활이 연장될 수 있는데다가, 이 사건 수사에 협조하면 가석방 등의 선처뿐 아니라 회사 경영권을 탈취하였다는 사람들에 대한 수사를 통하여 회사를 되찾겠다는 기대도 있었다. 그가 정치자금 제공 여부나 그 규모와 관련하여 허위나 과장 진술을 하였을 가능성이 있었다.

한만호는 2010. 4. 1.부터 서울중앙지검에서 조사가 이루어진 이래 2010. 12. 20.까지 70회 이상 출석하여 조사를 받은 것으로 나타나 있으나 1회의 진술서와 5회의 진술 조서만이 작성되었을 뿐 그밖에 60회가 넘게 검찰청에 출석하면서 어떠한 조사를 받고, 어떠한 진술을 하였는지 알 수 있는 자료가 아무것도 없다.

이는 수사의 적법성 보장 원칙에 반하는 것으로서, 검사가 한만호로 하여금 검찰 진술 조서상의 진술을 번복하지 못하게 하는 방법으로 인위적으로 그 진술의 증명력만을 확보하고자 하였다는 의심을 하기에 충분한 사정에 해당한다.

한만호의 법정 진술 번복은 피고인 측의 협박이나 회유 등 진술 번복이 있을 만한 뚜렷한 사유가 나타나 있지 않으므로, 공판중심주의 원칙과 전문법칙의 취지에 비추어 보아도 그의 검찰 진술은 그 신빙성을 쉽게 인정할 수 없는 것이다.

한명숙의 1차 정치자금 수수에 관한 부분을 제외한 나머지 2차 및 3차 정치자금 수수에 관한 한만호의 검찰 진술 부분은 객관적인 증거나 정황 사실에 의하여 그 신빙성이 뒷받침되지도 않는다. 경리부장이었던 정 아무개가 작성한 B장부 사본에 한명숙이 사용처로 적시되어 있지 아니하므로, 정 아무개 진술의 신빙성을 인정할 수 없는 한 이 부분 B장부 사본 기재의 실질적인 증명력도 인정할 수 없다. 그런데 정 아무개는 이 부분에 대해 진술을 변경한 경위뿐만 아니라 회사에서 퇴사 후 2년여가 지날 때까지 자신의 차량 트렁크에 B장부의 사본을 보관하다가 한만호를 만난 후 갑자기 이를 발견하여 제출하였다는 B장부 사본의 제출 경위도 도무지 납득하기 어렵다.

정 아무개는 자금 조성 외에 자금 전달에는 관여하지 않은 사람이다. 한만호는 그에게 비자금 관리를 맡겼지만 그로부터 자금을 투자받거나 차용한 상황이었고, 더욱이 조성된 자금의 사용처가 분명하지 않을 경우 정 아무개 등 자금의 투자자나 채권자로부터 자금 횡령의 책임을 추궁당할 수 있는 상황에 있었다. 즉 개인적으로 회사 돈을 빼돌리면서도 마치 회사를 위하여 한명숙에게 정치자금으로 제공하는 것처럼 가장하였을 가능성도 배제하기 어렵다. 정 아무개의 진술을 그대로 믿기에는 이처럼 허점이 너무나 많다.

채권 회수 목록과 접대비 세부 내역 등은 모두 한신건영 부도 후인 2008년 6월경 내지 7월경 자신의 생각대로 한꺼번에 작성한 것이어서 그때그때 작성하는 거래 장부와 같은 신빙성을 인정할 수는 없을 뿐더러 그 작성 과정에서의 오류로 허위가 개입될 가능성을 배제할 수 없다. 채권 회수 목록과 접대비 세부 내역에 자금의 사용처가 '의원', '△의원' 등으로 기재되었더라도 자금의 사용처를 정확히 알지 못하였던 상황에서 한만호의 말만을 듣고 그와 같이 기재하였다는 것에 불과하므로, 공소 외 2의 진술과 독립적으로 그 신빙성을 인정할 수 없다.

결국 한만호의 검찰 진술이 전부 신빙성이 있다고 보아 1차 정치자금 수수뿐만 아니라 2차 및 3차 정치자금 수수에 관한 공소 사실도 인정한 원심 판결에는 논리와 경험의 법칙을 위반하고 자유심증주의의 한계를 벗어난 위법이 있다.

한만호가 2008년 2월경 1차 부도에 이르게 될 상황에서도 종친에 불과

한 피고인이 대통령선거 당내 경선에 출마한다는 소문만을 듣고 단순히 선의로 2007년 한 해 동안 2006년도 매출액의 1/6 가량이면서 당기순이익의 4배 이상에 이르는 약 9억 원의 비자금을 정치자금으로 제공하였다는 것이어서 그 현실성에 상당한 의문이 간다.

피고인이 한만호의 사업을 후원하였다는 사실을 인정할 만한 증거가 없고 그밖에 한만호가 약 9억 원에 이르는 정치자금을 제공할 만한 구체적·현실적 동기가 있음을 인정할 증거도 없다.

원심은 허위가 개입될 여지가 다분히 있는 한만호의 검찰 진술이 객관적 증거나 정황 사실에 의하여 뒷받침되는지 자세히 살펴보지 아니한 채 한만호의 검찰 진술 전부가 신빙성이 있다고 보았다. 특히 이 사건은 한만호가 허위나 과장 진술을 할 수 있는 상황임에도 일단 공소 사실에 부합하는 진술을 하자 이를 기화로 검사가 한만호의 진술이 번복되지 않도록 부적절하게 애쓴 흔적이 역력한 사안이다. 더구나 법정에서 그 진술을 바꾸었음에 비추어 보면 한만호의 검찰 진술이 과연 진실에 부합하는지 살펴볼 필요성이 더욱 크다.

피고인과 금품 제공자의 진술이 각기 일부씩 진실 또는 허위·과장·왜곡 등을 포함하는 경우 그 상반되고 모순되는 진술들 가운데 허위·과장·왜곡 등을 배제한 진실을 찾아내고 그 진실을 조합하여 사건의 실체를 파악하는 것은 사실심의 책무이다. 그리고 사실심이 그러한 책무를 제대로 이행했는지 엄중히 점검하는 것은 대법원의 책무이다.

원심은 이러한 책무를 소홀히 한 채 피고인에게 유리한 관련자들의 진술에 대하여는 그 신빙성 인정에 엄격한 잣대를 들이대면서도, 그와 정반대로 한만호의 검찰 진술에 대하여는 그에 부합하는 듯한 정황 증거 등이 실제 그 신빙성을 뒷받침하고 있는지 확인하지 아니하고 단지 정황 증거 등의 존재 자체만을 내세워 손쉽게 그 신빙성을 인정한 것이다.

이와 같은 원심의 조치는 현저히 형평에 반하는 증거의 취사선택과 사실 인정에 해당할 뿐만 아니라 형사소송법상의 공소 사실의 증명 책임에 관한 원칙에도 반하는 것이다. 더욱이 원심은 한만호를 직접 증인으로 신문하지도 아니한 채 제1심의 판단을 뒤집은 것이어서 공판중심주의와 실질적 직접심리주의 등 형사소송의 기본 원칙에 비추어 적절하지 아니함이 분명하다.

다수 의견은 이러한 원심의 심리를 나무라기는커녕 그것을 옹호하고, 나아가 한만호가 반환받은 2억 원에 관한 판단에서 분명히 드러나듯이 공소사실에 대한 불완전한 증명에 따른 위험을 검사가 아니라 오히려 피고인에게 부담시키기까지 하였다. 이러한 점에서도 다수의견은 옳지 않다.

'의심스러울 때는 피고인의 이익으로'라는 명제와 증거재판주의 원칙을 그저 헛된 구호에 그치게 해서는 안 된다. 유죄 인정의 근거가 될 수 있는 증거는 증거 능력뿐만 아니라 증명력에 대하여도 가능한 한 치밀하게 따져 봄으로써 비록 진범이 처벌을 면하더라도 적어도 무고한 사람은 처벌받지 아니하도록 하는 것이 형사 재판의 기본 원칙이고 법원의 존재 이유이기도 하다. 다수 의견은 무죄 추정의 원칙에 반하고 증거재판주의에 정면으로 어긋난다.

대법관 이인복 이상훈(주심) 김용덕 박보영 김소영

2부

정권의 절대 무기, 정치 검찰

1장_ 정치 검찰의 오늘과 어제
2장_ 이명박근혜 정권의 이빨과 발톱
3장_ 정치 검찰의 '검법'

1장_
정치 검찰의 오늘과 어제

"오늘, 우리는 사람에 충성한다"

2015년 10월 30일 박근혜 정부가 차기 검찰총장 후보로 김수남 대검 차장 검사를 내정하자 '민주사회를 위한 변호사 모임'(민변)은 성명을 내어 "미네르바 사건과 청와대 문건 유출 사건 등 정권의 입맛에 따른 청부 수사를 한 김 후보자는 검찰 독립성 수호의 적임자가 아니다."라고 주장했다. 참여연대는 앞서 김 후보자를 포함한 4명의 검찰총장 후보 명단이 발표된 뒤, "후보 가운데 김수남 차장만큼은 검찰 권한을 오·남용한 인물로 아예 후보군에 오르지도 말았어야 한다."는 독한 논평을 내놨다.

12월 2일 취임하는 검찰총장은 박근혜 정부의 남은 임기를 함께할 뿐 아니라 2016년 총선과 2017년 대선을 치러야 하기 때문에 어느 때보다 정치적 중립이 요구됐다. 검찰총장 후보 추천위원회(위원장 김종구)는 차기 검찰총장 후보로 김수남(56·사법연수원 16기) 대검 차장 검사와 김경수(55·17기) 대구 고검장, 김희관(52·17기) 광주 고검장, 박성재(52·17기) 서울중앙지검장을 법무부 장관에게 추천했는데 참여연대는 이중에서 콕 집어 김수남은 안 된다고 했고, 김현웅 법무부 장관은 콕 집어 김수남을 박근혜 대통령에게 임명 제청한 것이다.

안 된다는 인물 임명한 심술 인사

김수남의 이력을 보면 왜 참여연대가 그를 반대했는지 이유가 명확해진다. 그는 이명박 정권 들어 정치적으로 민감한 사건을 여러 차례 맡았는데, 매번 '정권의 뜻'에 충실했다. 대표적인 게 이명박 정권 초기에 발생한 '미네르바 사건'이다. 김 차장은 당시 서울 중앙지검의 핵심 보직인 3차장을 맡아 이 수사를 지휘했다. 3차장 산하에는 강력 사건을 다루는 마약·조직범죄수사부 외에 권력형 비리를 전담하는 특수부가 있었다. 여기에 소속된 에이스 검사들을 총동원해, 유효성마저 의심스러운 전기통신기본법의 한 조항을 들고 온라인 논객을 수사했다. 하지만 이 사건은 무죄가 선고됐고, 전기통신기본법 47조 1항은 헌법재판소에서 위헌 결정이 내려졌다.

　박근혜 정부가 들어선 뒤 수원 지검장으로 이동한 그는 통합진보당 내란음모 사건을 지휘해 이석기 전 의원을 구속했다. 내란 음모 사건은 무죄가 나왔지만 이것이 헌법재판소의 통합진보당 해산 결정을 이끌어 내는 데 결정적으로 기여했다는 평가다. 그가 2013년 12월 서울 중앙지검장으로 영전한 것은 이 사건을 잘 처리한 '공로'를 인정받았기 때문이라는 말이 나왔다.

　그가 서울중앙지검장으로 영전한 이후인 2014년 6월에는 '2007년 남북정상회담 회의록' 불법 유출 사건을 수사해 온 공안1부가 새누리당 정문헌 의원을 공공기록물관리법 위반 혐의로 벌금 500만 원에 약식기소하고, 새누리당 김무성·서상기 의원, 권영세 주중 대사, 남재준 전 국가정보원장 등을 모조리 무혐의 처분하기도 했다. 또 '정윤회 국정 개입 의혹 사건' 수사를 지휘하면서 정씨의 국정 개입 의혹이 아니라 국가 문서 유출이 사건의 본질인 양 만들었다. 청와대의 뜻대로 잘 마무리했는지는 모르지만 당시 대통령 기록물 유출 혐의로 기소된 조응천 전 청와대 공직 기강 비서관은 1심에서 무죄를 선고받았다.

이밖에 언론 자유를 위협하는 과잉 수사로 국제적 망신을 초래한 〈산케이신문〉 가토 지국장에 대한 박근혜 대통령 명예 훼손 수사, 변호사의 정당한 변론 활동을 위축시키는 민변 소속 변호사들에 대한 징계 요구 등 그 누구보다 권력 눈치 보기 수사, 과잉 수사, 부실 수사로 일관한 정치 검사가 바로 김수남이다. 〈한겨레〉는 2015년 10월 31일자 "검찰총장 자리가 '청부 수사 포상용'인가"라는 제목의 사설에서 "검찰의 수사권과 기소권을 함부로 쓴 사람이 그 대가로 검찰총장까지 된다면 검찰은 '정치권력의 하수인'을 영영 면할 수 없게 된다."며 "그런 이에게선 권력형 비리를 과감히 도려낼 수 있도록 하는 바람막이 구실도, 독립적인 검찰 조직의 지휘자도 기대하기 힘들다"고 비판했다.

정권 입맛 맞추기 수사의 달인

정치 검찰 총수로서 그의 진면목은 여기서 그치지 않는다. 그가 서울 중앙지검장으로 부임하기 전, 검찰은 국정원과 언론(그리고 아마도 청와대 등)으로부터 '검난'이라 불러도 손색이 없을 만한 험한 꼴을 당했다. 채동욱 검찰총장의 개인 신상이 철저히 털린 것이다.

2013년 9월 6일 〈조선일보〉는 1면 톱으로 "채동욱 검찰총장 혼외 아들 숨겼다"는 기사를 내보냈다. 누구라도 혼외 아들이 있다고 자랑할 일이 아니고, 누구라도 그걸 알아야 할 일이 아니건만 〈조선일보〉는 채 총장이 그 사실을 '숨겼다'고 특별히 보도한 것이다. 여기에는 당연히 정치적 음모가 숨어 있었다.

채 총장은 2013년 2월 권력 이양기의 어수선한 분위기와 '강원도 별장 성 접대' 스캔들이라는 돌발 변수 덕에 검찰총장으로 임명됐다. 무엇보다 검찰 내에서 신망이 높았고 야당도 청문회에서 그에게 '적격' 판정을 내렸다. 2008년 18대 국회 이래 법사위에서 실시된 검찰총장 또는 법무부 장관 후보자 청문회에서 야당의 적격 판정은 최초의 일이다. 그는 기획통·공안통이 아닌 특수통 출신이었다.

그가 자리에 앉은 지 약 2개월 만에 국정원의 대선 개입 사건이 검찰로 넘어 왔다. 그동안 이 사건을 수사해 왔던 수서경찰서가 4월 18일, 4개월간의 수사 결과를 발표하면서 그간 혐의를 받아온 국정원 직원 2인과 일반인 공범 1인에게 국정원법 위반 혐의를 적용, 검찰에 송치한 것이다. 경찰은 당초 이들의 주요 혐의였던 공직선거법 위반 혐의를 배제하였고, 애초 국정원의 조직적 정치 개입을 염두에 두지 않음으로써 국정원 심리정보국장 등 핵심 용의자를 조사하지 않았다.

채동욱 검찰은 당일 윤석열 여주지청장을 팀장으로 하는 서울중앙지검 특별수사팀을 신속하게 구성했다. 채동욱 검찰총장은 특별수사팀에게 철저한 수사를 지시했다. 원세훈 전 국정원장 처리 문제를 두고 논란이 일자 채 총장은 검찰 간부 회의에서 "검찰 내 모든 이들은 선입견 없이 법과 원칙에 따라 처리해야 한다는 분명한 공감대를 갖고 있다. 수사팀은 정도대로 차분히 수사하라."며 수사팀에 힘을 실어줬다. 검찰 개혁과 정치 중립이 자신의 핵심 가치라는 분명한 메시지를 던진 것이다.

그럼에도 사람들은 반신반의했고, 검찰 내부에서도 원세훈에게 공직선거법 위반 혐의를 적용하기는 무리일 것이라는 의견이 많았으나, 특별수사팀은 6월 11일 원세훈 전 국정원장에게 공직선거법 위반 혐의를 적용은 하지만 그를 불구속 기소하겠다고 발표했다. 검찰이 법무부의 압박에 밀려 내놓은 절충안이었다.

원세훈에게 공직선거법 위반 혐의를 적용하지 못하도록 하고, 그를 구속시키지 않는 것은 이 사건에 대한 박근혜 정권의 마지노선이었다. 정권의 정당성이 뿌리째 흔들리기 때문이다. 수사 초기부터 수사팀에 가해졌던 박 정권의 압력은 원세훈, 김용판에 대한 기소가 다가오면서 한층 거세졌던 것으로 보인다. 6월에 접어들어 청와대는 우선 황교안 법무부 장관으로 하여금 사실상 수사 지휘권을 행사해서 검찰을 압박케 하였다. 이것은 검찰에 대한 청와대의 '공식적' 압력이었다.

다른 한편으로는 채동욱 검찰총장을 제거하기 위한 '비공식적 음모'를 6월 하순부터 은밀히 개시하였다. 청와대 민정수석실과 함께 공직자 감찰 업무와 무관한 총무비서관실, 교육문화 수석실, 고용복지 수석실, 그리고 국정원까지 나서 채 총장에 대한 불법 사찰을 진행하는 한편 그의 혼외 아들로 추정된다는 채 아무개 군 모자의 개인 정보를 무단 조회하기 시작했다. 그리고 그 결과가 9월 6일자 〈조선일보〉 1면 톱이었던 것이다. 법무부는 감찰에 들어갔고 채 총장은 결국 9월 28일 사표를 냈다.

여기서 주목할 것은 김수남 휘하의 서울 중앙지검이 2014년 5월 7일 채 전 총장을 둘러싼 여러 고소·고발 사건 수사 결과를 발표하면서 청와대가 채동욱 전 총장 주변을 조직적으로 뒷조사했다는 의혹에 대해서 무혐의 처분하고 "혼외자 의혹이 진실하거나 진실하다고 보는 것이 상당하다."고 밝힌 것이다. 채 총장에 대한 뒷조사는 고위 공직자에 대한 정당한 감찰 활동이었다는 청와대의 논리를 그대로 따른 것이다.

직전 수장까지 욕보이는 한심한 '의리'

청와대의 한 부서도 아니고 여러 부서 인물들이, 그중에는 채 전 총장의 혼외 아들 여부에 개인적으로 관심을 가질 만한 이유가 전혀 없던 인물까지 비슷한 시기, 집중적으로, 직접 개인 정보를 알아보려 했던 이유에 대해 제대로 된 설명은 없었다. 또한 혼외 아들 의혹이 진실이냐, 허구냐의 여부가 불법 뒷조사 논란에 얼마나 중요한지는 몰라도, 김수남 지검장 휘하의 서울중앙지검은 직전 총수가 혼외 아들을 두었을 가능성이 무척 크다는 사실까지 확인해 주었다. 대한민국 유일의 '조직'이라고 하기엔 너무도 의리가 없는 일이다.

채 총장을 찍어 낸 '외부 세력'은 20여일 뒤인 2013년 10월 18일 결국 특별수사팀 팀장 윤석열까지 찍어 냈고 수사팀은 공중 분해됐다. 이로써 국가 최고 권력기관이 정권 유지를 위해 대선에 개입했고 불법 선거운동을 벌인 희대의 국기 문란 사건은 유야무야될 위기에 처했다. 수사팀의 수사에 의해 국정원 심리전단이 SNS를 활용해 조직적으로 수백만 건의 트윗을 날리는 등 국정원의 노골적 대선 개입의 실체를 드러냈는데도 불구하고 수사팀이 유명무실하게 된 후 검찰은 사건 규모를 축소시키려는데 급급했다. 주범 원세훈을 구속 흉내라도 낸 것은 검찰이 아니라 항소심 재판부의 결단 덕분이었다.

윤석열 전 수사팀 팀장은 2013년 10월 21일 열린 국회 법제사법위원회 국정감사 자리에서 "국정원 사건 수사 초기부터 외압이 있었으며, 황교안 법무부 장관도 (외압에서) 무관하지 않다."고 말하고 "조영곤 서울 중앙지검장한테 (대선·정치 개입) 트윗 글을 올린 국정원 전 심리전단 직원들에 대한 압수 수색·체포 영장 청구 방침 등을 보고했는데, 조 지검장이 '야당

도와줄 일이 있냐'라면서 격노했다."고 폭로했다.

윤 전 팀장은 또 이 자리에서 "나는 조직을 사랑한다. 사람에게 충성하지 않는다."고 말했다. 그렇다면 윤석열이 배제된 지금 대한민국 검찰에는 조직을 사랑하기보다는 사람(권력자)에게 충성하는 검사들만이 득시글거리며 득세한다는 말이다. 바로 이것이 정치 검찰의 진면목이다.

김수남은 결국 2015년 12월 2일 총장에 취임했다. 취임식에서 그는 공안 역량 강화를 강조하면서 "헌법 가치를 부정하는 세력에 단호히 대처해야 한다.", "효율적 수사 체계 구축과 적극적 수사로 체제 전복 세력이 더 이상 발붙이지 못하도록 원천 봉쇄해야 한다."고 말했다. 특히 "건전한 시위 문화를 정착시켜야 한다."며 "집회·시위 현장에서 폭력을 행사하는 행위뿐만 아니라 이를 선동하고 비호하는 세력까지 철저히 수사해 불법의 악순환을 끊어야 한다."고 강조했다. 첫날부터 정치 검사 우두머리의 진면목을 과시한 것이다. 이것이 오늘 검찰의 모습이고 당분간 미래의 모습일 것이다.

국정원 특별수사팀이 해체된 이후에도 팀원들에 대한 좌천 인사가 거듭됐고 결국 부팀장 박형철 대전 고검 검사는 2016년 1월 6일 부산 고검으로 인사 발령이 난 다음 날 사표를 제출했다.

DJ "검찰, 이 나라 최대 암적 존재"

대한민국 검찰의 권한은 웬만큼 알려진 나라들 중에서는 가장 막강하다. 수사권을 직접 행사할 수도 있고, 경찰에 대한 수사 지휘권, 영장 청구권과 기소 독점권, 기소 재량권과 형 집행권 등 동서고금에 유례가 드물 정도의 권한을 행사한다. 그런 막강한 권한을 가진 대한민국 검찰은 검찰청법 제4조에 따라 '공익의 대표자'요, '국민 전체에 대한 봉사자'로서 '정치적 중립을 지키고, 권한을 남용하지' 말아야 한다. 그런데 대한민국 검찰의 이미지는 정확히 그 반대다. 막강한 권한을 시민의 자유와 인권의 보호를 위해 구사하는 것이 아니라 힘없는 피의자나 표적 수사의 사냥감에 대해서만 무자비하게 휘두른다는 것이 국민 대부분의 생각이다. '유전무죄, 무전유죄'라는 말의 연원이다.

검찰의 편파성은 특히 정치적인 사건에서 두드러진다. 독점하고 있는 수사권과 기소권을 '조자룡이 헌 칼 쓰듯' 마구 휘두르면서 '현 정권의 적'들을 무자비하게 무찔러 왔다. 살아 있는 권력에게는 '개'를 자처하면서, 죽은 권력에게는 '범'처럼 무섭다. 이 대목에서 '유전무죄, 무전유죄'란 말은 '유권 무죄, 무권유죄'로 바뀐다. 특히 민주 정부 10년을 지나고 이명박 정권 들어서 검찰은 정권의 결사 옹위를 위해 전면에 나섰다.

이승만·박정희·전두환의 정치 검찰

정치 검찰을 이용한 정권의 정적 살해는 오랜 역사가 있지만 검찰이 처음부터 권력의 전위대로 활약했던 것은 아니다. 이승만 정권 때는 (친일 악질) 경찰에 밀렸고, 박정희 정권 때는 중앙정보부에 눌렸다. 이때에는 수사 주체라기보다는 기소 수단으로서의 역할에 국한됐다. 대표적인 것이 이승만 정권 때의 조봉암 사법 살인이었고, 박정희 정권 때의 인혁당 사건이었다.

이승만 정권은 1956년 대통령 선거에서 200만 표를 넘게 얻으며 정치적 존재감을 뚜렷이 드러낸 진보당 당수 조봉암을 1958년 총선을 앞두고 전격 체포했다. 그리고 그에게 국가 변란 및 간첩 혐의를 씌워 사형시켰다. 2007년 9월, 진실·화해위원회는 조봉암 사건에 대해 "정권에 위협이 되는 야당 정치인을 제거하려고 표적 수사를 한 정치적 탄압 사건"이라고 밝혔다. 2011년 대법원은 재심에서 조봉암에 대한 무죄를 확정했다. 이승만의 검찰과 법원은 독재 권력을 비호하는 결정과 판결을 했고, 이로 인해 무고한 정치인이 죽임을 당했다. 그러나 검찰과 법원이 권력의 제물로 바친 비운의 정치인은 조봉암에서 그치지 않았다.

박정희는 쿠데타로 정권을 탈취하자마자 혁신계를 소탕한다면서 〈민족일보〉 사장 조용수를 사법 살인했다. 이후 유신 체제에 항거하는 학생들 때문에 골치를 앓던 박정희 정권은 1974년 느닷없이 '제2차 인혁당 사건'을 조작해 냈다. 검찰총장과 법무부 장관을 역임한 정보부장 신직수의 작품이었다. 김형욱은 그의 저서 『혁명과 우상』에서 "박정희와 이후락의 지령을 받은 신직수 그리고 그의 심복 이용택이 10년 전에 문제 되었다가 증거가 없어서 석방한 사람들을 다시 정부 전복 음모 혐의로 잡아넣었다."고 밝혔다. 신직수는 1974년 검사 김기춘을 불러들였고, 김기춘은 이후 79년까지 중정 대공수사국 부장, 중정 부장 비서관, 중정 대공수사국 국장 등 요직을 지냈다. 이렇게 박정희 정권 때 청와대와 중앙정보부에서 잔뼈가 굵은 김기춘은 88년 들어서는 노태우 정권에서 검찰총장, 법무부 장관 등을 지내면서 강기훈 유서 대필 사건을 조작하는 등 공안 검찰, 정치 검찰의 대부가 됐다.

1974년 7월 11일, 비상보통군법회의 재판부는 군 검찰부가 구형한 그대로 인혁당 재건위 사건 관련자 21명 중 서도원·도예종 등 8명에게는 사형, 김한덕 등 7명에게는 무기징역, 나머지 피고인 6명에게는 징역 20년을 선고했다. 이틀 뒤인 7월 13일에는 민청학련 사건 관련자 32명 중 이철·유인태 등 7명에게 사형, 7명에게 무기징역, 12명에게 징역 20년, 6명에게 징역 15년을 선고했다. 다만, 민청학련 사건 관련자들은 대부분 1975년 2월 15일 대통령 특별 조치에 의한 형집행 정지로 석방되었다. 그러나 인혁당 재건위 사건은 대법원 전원 합의체에서 상고가 기각되어 관련자 23명 중 서도원 등 8명에게 사형, 김한덕 등 7명에게는 무기징역, 나머지 피고인에게는 징역 15~20년의 중형이 확정되었다.

그리고 판결 확정 후 불과 18시간 만인 1975년 4월 9일 새벽, 8명에 대한 사형이 집행되었다. 스위스 제네바에 본부를 둔 국제법학자협회는 이날을 '사법 역사상 암흑의 날'로 선포했다. 2007년 1월 23일, 서울 중앙지법은 이들에게 무죄를 선고했다. 2013년 11월 28일, '1차 인혁당 사건'에 대한 재심에서도 무죄 판결이 나왔다. 인혁당, 민청학련 사건은 법관들이 가장 부끄러운 판결로 인정한 사건이다.

전두환 때의 대표적인 공안 사건은 80년 부림 사건과 87년 박종철 고문치사 사건이다. 이 두 사건 모두 검찰의 직접 수사로 인해 빚어진 사건은 아니었지만, 검찰은 고문 사실을 알았음에도 모른 척하고 기소를 감행해 조작 사건을 완결시키는 공범이 됐다는 점(부림 사건), 철저히 수사할 수 있었음에도 우물거리면서 검찰의 책임을 다 하지 못했다는 점(박종철 고문치사 사건)에서 비판을 면할 수 없다.

검찰이 이들 사건에서 직접 고문을 하지 않았다고 해서, 조연에 그친 것은 아니다. 검찰은 고문 사실을 알고 있었음에도 불구하고 이를 무시하거나 조장했다. 그리고 기소를 통해 유죄 판결을 받아내는 등 자신에게 요구된 역할을 충실하고도 적극적으로 다 해냈다. 이런 경우를 범죄론에서는 기능적 행위 지배를 했기 때문에 공동정범이라고 부른다. 종범이나 방조범이 아니다.

검찰의 중요 임무 중 하나는 경찰의 위법 수사를 통제하는 것이다. 따라서 검사가 경찰의 고문이나 불법 감금과 같은 위법 수사를 알았다면 먼저 수사 경찰관을 기소, 처벌해야 한다. 그리고 위법 수사를 당한 피해자를 보호하고 기소하지 말아야 한다. 그러나 이들 사건에서 검사는 그 역할을 못한 것이 아니라 하지 않았다. 자신의 역할을 하지 않고 적극적인 기소와 재판 활동을 통해 사건 조작의 주인공으로 역할을 한 것이다.

대법원은 2014년 9월 부림 사건에 대한 재심에서 사회과학 독서모임을 하던 학생과 교사, 회사원 등 22명이 영장 없이 체포되었고, 이후 63일간 불법 감금된 사실, 감금 중에 고문을 당한 사실을 인정하고 이들에 대해 무죄를 선고했다.

노태우 정권, 김기춘을 중하게 쓰다

정치 검찰이 본격적으로 두각을 나타내기 시작한 것은 나라가 형식적으로나마 민주화되기 시작한 노태우 정권 때부터다. 민주화의 물결이 검찰을 웃자라게 만든 것이다. 검찰의 막강한 힘을 파헤친 『검찰공화국, 대한민국』(김희수 등)은 검찰의 급부상을 "독재 정권의 '하위 파트너'였던 검찰은 민주화 20년을 거치며 마침내 정권과 대등한 협력 파트너로까지 성장했다."고 표현했다. 이 과정에서 '6공의 황태자'로 불렸던 검사 출신 박철언의 역할이 컸다고 한다. '기춘대원군'이 탄생할 수 있었던 배경이다.

신직수의 부하로 70년대 중앙정보부에서 뼈가 굵은 김기춘은 전두환 치하에서 찬밥을 먹었으나 1988년 노태우 정권 탄생과 함께 화려하게 부활했다. 88년 제22대 검찰총장으로 발탁된 그는 91년 법무부 장관으로 승진했다. 그는 강기훈 유서 대필 조작 사건을 꿋꿋이 밀어붙여 노태우 정권을 위기에서 구출해 낸다. 유서 대필 사건이란 당시 전민련 사회부장 김기설이 투신자살하자 검찰이 김기설의 동료 강기훈이 그의 유서를 대필해 줬다는 혐의로 강기훈을 잡아넣은 사건이다. 당시 정권의 폭정에 항의하는 학생·시민들의 분신, 투신자살이 잇따르는 바람에 정권이 큰 위기에 몰렸었는데 이 조작 사건으로 오히려 반정부 세력의 도덕성에 큰 타격을 받으면서 저항의 열기가 급격히 식었다.

검찰이 주도한 유서 대필 사건은 군과 정보기관이 퇴조한 가운데 검찰이 체제 유지의 주력부대로 자리매김하는 결정적 계기가 됐다. 이 시기를 공안을 수단으로 시민들을 탄압했던 시기라고 하여 '공안 통치 시기'라고 부른다.

정치공작 대가로서의 김기춘의 면모는 92년 12월 16일 대통령 선거를 이틀 앞두고 부산 초원복국집 지역 기관장 모임에서 지역감정 조장 발언으로 또 한 번 극적으로 드러난다. 그는 부산 시장, 검사장, 안기부 지부장, 기무부대장, 경찰청장 등이 모인 자리에서 "부산·경남 사람들, 이번에 김대중이니 정주영이니 어쩌니 하면 영도다리에서 칵 빠져 죽자."며 "잘못되면 전부 끌려 들어가야 할 판에 여당 해야지 그럼 어떻게 합니까." 등등의 망언을 내쏟았다.

중앙정보부, 노태우 정부에서 활동했던 바로 그 김기춘이 2013년 8월 5일 청와대 비서실장으로 임명됐다. 유신과 공안 통치의 부활이라 할 수 있다. 김기춘의 등장은 다른 사건에 영향을 미쳤다. 약 보름 뒤인 8월 19일 한명숙 전 총리의 2차 뇌물 사건에 대한 2심 선고가 예정되어 있었다. 그런데 선고 기일이 느닷없이 9월 16일로 약 한 달간 연기되고 말았다. 그 사이에 무슨 일이 벌어졌을까.

검찰을 제어하지 못한 민주 정부

1987년 6월 민주 항쟁 이후 검찰이 이처럼 사정 권력의 중심축이 됐다. 정권은 끊임없이 공안 사건을 이용해 위기를 탈출하려 했으며, 그 중심에는 검찰이 있었다. 그런데 1997년 헌정 사상 최초의 평화적 정권 교체가 이루어졌다. 그동안 독재 정권에 열심히 부역했던 검찰이 제자리를 잡을 수 있는 절호의 찬스였다. 확실히 민주 정부 10년 동안 공안 사건을 부풀리거나 조작하는 일은 자취를 감추었다. 정적을 탄압하는데 검찰 권력을 이용하는 일도 없어졌다.

김대중 정부 때 검찰이 행사한 정치적 고려란 현 정권의 각종 게이트를 보호하는 정도에 그쳤다. 이른바 '옷 로비 사건', '홍삼게이트' 등 막후 권력을 둘러싼 각종 부패형 게이트들이 속출했지만, 검찰은 어느 것 하나 시원한 답을 주지 못했다. 부패 의혹이 불거졌을 때 검찰은 일단 문제 자체를 부정하는 자세를 취하다가 한참 시간이 흐르고 일부 사건의 윤곽이 드러난 후에야 마지못해 수사에 착수했다. 어떤 게이트는 수사 진행 과정이 책임 있는 권력자에 의해 이해관계자에게 누설되기도 했다. 이러다 보니 수사가 마무리되어도 의혹들은 줄어들지 않고 오히려 증폭되었으며 의구심만 키웠다. 노무현 정부 들어서는 검찰을 정적 사냥에 동원하기는커녕 오히려 너무 풀어 준 나머지 '살아 있는 권력'에까지 덤벼드는 험한 꼴을 당했다. 검찰이 민주 정권과 파워게임을 할 정도가 된 것이다.

'국민의 정부'와 '참여정부' 10년은 검찰에게 이중의 의미로 다가갔다. 하나는 지금까지 과도하게 정치화·권력화되었던 검찰을 스스로 바로 잡을 수 있는 기회였다. 다른 하나는 기존의 정치 검찰, 권력 검찰을 그대로 유지하면서 정권과 대치하는 것이었다. 검찰은 전자가 아닌 후자를 택했다. 민주 정권에 대한 반감을 키우고 자신들의 울타리에 안주하면서 보복과 복수를 꿈꾸었다.

김대중·노무현 정부가 검찰 개혁에 아주 손을 놓은 것은 아니다. 검찰의 문제가 심각한 이상 개혁은 피할 수 없었다. 검찰 개혁은 사법 개혁과 함께 진행되었다. 대표적으로 민주 정부 10년 동안 구속자 수를 줄이는 노력을 했고, 실제로 구속자 수가 10만 명 정도 줄어들었다. 구속자 수의 감소는 사법 개혁과 함께 검찰 개혁의 중요한 성과이다. 구속자 수가 줄어들면 우선 시민의 인권이 증진된다. 그리고 구속에 따른 검찰의 권한도 약화된다. 다만 검찰 개혁은 다른 개혁 과제에 비하여 종합적으로 추진되지 못했고, 이론적으로도 정밀하지 못했다. 다른 개혁 과제에 비해 우선순위가 뒤처진 것도 문제였다. 국민의 정부는 IMF 극복에 집중해야 했고, 참여정부는 지역 균형 발전과 정치 개혁이 우선 과제였다.

특별검사제는 검찰에 대한 근원적인 불신에서 비롯되었으며, 그 실효성 여부를 떠나 검찰의 공정성과 신뢰성에 대한 민심의 옐로카드였다. 참여정부는 역대 어느 정권보다 검찰의 중립성과 독립성을 지키려 애썼다. 하지만 이런 노력은 값비싼 대가를 치러야 했다. 독립성의 울타리 안에서 폐쇄적인 권력 집단으로 힘을 키운 검찰이 참여정부의 등에 칼을 꽂은 것이다.

자신을 믿어 준 정권에 대한 배신의 칼날

노무현 대통령은 퇴임 후 막강한 권력 집단인 검찰에 견제 장치 없이 독립성만 보장하는 게 얼마나 위험한 도박이었는지 뼈아프게 깨달아야 했다. 선출되지도, 교체되지도 않는 권력, 그러면서도 수사권과 기소권을 독점한 검찰은 전직 대통령을 죽음으로 몰아갈 수도 있는 가공할 권력 집단이었다. 노무현은 검찰을 개혁하지 못한 회한을 자서전 『운명이다』에 남겨 놓았다.

"결국 검·경 수사권 조정도 공수처(고위 공직자 수사처) 설치도 모두 물거품이 되고 말았다. … 검찰 개혁을 제대로 추진하지 못한 가운데, 검찰은 임기 내내 청와대 참모들과 대통령의 친인척들, 후원자와 측근들을 집요하게 공격했다. 검찰의 정치적 독립을 추진한 대가로 생각하고 묵묵히 받아들였다. 그런데 정치적 독립과 정치적 중립은 다른 문제였다. 검찰 자체가 정치적으로 편향되어 있으면 정치적 독립을 보장해 주어도 정치적 중립을 지키지 않는다.

정권이 바뀌자 검찰은 정치적 중립은 물론이요, 정치적 독립마저 스스로 팽개쳐 버렸다. 검·경 수사권 조정과 공수처 설치를 밀어붙이지 못한 것이 정말 후회스러웠다. 이러한 제도 개혁을 하지 않고 검찰의 정치적 중립을 보장하려 한 것은 미련한 짓이었다. 퇴임 후 나와 동지들이 검찰에 당한 모욕과 박해는 그런 미련한 짓을 한 대가라고 생각한다."

『운명이다』(노무현재단 엮음, 유시민 정리, 돌베개, 2010.)

노무현 대통령의 비극적인 죽음 이후, 김대중 대통령도 자서전에 가슴 아픈 기록을 남겼다.

"이 나라의 최대 암적 존재는 검찰이었다. 너무나 보복적이고, 정치적이며, 지역 중심으로 뭉쳐 있었다. 개탄스러웠다. 권력에 굴종하다가 약해지면 물어뜯었다. 나라가 검찰공화국으로 전락하고 있는 것 같아 우려스러웠다."

『김대중 자서전』(김대중, 삼인, 2010.)

김대중·노무현 정권은 검찰의 중립성과 독립성을 보장하면서 동시에 강력한 민주적·시민적 통제 장치를 마련했어야 했다. 그러지 못한 상태에서 이명박 정권이 들어섰고 고삐 풀린 대한민국 검찰은 무소불위의 괴물로 변해갔다.

2장_
이명박근혜 정권의 이빨과 발톱

언론 자유 싫어하는 검찰

민주 정부 10년간 오히려 '살아 있는 권력'을 괴롭히면서 존재감을 키웠던 검찰은 이명박 정부가 들어선 뒤 다시 과거로 돌아갔다. 아무런 반성과 고민 없이 그냥 그대로 돌아갔다. 가깝게는 '정권의 보위대' 역할을 했던 노태우 시절로 돌아갔고, 멀리 보면 법 인식 수준에서 일본 군국주의 시대로 돌아갔다. '검사 동일체' 원칙을 '검찰-정권 동일체' 수준으로 확장하는 데는 성공했지만 그만큼 국민과의 거리는 멀어졌다.

아산정책연구원의 국가기관 신뢰도 조사에 따르면 검찰은 2013년과 2014년 연속 꼴찌에서 두 번째인 10위에 그쳤다. 국민들은 국회의원 다음으로 검찰을 불신한다는 얘기다. '법질서'를 부르짖으며 주권자인 국민을 윽박지르고, 정권의 하명을 받아 표적 수사를 벌이는 '사정 하청업자'에 대한 당연한 평가다. '사정 하청업자'가 갖추고 있는 가장 큰 특징은 너무도 불공정하고 지극히 편파적이라는 것이다.

예를 들어 보자. 사람들은 간혹 교통 법규를 어기고 경찰에 적발될 경우 "왜 나만 잡는가?"라며 억울하게 생각한다. 하지만 경찰이 모든 교통 법규 위반을 적발할 수는 없기 때문에 그 같은 생각은 옳지 않다. 하지만 경찰이 특정한 사람만 쫓아다니면서 딱지를 뗀다든가, 분명히 위반을 하지 않았는데도 딱지를 뗀다든가, 어딘가 숨어 있다가 갑자기 튀어 나와 차를 세운다든가 하면 당하는 사람은 억울할 수밖에 없다. 하소연할 데조차 없으면 더더욱 억울할 것이다. 표적 수사·기획 수사·함정 수사가 바로 그런 것이다. 정치 검찰의 행태는 더욱 심하다.

이명박 정권 들어서자마자 인터넷 논객 미네르바, MBC〈PD수첩〉, 조중동 광고주 불매 운동, 촛불 집회 참가자들에 대한 무리한 수사와 기소가 잇따랐다. 국가보안법과 공안 사건이 부활했고, 용산 참사 등 권력이 연루된 사건에 대한 부실·편파 수사 논란이 끊이지 않았다. 노무현 전 대통령, 한명숙 전 총리, 정연주 전 KBS 사장 등 전 정권 인물들에 대한 기획 수사, 곽노현 등 진보 교육감들에 대한 표적 수사가 이루어졌다. 검찰을 통한 정치 보복과 탄압이 일상화된 것이다.

미네르바와 〈PD수첩〉에 대한 공격

2008년 7월부터 아고라 경제 토론방에 미네르바라는 필명의 글이 연재되었다. 미네르바의 예측은 계속 현실과 맞아떨어졌고, 누리꾼들의 큰 관심을 모았다. 서울 중앙지검 마약조직범죄수사부는 2009년 1월 7일, 미네르바(박대성)를 전기통신기본법 제47조 1항을 적용, 인터넷을 통한 허위 사실 유포 혐의로 긴급 체포해 구속영장을 청구했다. 구속 상태에서 재판이 진행됐고 검찰은 "(미네르바가) 실제로 국가와 국민에게 끼친 해악이 있다."며 징역 1년6개월을 구형했다. 그러나 4월 20일, 서울 중앙지법 형사5단독 유영현 판사는 무죄를 선고했다.

　무죄를 받은 미네르바는 전기통신기본법 제47조 1항에 대한 헌법소원을 제기했다. 헌법재판소는 이 사건에 대해 2010년 12월 28일 위헌 판결을 내렸다. 언론의 자유를 지나치게 침해한다는 것이 이유였다. 캐나다는 이미 1992년 연방 대법원이 허위 보도를 형사 처분하는 자유민주주의 국가는 어디에도 없다고 지적하며 허위사실유포죄에 대해 위헌 판정을 내렸다. 이로써 경제 혼란을 우려해서가 아니라 인터넷에서의 활발한 여론 조성 기능에 재갈을 물리고 '표현의 자유'를 억압하려던 검찰의 시도는 일단 무너졌다.

　그러나 검찰의 시도가 완전히 실패한 것은 아니다. 비록 미네르바는 무죄를 받았고, 그를 잡아넣으려던 법조항이 위헌 판결까지 받았지만 이 사건 이후 인터넷 공간의 의견과 사상 표현은 눈에 띠게 위축되었다. 법원의 무죄 판결로 검찰의 체면이 깎였지만, 검찰은 이미 소기의 목적을 달성한 것이다. 언론의 대서특필로 미네르바에게는 이미 '뭔가 잘못을 저지른 범죄자'의 딱지가 붙었다. 일반인들은 "잘못하면 나도 미네르바처럼 법정에 설 수도 있겠구나."라는 두려움을 갖게 되었다. 정권에 비판적인 사람들에게 재갈을 물린 것이다. 결국 검찰은 자유민주주의의 기초를 파괴하는 용역업자로 정권의 요구에 부응한 셈이다.

　이명박 정권이 출범한 지 채 두 달도 안 됐을 때 미국과 쇠고기 2차 협상이 타결됐다. 타결안에는 어느 국가도 허용하지 않는, 광우병 발생이 잦은 30개월 이상의 쇠고기에 대한 연령 제한 해제 및 검역에서 광우병이 발견돼도 수입을 중단할 수 없다는 내용이 포함되어 있었다. 국민의 분노가 터졌다. MBC〈PD수첩〉이 미국산 쇠고기의 위험성을 다룬 '긴급 취재, 미국산 쇠고기, 과연 광우병에서 안전한가'를 내보냈다. 정부에서는 전면 개방에 따른 미국산 쇠고기 안전성을 강조하는 기자회견을 하는 등 대응했으나 별다른 안

전 조치를 내놓지 못했다. 수입 쇠고기의 안정성 문제로 촉발된 촛불 시위는 이명박 정부의 국정 전반에 대한 비판과 퇴진 요구로까지 이어졌다.

궁지에 몰린 이명박은 처음 반성하는 듯했으나 곧 대대적인 '보복'에 나섰다. 미국산 쇠고기 수입을 찬성하는 보수 언론에 대한 광고주 압박 운동을 벌이던 네티즌은 사법 처리 대상이 됐다. 위헌 판정을 받은 명박산성은 경찰 버스로 진화했다. 〈PD수첩〉은 광우병 괴담의 진원지로 지목됐다. 〈PD수첩〉에 대한 수사는 이듬해 2월 미국산 쇠고기 수입업자 6명이 〈PD수첩〉에 대한 업무방해 진정서를 제출하고 3월 농림수산부 전 장관 정운천과 협상 책임자 민동석이 명예훼손 고소장을 제출하면서 본격적으로 시작됐다. 4월에는 제작진을 체포하기까지 했다.

제작진을 체포한 부서는 그 전 해에 원래 수사를 맡았던 특별 전담 수사팀이 아니라 서울지검 형사6부였다. 언론 보도에 따르면 특별 전담 수사팀 임수빈 부장 검사가 '기소 불가' 의견으로 검찰 수뇌부와 갈등을 빚은 끝에 사표를 제출하자 사건이 형사6부에 재배당됐고 뒤이어 정운천 등의 고소, 쇠고기 수입업자들의 업무방해 고소 등이 있었다는 것이다.

정부의 정책을 비판한 언론에 대해, 특정 공직자의 명예를 훼손했다는 혐의를 걸면서 시작된 재판은 2010년 1월 20일, 1심에서 무죄 판결을 받았다. 2010년 12월 2일 2심도 무죄, 2011년 9월 2일 대법원도 무죄를 확정했다.

조능희 PD는 이 사건으로 이명박 정권의 언론 탄압을 온 몸으로 겪었다. 그는 2심 무죄가 확정된 후 한 토론회에서, "참여정부 때는 〈PD수첩〉 보도에 대해 노무현 대통령이 PD와 토론하자고 했는데 이명박 정부에서는 소송으로 핍박하고 있다."며 이명박 정권의 속성을 날카롭게 비판했다.

김형태 변호사와 함께 이 재판을 맡았던 김영진 변호사는 "(무죄) 결론에 대해 검찰은 실망하고 긴장했을까? 아닐 것이다. 무죄라는 결론은 검찰의 예상 범위 안에 있었을 것이다. 그럼에도 불구하고 검찰은 기소했다. 무죄가 선고되더라도 그들은 잃을 것이 없었다."면서 "이명박 정권 시절 언론 장악 기도와 언론 탄압은 노골적으로 자행됐고, 권력에 대한 감시와 비판 보도가 현저히 축소됐음은 주지의 사실이다. 흠결 없는 방송에 대한 압박감과 자기검열이 언론인에게 내면화되면 시사 고발정신은 위축될 수밖에 없다는 것을 이 사건은 극명히 보여 주었다. 무죄 판결에도 불구하고 검찰은 소기의 목적을 충분히 달성했다."고 결론 맺었다.

정연주 KBS 사장 배임 혐의

이명박 정권은 출범하자마자 KBS 정연주 사장을 쫓아내기 위해 총력전을 펼쳤다. KBS에 대한 감사원 특별 감사를 시작으로 KBS 이사진을 친정부적인 인물들로 바꾸고, 이사장까지 바꾸고, 감사원이 정 사장 해임 제청을 요구하고, KBS 이사회가 이를 받아 정 사장 해임을 제청하고, 드디어 2008년 8월 11일 대통령 이명박이 해임안에 서명하기까지 권력기관이 총동원됐다. 그때부터는 검찰이 바통을 이어받아 정 사장에 대한 핍박에 들어갔다.

서울지검 조사부(부장검사 박은석, 주임검사 이기옥)는 8월 12일 정 사장을 배임 혐의로 체포했다. 정 사장에게 적용된 '특정 경제 범죄 가중 처벌 등에 관한 법률'(배임) 위반이란 "KBS가 국세청을 상대로 제기한 법인세 및 부가가치세 환급 소송에서 승소할 것이 확실함에도 불구하고, 정 사장이 KBS 사장 연임을 노리고 조정을 받아들임으로써 회사에 1,892억 원의 손해를 끼쳤다."는 것이다. 당연히 국가에는 그만큼의 이익이 돌아간 것이다.

정연주 사장 사건은 한참 전인 5월 14일 KBS 전 직원 조 아무개의 고발로 시작된 것이다. 검찰은 이례적으로 신속히 수사를 하여 5월이 다 가기도 전에 고발인 조사, 승소할 경우 2.5%의 성공 보수를 받기로 약정한 경 아무개 변호사로부터 참고인 진술, 소송 자료 확보를 위한 영등포 세무서 압수수색까지 끝냈다.

검찰은 이 사건에서 쟁점이 된 세무 소송에서 KBS의 승소가 확실했다고 주장했다. 하지만 그때까지 국세청과 KBS는 무려 6년 동안 17건의 세무 소송을 진행하고 있었는데 그 중 KBS 승소는 9건, 패소는 7건이었다. 누가 보더라도 팽팽한 승패소 비율이다. 그리고 세금소송은 대법원 최종 판결까지 10년 이상이 걸리는 어려운 사건이다. 이 사건에서 쟁점이 된 세무 소송은 행정법원의 판사들도 같은 쟁점에 대해 의견을 달리하는 상황이었다.

이 사건에서 눈여겨보아야 할 또 다른 점은 정연주 사장의 KBS가 법원의 조정 권유를 받아들여 조정에 임했다는 점이다. 검찰의 주장대로 정연주 사장이 조정을 받아들인 것이 배임죄가 성립한다면 조정을 권유한 법관은 배임죄의 교사범이 된다. 승패가 불확실한 재판에서 법관이 화해와 조정을 권유하는 것은 당연한 행동이다. 사건을 최종적으로 끝낼 수 있으며 양 당사자의 불만을 최소화할 수 있기 때문이다. 승패가 불확실한 재판에서 당사자가 법원의 조정을 받아들이는 것도 자연스럽다. 사건을 원만하게 해결하고 다른 업무에 집중할 수 있기 때문이다.

그럼에도 검찰과 고소인만 KBS의 최종 승소를 우겼다. 객관적인 판단 기준은 없었다. 변호인들이 뒤늦게 깨달은 사실은 "검찰은 유죄 목적이 아니라 기소 자체가 목적이었다."는 것이다. 검찰은 기소를 하면서도 구속 기소를 하고 싶었다. 하지만 전현직 고위 간부들에게 물어본 결과 "법원 조정으로 이뤄진 걸 어떻게 배임으로 몰고갈 수 있으며, 구속영장을 신청한들

영장이 발부되겠느냐."는 부정적 의견이 압도적이었다고 한다.

정치적 핍박의 대상을 정해 놓고 그를 괴롭히기 위해 벌이는 재판은 당연히 소모적이었다. 한나라당과 조중동 등은 이미 정연주 사장을 희대의 파렴치범으로 만들었다. 상대를 자리에서 쫓아내는 것에 그치는 것이 아니라 상대를 인격적으로 완전히 파탄을 내야 만족하는 정치 검찰과 수구 언론의 행태는 이후 한명숙 총리 재판이나 곽노현 교육감 재판 때도 반복된다.

정연주 사장에 대한 재판은 1심 무죄(2009년 8월 18일), 2심 무죄(2010년 10월 28일), 3심 무죄(2012년 2월 12일)까지 무려 3년6개월이 걸렸다. 수사 기록만 6,345쪽을 남겼다. 무죄라고 모든 것이 가뿐하게 마무리 되는 게 아니다. 정연주 사장은 재판 후 이렇게 말한다.

"도무지 말도 되지 않는 재판 과정 자체가 고문과 가해의 연속이었고 … 그게 조작된 정치 사건의 재판 전후에서 느끼는 피고들의 공통된 심정일 겁니다. 특히 재판이 진행되는 동안 … 재판 준비에 온갖 에너지와 시간을 다 쏟다 보면 현실적으로 다른 일은 아무것도 할 수 없습니다. 그런 면에서 보면 정치 검찰의 목적은 이미 달성된 것으로 볼 수 있습니다. 재판 자체가 지독한 고문이고 가해행위입니다. … 정치 검찰을 뿌리 뽑아야 합니다. 정치 검찰로 인해 인격이 살해당하고, 정신적으로 피폐해지고, 생활이 다 망가지는 경우를 지금도 주변에서 수없이 보고 있습니다. 그리고 정치 검찰이 던져 주는 먹이를 받아먹으며 인격 살해와 고문, 가해 행위에 적극 가담하는 언론을 심판하는 것도 중요한 일입니다. … 재판 전 정치 검찰이 던져 주는 먹이만 받아먹고, 재판 과정에는 도무지 관심조차 없고, 무죄 판결이 나와도 아예 무시하거나 왜곡해 버리는 이런 행태들 … 정치 검찰과 언론은 일심동체입니다."

정적 제거의 선봉장

칼도 되고, 방패도 되는 신기한 무기

정적에 대한 탄압에는 칼의 역할을 하는 검찰이, 정권에 불리한 사건에 대해서는 기꺼이 방패가 돼 준다. 검찰은 삼성 그룹이 명절 때마다 1,000만 원에서 500만 원의 떡값을 뿌리며 검찰 인맥을 관리했다는 충격적인 내용들을 담은 '삼성 X파일 사건'에서 '독수독과론'을 내세워 돈을 준 삼성과 돈을 받은 정치인, 검사들을 방어하는 데 총력을 기울였다. 오히려 X파일 사건을 보도한 이상호 기자와, X파일에 등장한 검사들의 실명을 인터넷에 공개한 노회찬 전 의원에 대한 수사에는 적극적이었다. 전형적인 편파 수사다.

2009년 2월 1심(조한창 부장판사)에서 징역 6월 집행유예 2년, 자격정지 1년을 선고받은 노회찬 의원은 2009년 12월 4일 항소심(이민영 부장판사)에서는 무죄가 선고됐다. 하지만 상고심에서 결국 의원직 상실형을 받았다. 유죄 확정 판결 직후 국회에서 기자회견을 연 노회찬은 대법원 판결에 대해 "뇌물을 줄 것을 지시한 재벌 그룹 회장, 뇌물 수수를 모의한 간부, 뇌물을 전달한 사람, 뇌물을 받은 떡값 검사들은 모두 피해자이고 이에 대한 수사를 촉구한 나는 의원직을 상실할 만한 죄를 저지른 가해자라는 판결"이라고 비판했다. 그는 "폐암 환자를 수술한다더니 암 걸린 폐는 그냥 두고 멀쩡한 위를 들어낸 의료 사고와 무엇이 다르냐?"고 반문했다.

그가 지적한 대로 이 사건 수사와 재판은 대한민국 검찰과 법원이 정권과 삼성에 대한 반대자들에게 얼마나 가혹한지를 명백히 보여 주는 케이스였다. 동시에 검찰이 자기 조직 보호를 위해서라면 어떠한 무리수라도 둘 수 있음을 보여 준 사건이었다. X파일 수사를 통해 한국 사회는 비대해질 대로 비대해진 삼성 권력과 검찰 권력은 더욱 무소불위로 전횡을 일삼게 될 위험이 커졌다. 2005년 당시 X파일 사건 수사팀을 진두지휘한 황교안은 박근혜 정부에서 법무부 장관이 되었고 통합진보당 해산 사건을 거쳐 국무총리가 됐다.

손도 안 댄 '성완종 리스트'

A4 용지 8분의 1 크기 종이에 김기춘·허태열 전 대통령 비서실장, 이병기 현 비서실장 외에 '유정복 3억, 홍문종 2억, 홍준표 1억, 부산시장 2억' 등과 이완구 국무총리의 이름도 적힌 메모지를 남기고 2015년 4월 9일 자살한 성완종의 리스트에 대한 수사도 제대로 이루어지지 않았다. 그는 〈경향신문〉과 인터뷰에서 "김기춘 전 비서실장에게 10만 달러, 허태열 전 비서실장에게 7억 원을 줬다."는 등의 사실도 밝혔다. 유엔 사무총장 반기문의 이름도 튀어나왔다.

그러나 검찰은 수사에 적극적으로 나서지 않았다. 홍준표는 워낙 분명한 증인이 있고, 이완구 역시 정황 증거가 구체적이어서 수사를 하는 척했지만 더 많은 돈을 받은 혐의가 있는 다른 친박 거물들은 기소는커녕 수사다운 수사조차 하지 않았다. 이완구만이 워낙 거센 여론의 질타에 밀려 총리 자리에서 물러났을 뿐 선출직 홍준표는 굳세게 자리를 지키고 있다.

특별수사팀은 이완구·홍준표 두 사람을 재판에 넘기며 '중간 수사 결과' 발표를 했다. 당시 성완종 전 경남기업 회장의 리스트에는 등장하지 않지만 새누리당 이인제와 새정치민주연합 김한길 두 현역 의원의 금품 수수 의혹을 뒤늦게 제기했다. 명백히 리스트에 올라 있는 인물들은 그대로 두고 엉뚱한 인물들을 용의선상에 올린 해괴한 일이 벌어진 것이다.

그러나 중간 수사 발표 이후에도 두 사람에 대한 수사 역시 전혀 진척이 없다. 특별수사팀이 중간 수사 결과 발표를 기점으로 사실상 해체되면서 수사 동력이 떨어졌다. 아니 애초부터 수사 동력이란 것이 존재하지 않았다. 이들 모두가 시퍼렇게 살아있는 권력이기 때문이다.

반면, 검찰은 리스트에 이름도 없던 노건평을 소환했다. 금품 수수 정황이 발견되었다는 이유였지만, 알 만한 사람들은 '노무현 흠집 내기'로 물타기하려는 수법임을 알아챘다. 검찰은 "금품 수수 정황을 발견했으나 공소시효가 지나 수사하지 않는다."고 했지만 무슨 정황을 발견했는지 궁금하지도 않다. 노건평을 불러내고 입건조차 못한 것이 한두 번이 아니기 때문이다.

민간인 사찰 사건 피해자에 대한 핍박

김종익 씨는 2008년 촛불 시위가 한창일 때 공권력의 불법 사찰을 받았다.

'영포회'를 중심으로 한 청와대 권력 실세들이 국무총리실에 '공직윤리 지원관실'이란 이름만 그럴듯한 조직을 만들어 공직 사회를 불법 사찰하고, 인사에 부당 개입하는 등 공권력을 사적으로 이용했다. 30년간 은행원으로 근무했던 김 씨는, 사찰을 받을 당시 (주)KB한마음이란 회사의 대표로 민간인 신분이었음에도 이들은 사찰을 자행했다.

그가 자신이 사찰을 받고 있다는 사실을 처음 안 것은 2008년 9월경 후배를 통해서였다. 공포에 사로잡힌 그는 알만한 법조인과 정치인들을 수소문해 가며 방어에 나섰으나 속수무책이었다. 심지어는 일본으로 망명까지 했다. 집을 나서는데 딸이 "절대 가면 안 된다."며 품에 안겨 울었다. 일본에 있는 그에게 계속 좋지 않은 소식이 들려 왔다. 총리실 직원들이 회사를 찾아와 장부를 모두 압수해 갔다는 소식, 무조건 주식을 다 내놓고 회사와 인연을 다 끊어야 한다는 협박성 전갈 등. 그는 결국 일본에서 돌아왔지만 그렇게 며칠 사이에 평생을 통해 일구었던 모든 재산과 친구들을 잃었다.

김종익 씨는 분명히 불법적인 공권력의 피해자였다. 그런데 검찰과 경찰 등 또 다른 공권력은 그를 보호하지 않고 오히려 처벌하려 들었다. 촛불 시위로 인해 눈이 뒤집힌 이명박 청와대가 시위 배후 세력을 찾는다면서 이곳저곳을 들쑤시다가 김종익 씨를 참여정부의 유력한 정치인이었던 이광재 전 강원도지사와 동향이라는 이유로 '유력 용의자'로 지목하면서 사찰이 시작됐다. 그는 직원 700명이 넘는 회사를 경영하면서 회사 내부에 '사내 인문대학'을 운영하였고, 역사문제연구소 운영위원으로 참여했으며, 여러 진보 단체에 후원금을 낸 인물이었다. 그를 음성적으로 사찰하던 '공직윤리 지원관실'은, 그가 자신의 블로그에 이명박 정권의 정책을 비판하는 '쥐코'라는 동영상을 게재한 것을 빌미로 공개적 수사에 나섰다.

경찰과 검찰은 일본에서 귀국한 그를 소환했다. 그런데 국무총리실 '공직윤리 지원관실'의 불법 사찰에 대해 수사를 하는 것이 아니라 그가 노사모 회원인지, 이광재와 알고 지내는 사이인지, 촛불 집회에 자금을 제공했는지에 대해서만 집중적으로 조사했다. 그리고 동영상을 블로그에 올려 대통령의 명예를 훼손했다는 이유로 그에게 기소유예 처분을 내렸다. 처벌은 하지 않겠지만 죄는 있다는 의미다.

나중에 확인한 검찰 수사 기록 맨 앞 페이지에는 국무총리실장이 경찰청장도 아닌 경찰서장에게 김종익 씨를 엄벌할 것을 지시하는 공문이 붙어 있었다. 뿐만 아니라 동영상이 올라와 있는 블로그에 대한 상세한 설명, 촛불 집회와 관련 있는 노사모 회원이니 자금 출처를 파악하기 위해 유관 기관의 협조를 받아야 한다는 것, 앞으로도 총리실은 김종익의 횡령 혐의 등을 찾아내기 위해 이러저러한 조사를 해야 한다는 것 등이 쓰여 있었다. 검찰은 시민의 인권을 지키기 위한 조직이 아니라 정치권력과 짜고 인권을 억압하는 기관이었던 것이다.

이 같은 민간인 불법 사찰 사건은 2010년 6월 29일 MBC 〈PD수첩〉이 "이 정부는 왜 나를 사찰했나?" 편을 방영하면서 세상에 드러났다. 진실은 〈PD수첩〉을 통하여 알려졌고 민간인을 사찰한 공무원에 대한 수사는 피할 수 없게 되었다. 검찰은 민간인 사찰 공무원에 대하여 수사에 착수했고, 그해 11월 15일과 22일 관련자 7명에 대한 1심 판결이 났다. 2012년 3월 장진수 전 주무관의 폭로로 2차 수사가 시작돼 10월 17일 1심 판결이 났다.

하지만 검찰이 김종익 씨를 잊은 것은 아니었다. 검찰은 사찰의 피해자로서 보호해야 할 대상이 아니라 정권의 반대자로서 처벌해야 할 대상자로서 김종익 씨를 여전히 기억하고 있었다. 검찰은 2011년 5월 18일 김종익 씨를 횡령 혐의로 불구속 기소했다.

검찰은 조전혁 한나라당 의원 등 정치권의 수사 의뢰를 받고 김종익 씨의 주변을 결혼 축하금까지 싹 뒤져 그가 8,750만 원을 횡령했다는 혐의를 밝혀내고 기소한 것이다. 김종익 씨를 변호한 최강욱 변호사는 "국가가 힘 없는 시민에게 얼마나 잔인할 수 있는지, 정치적으로 뭔가 자신들 이해관계의 반대되는 방향에 있다고 해서 이렇게 해도 되는 건지, 간절하게 물어보고 싶다. 왜 이런 짓을 하는지. 명백한 공소권 남용이라고 생각한다."며 분통을 터뜨렸다.

김종익 씨는 결국 2011년 12월 13일 1심에서 일부 횡령 혐의가 유죄로 인정돼 벌금 500만원을, 2012년 5월 3일 2심에서는 벌금 700만원을 선고받았다. 항소심 재판부는 "김 전 대표가 민간인 불법사찰의 피해자인 것은 맞다."면서도 "횡령 혐의 수사는 현 정권을 비판한 글을 올린 김 전 대표에 대한 악의적 목적으로 시작된 것이라 보기 어렵다."고 말했다. 권력이 과도하게 검찰에 집중되어 있고 이에 대한 견제 장치가 없다는 점을 보여 주는 사례이다.

교육·법조계 주요 표적되다

민주 진보 교육감 탄압

한국 사회 각 분야가 보수 쪽으로 크게 기울어져 있다는 사실은 잘 알려져 있다. 이렇게 기울어진 운동장임에도 민주 진보 인사가 당선되고 왕성하게 활동하는 분야가 있다. 놀라운 일이지만 교육 분야이다. 교육감 선거만 하면 진보 교육감이 대거 당선된다. 지자체 단체장은 보수 인사가 당선되어도 교육감은 민주 진보 인사가 당선된다. 민주 진보 진영의 입장에서 그나마 숨통이 트이는 희소식이 아닐 수 없다. 반면 보수 진영으로서는 대단히 불유쾌하고 우려스러운 사태이다. 민주 진보 교육감을 탄압하고 쫓아내는 임무야말로 정치 검찰의 최우선 순위에 놓여 있을 법하다.

가장 집중적인 탄압을 받은 사람은 김상곤 전 경기 교육감이다. 교육부가 김 교육감과 다툴 때 검찰은 늘 교육부에 기꺼이 힘을 빌려줬다. 그는 2009년 4월 당선 이후 줄곧 교육부와 법정 다툼을 벌여왔다. 2014년 2월 27일 마지막 재판 때까지 11번 싸웠고 8승 3패를 기록했다.

2009년에는 정부를 비판하는 시국선언을 주도한 전국교직원노동조합 집행부 88명을 검찰에 고발한 교육부가 전국 16개 시·도교육청에 중징계를 요청했는데 경기 교육청만 유일하게 징계를 보류했다. 교육부는 그에게 직무 이행 명령을 내리고, 또 그를 직무 유기로 검찰에 고발했다. 하지만 법원은 그의 직무 유기 혐의에 무죄를 선고한다. 2010년 7월 1심부터 2011년 1월 2심, 2013년 6월 대법원까지 판단은 동일했다.

2010년 12월 교육부와 검찰이 작심하고 그를 지방교육자치법 위반으로 기소했다. 1년 전 경기교육 장학재단을 출연하면서 도교육청 예산을 쓰고, 그해 12월에는 재단 설립자 자격으로 장학 증서를 교부하는 등 장학금을 불법 지급했다는 혐의였다. 검찰은 교육부 의뢰로 수사를 개시, 교육청까지 압수 수색했다. 하지만 2011년 2월 1심 재판부는 "김상곤 교육감의 장학 기금 출연과 장학 증서 수여 행위는 정상적인 직무 행위"라며 무죄를 선고했다. 두 달 뒤 나온 항소심 결과도 같았다. 2013년 6월에는 시국선언을 주도한 교원들에 대한 교육기술과학부의 징계 의결 요구 명령에도 불구하고, 이를 따르지 않았다가 '직무유기' 혐의로 재판에 넘겨졌으나 역시 무죄 확정 판결을 받았다.

전주 지방검찰청도 김승환 전북 도교육감이 시국선언을 주도한 전교조 교사의 징계를 대법원 판결 뒤로 미룬 것에 대해 직무 유기 혐의로 불구속 기소했다. 같은 혐의인 김상곤 교육감에 대해 1, 2심 모두 무죄 판결이 나왔는데도 그랬다. 김 교육감은 "국민의 권리를 제한하는 국가권력의 행사, 특히 형벌권이나 징계권의 행사는 엄격하게 제한되어야 한다."며 "검찰과 정권은 시국선언 교사에 대해 징계를 하는 일이 왜 그렇게도 조급하게 서둘러야 할 일이라고 생각하는지 궁금하다."고 의구심을 나타냈다.

검찰은 2012년 선거 비용 과다 계상 의혹을 제기하며 장휘국 광주광역시 교육감과 장만채 전남 도교육감을 5개월 동안이나 '먼지 털듯' 털었다. 소환 조사는 물론이고 압수 수색까지 벌였지만 수사의 끝은 입건 유예였다. 그동안 장휘국·장만채 대책위를 꾸려왔던 시민사회는 "시도민의 압도적 지지로 당선된 진보 교육감을 욕보인 검찰은 사과하라."고 촉구했다. 이들은 그동안 줄기차게 "기소 대상조차 되지 않을 두 진보 교육감을 검찰이 정치적으로 욕보이기 위해 무리한 수사를 하고 있다."고 비판해 왔다.

하지만 검찰은 오히려 한 발 더 나간다. 광주 지방검찰청 순천지청은 2012년 5월 10일 수천만 원의 뇌물과 횡령 등의 혐의('특정 범죄 가중 처벌 등에 관한 법률' 위반)로 장만채 전남도 교육감을 구속 기소했다. 그러나 장 교육감은 2014년 2월 항소심에서 정치자금법 위반 등 대부분 혐의에 대해 무죄 판결을 받고 일부 업무상 횡령죄만 인정돼 벌금 200만 원으로 감형됐다. 구속까지 시키고 1심에서 징역 6년을 구형한 검찰은 도대체 무엇을 수사한 것일까.

정치 검찰에 제대로 걸린 이는 곽노현 전 서울시 교육감이다. 곽 교육감은 2010년 6월 2일 실시된 선거 때 후보 단일화 결과 사퇴한 박 아무개 교수에게 2011년 2~4월에 걸쳐 2억 원을 건넨 혐의로 구속 기소됐다. 검찰은 곽 교육감이 선거 전에 박 아무개 교수에게 후보 사퇴 대가로 돈과 자리 제공을 약속하거나 최소한 알고 있었다는 주장이었고, 곽 교육감은 전혀 모르고 있다가 당선 후 4개월여가 지났을 때에야 비로소 자신의 캠프 인사가 박 아무개 후보와 그런 약속을 했다는 사실을 알았다고 주장했다. 결국 곽 교육감은 1심(김형두 부장판사)에서 벌금 3,000만 원, 2심(김동오 부장판사)에서 징역 1년의 실형을 선고받았다. 교육감 탄압의 유일한 개가라 할만 했다.

가장 최근 검찰로부터 곤욕을 치른 이는 조희연 서울시 교육감이다. 검찰은 그가 2014년 5월 교육감 선거에서 상대 후보 고승덕의 미국 영주권 의혹을 제기했다며 '지방교육 자치에 관한 법률' 중 허위 사실 공표 혐의로 기소했다. 이 사안은 이미 중앙선관위가 주의·경고하고, 경찰이 무혐의로 결론을 낸 사안이었는데 검찰이 공소시효를 하루 남기고 전격 기소한 것이다. 대부분의 경우처럼 극우 단체의 고발을 핑계 삼은 것이다. 조 교육감은 2015년 4월 국민 참여 재판으로 열린 1심(심규홍 부장판사)에서 당선 무효형인 벌금 5백만 원 선고를 받았으나 9월 4일 2심(김상환 부장판사)에서 선고유예 판결을 받아 기사회생했다. 그러나 여기가 끝이 아니었다. 검찰은 10월 7일 당연히 대법원에 상고했고 대법원은 10월 27일 사건을 대법원 3부 김신 대법관에게 할당했다.

민변은 때리고 고영주는 눈 감고

검찰의 탄압은 심지어 같은 법률가에게도 향한다. 법의 정의가 무너진 한국 사회에서 기본적 인권의 옹호와 민주주의의 발전에 누구보다도 헌신적으로 싸워 온 법률가들은 '민주사회를 위한 변호사 모임'(민변) 소속 변호사들이다.

사실 이들이야말로 정치 검찰에게는 '눈엣가시' 같은 존재일 것이다. 이들이 없었다면 더 노골적이고 더 편파적인 '검찰권 남용'이 가능할 터다. 손을 보긴 봐야 할 텐데 민변 소속 변호사들만큼 법률 전문가들이 따로 없다. 호시탐탐 기회만 노리고 있는데 드디어 틈이 보였다. 과거 참여정부에서 시작된 '과거사 바로세우기'에 참여했던 백승헌·김희수·김형태 변호사 등 민변의 핵심 멤버들이 불법으로 사건을 수임한 혐의가 포착된 것이다. 검찰은

'과거사 불법 수임 의혹 사건'이라고 몰아붙이지만 각 사건의 실체적 진실을 따져 보면 형평성을 잃은 검찰의 무리한 수사가 드러난다.

검찰은 2008~2010년 '진실·화해를 위한 과거사 정리위원회'(과거사위)에서 상임위원으로 활동한 뒤 관련 사건을 수임한 혐의로 김준곤 변호사를 2015년 6월 25일 구속했다. 2000~2002년 '의문사 진상규명위원회'(의문사위) 상임위원으로 활동했던 김형태 변호사와 이명춘·이인람·강석민 변호사는 불구속 기소했다. 의문사위 비상임위원이었던 백승헌 변호사도 재판에 넘기겠다고 공언했다.

서울 중앙지검 특수4부(부장검사 배종혁)는 2014년 9월부터 본격적으로 수사를 시작했다. 사건의 핵심은 과거사 사건 관련 국가 배상금 청구 소송에 참여한 변호사들이 '과거사위'나 '의문사위' 등에서 위원으로 활동하며 맡았던 사건들을 수임했다는 것이다. 특수4부는 이후 국가기록원 압수 수색과 계좌 추적 등을 진행했고, 관련자 조사도 했다. 이 과정에서 검찰은 김준곤 변호사의 구속영장을 발부 받았지만, 그보다 먼저 청구한 김형태 변호사의 체포영장 등은 번번이 기각 당했다.

제1기 의문사위 비상임위원으로 활동한 백승헌 변호사는 교도소에서 고문 등 가혹 행위를 당한 비전향 장기수들의 국가 배상금 청구 소송에 참여했다. 그런데 이 사건들은 백 변호사가 활동한 1기 의문사위에서 진상을 규명한 '대전교도소 사상 전향 공작 사건'과는 다른 사건들이다. 더구나 백 변호사는 이 사건을 수임하면서 착수금이나 성공 보수를 받은 적이 없어 경제적 이득을 취하지 않았다. 백 변호사는 "내 사건 수임은 정당한데도 검찰이 문제 삼고 있는데다 수사 정보를 언론에 유출하고 있어 나와 민변의 명예를 훼손하기 위한 악의적인 공격이라고밖에 볼 수 없다."고 항변하고 있다.

그러나 검찰은 나중에 법원에서 무죄가 나더라도 지난 10여 년간 검찰과 대립각을 세워 온 백 변호사를 끝까지 괴롭혀 보겠다는 심사가 읽힌다. 백 변호사는 2009~2013년 한명숙 전 국무총리의 5만 달러 수수 사건을 맡아 1·2·3심에서 모두 무죄를 받아냈다. 검찰로서는 치욕이 아닐 수 없다. 또 이명박 정부 시절 민변 회장이었던 백 변호사는 촛불 집회 사건, 정연주 전 KBS사장 해임 사건, 미네르바 사건 등에 대한 변호를 맡았다. 검찰의 주적인 셈이다.

반면 '고영주 케이스'가 있다. 민변에 대한 공격에 사용되는 법조항은 현행 변호사법 제31조(수임 제한) 3항 "공무원, 조정위원 또는 중재인으로서 직무상 취급한 사건의 수임을 제한한다."는 규정이다. 이를 어기면 1년 이하의 징역이나 1,000만 원 이하 벌금형으로 처벌한다. 그러나 정부위원회 활동을 이유로 검찰이 이 조항과 관련해 변호사를 처벌한 사례는 지금껏 없었다.

정확히 이 법조항에 저촉되는 혐의를 받는 인물이 MBC 대주주 역할을 하는 방송문화진흥회(방문진) 고영주 이사장이다. 검찰 출신 고영주 변호사는 법무법인 KCL 대표 변호사이자 2009년 2월~2011년 2월 교육부 산하 사학분쟁 조정위원회(사분위) 위원이었다. 그가 사분위원이던 2009~2010년 김포대 임시 이사 선임 안건을 다뤘는데 김포대 전 이사장인 전 아무개 씨가 2013년 4월 김포대 이사로 7명을 선임한 사분위 결정을 취소해 달라며 교육부를 상대로 행정소송을 냈다. 1·2·3심에서 모두 패소했는데 이 사건을 KCL이 맡았다. 특히 상고심에서는 고 변호사가 직접 변호인으로 나섰다.

성요셉 교육재단 분쟁도 마찬가지다. 2009년 10월 사분위는 이 재단의 분쟁을 심의 중이었다. 재단 쪽에서 분쟁이 끝났다고 보고해 교육부가 이사 7명과 감사 2명의 취임을 승인했는데, 과거 재단의 이사가 반발해 2011년 행정소송을 냈다. 그 원고 대리인도 KCL이었다. 그러나 검찰은 변호사법 제31조를 위반했다는 이유로 고영주 변호사나 KCL 등을 수사한 적이 없다. 앞으로 수사할 것 같지도 않다. 고영주 변호사는 보수 우익 세력의 아이콘으로 우뚝 섰기 때문이다.

3장_
정치 검찰의 '검법'

검찰은 정의와 법을 수호하는 조직이다. 범죄를 처벌함으로써 개인과 사회를 안전하게 지키고 이를 통해 정의를 지키는 역할을 한다. 불법을 척결하기 위해서는 당연히 그 자신부터 엄격히 법을 지켜야 한다. 정의는 결과의 정의만이 아니라 과정의 정의도 요구한다. 하지만 검찰, 특히 정치 검찰은 법을 수호해야 한다는 명분을 내세우고 스스로는 법을 지키지 않는 일이 비일비재다. 불법을 저지르는 정도까지 가지는 않더라도 자신의 권한을 남용해 비판을 자초하는 경우도 수두룩하다.

한명숙 전 총리를 수사하고 기소하는 과정에서 수사권 남용, 공소권 남용, 재판 진행 권한 남용 등 검찰 권한 남용의 거의 모든 사례가 등장했다. 1차 사건에서 무죄가 확실시되자 별건 수사를 했고, 수사에 착수하자마자 피의 사실을 유포해 검찰에 유리하게 여론을 이끌었을 뿐 아니라, 재판이 시작도 되기 전에 한 전 총리의 혐의를 기정사실화 했다. 이밖에 대법원 유죄 판결이 나온 후까지 한만호 씨의 위증죄에 대한 공판을 강행하고 있고, 한 총리의 벌금 추징을 위한 특별팀까지 구성했다. 공정함을 제일의 덕목으로 해야 할 국가기관이라 할 수 없을 정도의 불공정하고 부당한 행위를 반복했다. (아래 내용은 인하대학교 김인회 교수가 발표한 '검찰의 수사권 및 공소권 남용 연구-한명숙 전 총리 뇌물 수수 사건을 중심으로' 제하의 연구 논문을 참조했다)

피의 사실 공표

2015년 프로야구 삼성 라이온스 선수 세 명이 해외 원정 도박 혐의로 검찰의 수사 대상이 된 적이 있다. 프로야구 팬뿐 아니라 많은 국민들도 관심을 갖고 도박 혐의가 있는 선수가 누구인지 알고 싶어 했지만 어느 언론도 그 이름을 공개하지 않았다. 언론이 이미 취재를 마쳤음에도 불구하고 아직 공식적인 수사가 시작되지 않았으므로 보도하지 않았을 수도 있고, 검찰이 정확한 혐의 사실을 언론에 알려주지 않았기 때문일 수도 있다. 이것은 너무나 당연한 일이다. 야구 선수의 도박이 희대의 살인 사건이나 유괴 사건처럼 국민에게 시급히 알려야 할 중대한 사건이 아니기 때문이다.

하지만 정치인에 대한 수사는 그렇지 않다. 우리나라에서 정치인 수사는 수사 도중에 언론에 공표되는 현상이 이제 거의 정형화돼 있을 정도다. 정치인은 공인이고 정치인들의 범죄 혐의는 국민에게 시급히 알려야 할 필요가 있기 때문일까. 그렇지 않다. 만일 그렇다면 정치인을 합리적인 이유 없이 불이익하게 처우하는 것이 된다. 정치인에 대한 재판은 정치생명을 좌우하기 때문에 더 신중해야 한다. 야당 정치인에 대한 검찰 수사는 특정한 목표를 가지고 있으므로 언론플레이를 통한 망신주기, 혐의 사실 기정사실화를 위한 것일 공산이 크다.

한명숙 전 총리의 경우가 대표적이다. 1차 사건과 2차 사건이 똑같은 패턴을 밟았다. 1차 사건이 2009년 12월 4일 〈조선일보〉 보도를 통해 알려진 것처럼 2차 사건도 1차 사건 선고가 내려지기 하루 전에 조중동 보도를 통해 알려졌다. 이후 기소가 이루어지기 전, 수사 과정에서 한 전 총리에 대한 혐의 사실이 시시콜콜 언론에 보도됐다. 수사 과정에서는 피의자의 방어권이 충분히 보장될 수 없다. 때문에 재판 과정에 비해 공정성이나 균형이 담보되지 못한다. 따라서 수사 단계에서 피의 사실이 공개되어 언론에 보도되면 적절한 방어 수단을 갖지 못한 피의자가 유죄라는 인식을 일반인들에게 심어줄 수밖에 없다. 무죄 추정을 받을 자격이 있는 헌법적 기본권이 현저히 침해된다.

때문에 검찰이 피의 사실을 언론에 공표하는 것은 불법 행위다. 사실은 정치인 사건뿐 아니라 다른 일반 사건도 검찰이 혐의 내용을 공표하는 것은 엄연한 불법이다. 형법 제126조에 규정된 '피의 사실 공표 죄'의 범죄 행위 주체는 "검찰, 경찰 기타 범죄 수사에 관한 직무를 행하는 자 또는 이를 감독하거나 보조하는 자"이다.

하지만 언론이 특정인의 혐의 사실을 취재해서 보도하는 것은 불법이 아니다. 이 대목에서 검찰이 철저히 보안 조치를 취했는데도 언론이 취재에 성공한 것이냐, 실질적으로 검찰이 언론에 흘려 준 것이냐가 중요한데 이 둘을 구분해 내기가 사실상 불가능하다는 데에 문제가 있다.

한 전 총리도 1차 사건 당시 검사들을 '피의 사실 공표 죄'로 형사 고발하고, 국가와 〈조선일보〉를 상대로 손해배상 청구 민사소송을 제기했다. 손해배상 청구 민사소송은 1차 사건을 최초 보도한 〈조선일보〉 1면 기사만을 대상으로 한 것이다. 그러나 검찰에 있는 그 누구도 피의 사실 유포로 인한 처벌이나 징계를 받지 않았다. 수사 자체를 하지 않았을 공산이 크다. 민사소송에서도 한 전 총리 측은 당연히 이기지 못했다. 민사소송은 고소인 측에 입증책임이 있기 때문이다. 분명 검사가 피의 사실 공표 죄를 범했다는 심증은 있으나 물증이 없는 경우다.

이처럼 피의 사실 공표 혐의에 대해 제대로 된 수사는 물론 처벌도 이루어진 예가 없는 것은 이 범죄 행위가 수사기관에 속한 특수 공무원만이 저지를 수 있기 때문이다. 수사기관이 수사기관을 조사해야 하는 구조적 결함으로 인해 수사에 착수하는 것 자체가 원천적으로 어려운 것이다. 더구나 한 총리 사건과 같이 검찰이 직접 수사를 담당한 경우 이를 다른 검사가 수사할 가능성은 전무하다고 봐야 할 것이다. 피의 사실 공표 행위가 반복되는 이유가 여기에 있고 수사기관의 직무 범죄와 관련해서는 '고위공직자 비리 수사처'와 같은 독립된 수사기관이 해야 된다는 주장이 나오는 이유 또한 바로 이 때문이다.

또 하나 피의 사실 공표 행위는 수사만으로는 달성할 수 없는 다른 목적이 있는 경우에도 이루어진다. 수사가 제대로 진척되지 않는 경우 피의 사실을 공표하면 기대하지 않았던 피의자의 입장을 확인할 기회를 가질 수 있다. 피의 사실이 누설되면 피의자 입장에서는 이에 대해 적절하게 반박하고 설명할 필요성을 절실하게 느낀다. 정치 지도자의 경우는 더욱 그렇다. 이것을 통하여 검찰은 수사 방향을 잡을 수 있다.

나아가 수사기관은 피의 사실 공표를 통하여 피의자를 도덕적으로 파탄시킬 수도 있다. 수사기관이 그것을 의도한 것이냐, 아니냐의 문제는 중요치 않다. 결과적으로 피의자가 그와 같은 돌이킬 수 없는 피해를 입게 되는 것이 중요하다. 특히 피의자를 법정에 세우기가 현실적으로 곤란할 경우 검찰이 택하는 방법이다.

이것은 노무현 전 대통령 수사에서 귀가 닳도록 제기된 문제다. 피의자 입장에서는 사실을 해명하지 않을 수도 없고, 사실을 해명하면 할수록 해명해야 할 일이 많아지고 도덕적으로 상처를 입는 현상이 반복된다. 피의자의 도덕적 파탄을 목표로 삼게 되는 순간 형사소송 절차는 정치의 도구가 된다.

피의 사실 공표 죄는 엄연한 범죄 행위이며 대표적인 수사권 남용에 해당한다. 피의 사실 공표 죄는 더욱 엄격하게 적용하여야 하고 이에 대한 수사를 위해 검찰이나 경찰과 분리된 별도의 수사기관을 설립하는 방안을 적극적으로 검토하여야 한다.

표적 수사와 수사권 남용

검찰은 최고의 국가 수사기관이다. 검찰과 경찰 간의 수사권 분쟁이 계속되고 있지만 여전히 검찰이 수사를 총괄 지휘한다. 수사의 사전적 정의는 "범죄의 혐의 유무를 명백히 하여 공소의 제기와 유지 여부를 결정하기 위해 범인을 발견·확보하고 증거를 수집·보전하는 수사기관의 활동"이다.

수사는 이른바 '단서'라는 것을 수사기관이 확보하면서 시작된다. 수사가 공정하게 진행되기 위해서는 단서를 확보하는 과정에 '인위적 목적'이 개입되어서는 안 된다. 왜냐하면 수사 개시 단계에서 '인위적 목적'이 개입되면 '범죄 혐의의 유무 확인'이라는 수사 개시 본래의 목적을 유지하기 어렵기 때문이다.

쉽게 말하면 누군가를 표적으로 하여 처벌하기 위해 수사를 개시해서는 안 된다는 말이다. 이런 식의 수사 개시는 수사 과정에서 검사를 포함한 수사관들의 눈을 멀게 한다. 수사관들은 '합리적 의심'을 계속할 수 없다. 애당초 정해진 목적을 위해 목적에 부합하는 것들만 찾아보고 목적에 부합하지 않는 것은 무시해 버리게 된다. 보고 싶은 것만 보고, 듣고 싶은 것만 듣게 된다는 말이다.

이런 원칙에 비추어 보면 한 총리에 대한 수사 개시가 과연 정상적이었는지 의심스럽다. 2개의 사건이 모두 그렇다. 검찰이 한 총리의 뇌물 수수 혐의에 대한 단서를 확보한 과정부터 기이하다. 1차 사건의 제보자 곽영욱 사장은 대한통운 비자금 조성 혐의로 조사를 받고 있었다. 이 과정에서 곽 사장이 한 총리에게 뇌물을 주었다는 진술을 검찰에 하게 된다. 얼핏 문제가 없어 보인다. 실제로 문제가 없을 수도 있다. 이와 같은 검찰의 단서 확보와 수사 개시가 공정하기 위해서는 곽 사장의 진술 과정은 다음과 같아야 자연스럽다.

"검찰이 대한통운 비자금 조성 내역을 확인하고, 조성된 비자금이 흘러나간 부분을 정리한다. 그 과정에서 비자금 중 일부가 달러로 조성된 뒤 사라지는데 그 중 5만 달러의 행방이 묘연하다. 검찰이 곽 사장에게 5만 달러의 행방을 집중 추궁한다. 이에 곽 사장이 5만 달러를 한 총리에게 뇌물로 주었다고 진술한다."

그러나 불행히도 곽 사장이 한 총리에게 뇌물을 주었다고 진술하게 된 과정은 이와 같지 않다. 곽 사장이 5만 달러를 언제, 어떻게 조성했는지 검찰은 제시한 바가 없다. 그냥 원래 곽 사장이 갖고 있던 달러를 주었다는 식이었다. 즉, 한 총리와 관련해서 곽 사장을 추궁할 만한 빌미가 애당초 없던 것이다. 그렇다면, 곽 사장은 왜 한 총리에게 뇌물을 주었다고 검찰에서 진술한 것일까. 곽 사장의 법정 증언에 그 답이 숨어 있다. 검찰이 전 총리라는 특정 정치인을 목표로 처음부터 집요하게 수사를 했다는 점이 나타난다.

곽 사장은 법정에서 "검사님이 너희들 전주고등학교 나온 놈들 대라고 말씀하셨잖아요, 정치인 대라고 그랬고"라고 증언했다. 그리고 "검사님에게 조사를 … 횡령 금액이 나왔는데 … 너희 학교 2000년도에 누구누구 지원했느냐 이것을 물었다는 것이", "검사님께서 처음에 정치인들을 불으라고 해서 불었는데 그것이 시효가 오버되었다고 했습니다." 등의 증언을 했다.

이러한 증언은 처음부터 검찰의 수사가 정치인들을 타깃으로 했었을 가능성을 강하게 시사한다. 곽 사장은 검찰 조사 과정에서 한 총리에게 뇌물을 주었다는 진술을 두 번 부정한 바 있다. 처음에는 10만 달러, 다음으로 3만 달러라고 진술했다가 이를 번복하고 마지막으로 5만 달러를 주었다고 진술하게 된다. 검찰은 곽 사장의 이 마지막 진술을 바탕으로 공소를 제기한다.

 곽 사장은 검찰에서 이처럼 진술을 번복하게 된 경위에 대해, "내가 무서워서 10만 달러를 주었다고 했는데 사실이 아닙니다.", "계속 나도 생각이 안 났어요. 10만 달러를 보냈는데 그것이 한 총리에게 준 것이 아니냐고 추궁하는데 한 총리에게 안 줘놓고 제가 주었다고 할 수는 없잖아요.", "검사님이 안 되면 없어도 탁 죄를 만들잖아요."라고 법정에서 증언했다.

 이 정도면 충분하지 않은가. 상식을 가진 사람이라면 횡령액 사용처에 대한 수사가 애초부터 한 총리를 대상으로 하고 있었던 것임을 쉽게 알 수 있다. 2차 사건은 더 말할 필요도 없다. 사건 자체가 한 전 총리를 노린 '별건 수사'였기 때문이다. 1차 사건 재판이 진행되면서 다시 한 번 한 전 총리 주변을 싹싹 훑었던 검찰은 한만호라는, 한 전 총리의 지역구에서 사업을 하던 건설업자가 구속돼 있다는 사실을 발견했고, 한 사장과 연결돼 있는 법조 브로커를 통해 한 사장의 비자금을 한 전 총리와 엮을 수 있다는 계산으로 수사를 시작한 것이다. 처음부터 끝까지 한 전 총리만을 노린 것이다.

 표적 수사는 인권의 가장 기본적이고 핵심적인 부분을 침해한다. 표적 수사는 위법한 수사로 이어질 수밖에 없다. 우리나라는 검찰이 수사권과 공소권을 모두 가지고 있다. 따라서 위법한 수사는 곧 위법한 기소로 이어질 수밖에 없다. 인권을 침해한 수사를 기초로 하는, 위법한 공소 제기는 당연히 공소 기각의 대상이 되어야 한다는 생각이 과연 지나친 것일까?

강압 수사·위법 수사

 재판은 공정하고 또 적법해야 한다. 만일 피고인에게 충분한 방어의 기회를 주지 않는다면 공정한 재판이 될 수 없고, 공정한 재판이 되지 못하면 정의를 세울 수 없다. 거듭 말하지만 결과만 정의로워서는 안 된다. 과정 역시 공정하고 정의로워야 한다. 수사도 마찬가지다. 철저하게 합법적이어야 한다. 재판에서 수사의 위법이 드러나면 위법 수사를 통하여 얻은 증거는 증거로 사용해서는 안 된다.

위법의 정도가 심하면 기소 역시 취소되어야 한다. 이렇게 재판이 수사를 통제하지 않으면 수사는 과정을 무시하고 결과만을 추구해 가혹해지고 인권을 침해하기 마련이다. 이렇게 되면 범죄를 찾아내고 범죄인을 처벌한다고 하더라도 국가가 더 많은 범죄를 저지르게 된다. 국가의 범죄는 어떤 경우에도 용서될 수 없다. 국가는 시민의 자유와 권리를 지키기 위하여 존재하기 때문이다. 만일 오판을 하여 무고한 사람을 처벌한다면 돌이킬 수 없는 결과가 된다. 이런 이유로 문명국가에서는 위법 수사로 얻은 증거는 증거로 사용하지 않는다는 원칙이 확립되어 있다. 구타 등 고문으로 수집한 증거는 비록 가장 강력하고 명백하더라도 이를 인정하지 않는 것이 대표적인 예다. 그래서 "인류의 발전의 역사는 형사 절차 강화의 역사"라고도 한다.

곽영욱 전 사장은 법정에서 다음과 같은 증언을 했다. "식구들이 와서 이러다가는 죽게 생겼으니까 다 불라고 했습니다. 저도 몸이 너무 아파서 죽을 것만 같았고 세상도 안 보였고 … 묻지는 않았지만 밤 12시가 넘어서까지 면담 형식으로 계속 얘기를 했잖아요. 그러니까 제가 어떻게 할 수가 없었어요.", "정말로 몸이 아파서 그랬습니다. 몸이 아파서 … 살려고 그랬습니다. 살려 달라는 이야기가 내가 경제적으로 살려 달라는 것이 아니라 목숨을 살려 달라는 이야기였습니다."

'싹쓸이 압수 수색'과 '끝없는 대면 조사' 등 위법 수사도 문제다. 〈주간경향〉에 따르면 한명숙 전 총리에 대한 대법원의 유죄 선고 직후 법원 내부 형사 판사들 사이에서는 한 전 총리의 유죄는 별론으로 하고, 불법적인 수사에 경고하지 않은 것은 문제라는 얘기가 강하게 나왔다고 한다.

법원에서 형사 재판을 담당하는 중견 법관들이 "기록을 보면 한명숙 총리에게 정치자금을 줬다는 한만호 씨가 7개월 동안 73회 검사에게 불려갔다. 사채업자도 이렇게는 사람을 안 찾는다. 남녀가 연애를 해도 이렇게 자주는 안 만난다. 더구나 조서나 자술서 같은 기록이라도 남긴 것은 5번에 불과하다. 나머지 68회는 검사와 주먹질을 했는지, 술을 마셨는지, 편하게 잠을 잤는지 기록이 없다. 이것이 불법이 아니면, 무엇이 불법인가. 대법원은 2년 동안 무엇을 했기에 이 부분에 한 마디도 않은 것인가."라고 의문을 표시했다는 것이다.

〈주간경향〉이 입수한 한만호 씨의 2010년 검찰청 출입 기록을 보면 한 씨는 73회 검찰에 불려갔는데 기록을 보면 다음날 자정을 넘겨 돌아온 경우가 허다했다. 그런데도 5회 외에는 검찰에 가서 무엇을 했는지 아무런 내용이 없다는 것이다. 73회 부르고도 조서 기록은 5회만 남긴 것은 현행법에 비춰 봐도 불법이다. 형사소송법 제244조의 4에는 '피의자가 아닌 자를 조사할 때 조사 장소에 도착한 시각, 조사 시작과 종료 시각, 진행 경과 확인에 필요한 사항을 조서나 서면에 기록한 후 수사 기록에 편철해야 한다'고 돼 있다. 따라서 조서를 남기지 않은 검찰의 68차례 조사는 그 자체로 불법이다.

형사재판을 담당하는 한 현직 판사는 "68차례의 불법 조사 때문에 나머지 5차례 조사에서 나온 조서까지 증거 능력이 없어진다는 이론도 가능하다. 증거물은 각각 합법과 불법으로 나눠 독립적일 수 있지만 하나의 경험에서 나온 사람의 진술은 꼭 그렇지만은 않다."고 말했다. 소수의 의견이지만 한만호 씨가 법정에서 한 진술보다 검찰에서 한 진술을 믿은 대법원 판결은 전제부터 무너질 수도 있다. 검찰 진술의 증거 능력이 사라지면 재판에서 아예 쓰지를 못하기 때문이다.

대법원 관계자는 〈주간경향〉에 "검사는 바보가 아니다. 진술이 핵심인 이런 사건에서 주요 참고인을 적으로 만들 필요가 없다. 편의를 제공했다면 그것도 문제다. 검사는 참고인이 진술을 뒤집으면 그대로 존중해서 이유와 실체를 밝혀내야 한다. 유죄를 받겠다는 생각으로 진술이 바뀌지 않도록 관리하고 유지하기 위해, 아침저녁으로 사람을 부르고 새벽까지 함께 있는 것은 정당한 수사가 아니다."라고 했다는 것이다.

'피의자 소환'도 마찬가지다. 현행 형사소송법 어디에도 검사가 피의자를 소환할 권한은 없고, 출석을 요청할 수 있을 뿐인데 검찰은 한명숙 전 총리에게 소환을 요구했고 강제 연행 후 진술을 요구했다. 소환에 응하지 않거나 묵비권을 행사하면 특권 의식이라느니, 뭔가 구린 것이 있어서 말을 안 한다는 식으로 매도했다.

〈주간경향〉은 "현행 형사소송법을 보면 소환은 재판 절차에서 판사의 권한이며 검찰 수사 과정에서는 소환 권한이 없는데도, 검사들은 소환이라는 말을 쉽게 쓴다." 는 이용구 변호사의 말을 전하면서 심지어 언론도 사전적으로 '부른다'는 뜻뿐인 소환을 마치 검찰에 출석해야만 하는 것으로 왜곡해 '소환 통보' 같은 어법에도 안 맞는 표현을 쓰고 있다고 비판했다. 검사가 부르면 반드시 나가야 한다는, 식민지 시절 몸에 밴 의식을 해방 이후 없애기는커녕 '소환=출석'으로 강화시켰다는 것이다.

플리바게닝 의혹

플리바게닝(plea bargaining). 우리말로는 유죄협상제(有罪協商制)다. 당사자주의를 채택하고 있는 미국에서 주로 정착된 제도로 유죄를 인정하거나, 다른 사람에 대해 증언을 하는 대가로 검찰이 형을 낮추거나, 가벼운 죄목으로 처리하기로 거래하는 것을 말한다. 플리바게닝 제도를 통하여 얻을 수 있는 가장 큰 이익은 제한된 예산과 인력을 효율적으로 사용할 수 있다는 점이다. 미국의 실용주의적 사고방식이 보이는 제도이다. 하지만 우리 법제는 플리바게닝을 인정하지 않는다. 정의를 거래하는 문제가 있기 때문이다. 그리고 사실인정과 재판을 법관이 아닌 검사가 하는 문제도 있다.

한 총리 관련 2개의 사건에서 플리바게닝 의혹이 있었다. 1차 사건에서는 곽 사장에 대해 횡령죄 기소 금액이 축소되었다거나, 증권거래법 위반 혐의에 대해 내사 종결한 것, 구속 집행 정지 상태에서 언론과 인터뷰를 하는 등 재판에 직접 영향을 미치는 행동을 했음에도 불구하고 검찰이 구속 집행 정지 기간 단축을 요구하지 않은 점 등이 플리바게닝 의혹을 낳았다. 이 사건 재판부 역시 이와 같은 생각을 갖는 것이 합당하지 않음을 판결문을 통해 지적했다.

"곽영욱의 입장에서는 지금의 궁박한 처지에서 벗어나려는 노력의 하나로서 이 사건 뇌물 공여 부분에 관하여 검사에게 협조적인 진술을 하였을 가능성도 있다고 할 것이므로, 그 신빙성에 의심이 간다."

2차 사건에서도 플리바게닝의 의혹이 있다. 한 사장은 1심 8차 공판에서 "검찰 관계자들로부터 '재판이 9, 10월이면 시작될 텐데 증언 한두 번만 잘하면 가석방시켜 줄 수 있다'는 소리(만기 석방은 이듬 해 6월)를 아주 여러 번 들었다. '석방돼서 다른 사건으로 기소되지 않도록 해주겠으며 재기하도록 도와주겠다'는 소리도 했다."고 증언했다. 2차 공판 때는 "어떡하든 한 총리를 잡으려는 검찰의 의도를 간파하고 그 음모에 충실히 봉사함으로써 검찰의 힘을 빌려 내가 억울하게 빼앗겼다고 생각하는 돈과 회사를 되찾을 수 있다고 착각했다."는 취지의 증언도 했다. '서울 시장 선거'까지 들먹이는 상황에서 검찰 수사에 협조하지 않을 경우 상당한 불이익이 발생할 것에 대한 두려움과 함께 반대급부로 돌아올 혜택에 대한 기대 때문에 검찰에서 허위 진술을 했다는 설명이었다.

여기에서 문제는 두 가지다. 검찰에서는 플리바게닝 도입을 주장하고 있지만, 현재까지 우리나라에서는 플리바게닝이 엄연히 불법이라는 점이다. 플리바게닝이 있었다면, 검찰의 불법 수사와 수사권 남용에 해당한다. 또 하나 문제는 한 총리 사건에서 플리바게닝 의혹이 있었지만 실제 플리바게닝이 있었는지 여부를 확인할 방법이 없다는 점이다. 검찰을 포함한 수사기관의 불법 행위에 대해 적정한 수사가 이루어질 수 있는 제도 마련이 필요하다.

기우제 수사

아메리카 인디언도 가뭄을 만나면 기우제(祈雨祭)를 지냈다고 한다. 그런데 인디언 기우제의 성공 확률은 100%라고 한다. 인디언들에게 특별한 능력이 있어서 그랬던 것은 아니다. 인디언들은 기우제를 한번 지내기 시작하면 비가 올 때까지 계속 했기 때문이다. 검찰의 표적 수사는 인디언 기우제와 닮았다. 유죄라는 확고한 믿음과, 처벌해야 한다는 고집만 강하다 보니, 시도 때도 없이 혐의가 입증될 때까지 계속 수사하는 것이다.

2차 사건, 2차 공판에서 핵심 증인 한만호 사장이 양심선언을 하자 검찰은 그때부터 본격적인, 더욱 가혹한 수사를 강행했다. 검찰은 한 사장의 동료 재소자들을 상대로 소환 조사를 실시했고, 구치소 면담 기록을 재검토했으며, 편지까지도 샅샅이 훑었다. 한 사장이 만기 석방되기 전에는 그의 모든 기록물을 압수했다. 그리고 끝내 그를 위증죄로 기소했다. 뿐만 아니다. 한 총리 주변 사람들에게까지 다시 광범위한 계좌 추적을 실시했다. 대학원에 다니는 한 총리 여조카의 계좌까지 털었다. 명분은 한 사장의 위증을 밝히기 위한 것이라고 했다. 한 총리는 재판이 진행되면서 자신의 주변 사람들에게 피해가 계속되는 것을 특히 못 견뎌했다. 본인이야 안 할 말로 국무총리를 한 죄로 그런다지만 다른 사람들은 무슨 죄냐는 안타까움이 너무 커 보였다.

한 총리가 다녔던 병원들을 죄다 찾아다니며 진료 기록부를 받아 가고 심지어 한 총리가 살고 있던 전셋집 집주인을 찾아가서 이것저것 꼬치꼬치 캐물었다. 재판부를 통해 항의를 하고 재판부가 주의를 줘도 통제가 되질 않았다. 심지어는 재판부가 검찰의 이와 같은 행태에 대해 주의를 주고, 검찰이 다시는 그렇게 하지 않겠다고 다짐을 한 공판이 있었던 당일에도 검찰의 추가 수사는 계속됐다. 기우제를 지내는 인디언들처럼 한 총리의 유죄를 입증할 때까지 수사하겠다는 태도였다. 수사는 기본적으로 기소 이전에 완료해야 하는 것이 상식이다. 핵심 증인의 진술 번복이 있었다는 핑계로, 그것과 직접적인 상관이 없는 수사가 재판 중에 자행되었던 것이다.

공소권 남용

공소권을 독점하고 있으니 기소를 하는 것도, 안 하는 것도 검찰 마음대로다. 한 총리 사건에 관해서 특히 문제가 되는 것은, 부실한 수사 결과를 기반으로 공소를 제기하는 것과 피의자에 대한 처벌 외에 다른 재판에 영향을 주기 위한 목적으로 공소를 제기하는 것이다.

두 번에 걸친 한 총리 기소는 모두 범죄 사실을 특정하지 않은 채 이루어졌다. 1차 사건의 경우 뇌물 전달 방법에 대한 특정이 없었다. 공소장에는 그저 막연히 "건네주었다"는 식으로 표현되어 있었다. 재판부가 검찰에 공소사실을 특정하라고 권고까지 할 정도였다. 검찰은 고심 끝에 재판부의 지적을 받아들여 "피고인 한명숙에게 건네주었다."를 "피고인 한명숙이 보는 앞에서 앉았던 의자 위에 내려놓는 방법으로 피고인 한명숙에게 건네주었다."라고 공소장을 변경했다.

2차 사건의 경우 불법 정치자금 전달 시기에 대한 특정이 없었다. 공소장에는 대략 4월 초순, 5월 초순, 9월 초순 정도로 표현되어 있었다. 3차례 불법 정치자금을 전달했는데 그 시기는 각각 10일 이내의 어떤 날이었다는 뜻이다. 20여 차례가 넘는 증인신문을 하고, 그렇게 먼지떨이 식 수사를 하고도 검찰은 어느 날 돈을 주었다는 주장을 하지 못하고 있다.

범죄 사실이 특정되지 않거나 추상적이면 피고인의 방어권이 심각하게 침해된다. 날짜가 명시되면, 해당 일자에 대해 알리바이를 제시하는 방법 등을 통해 피고인은 방어권을 행사할 수 있다. 하지만 4월 초순쯤 있었던 일이라고 해 버리면 몇 년이 지난 시기의 열흘이나 되는 날짜에 대해 알리바이를 모두 제시하는 것은 사실상 거의 불가능하다. 날짜를 특정하면 알리바이가 제시될 경우 쉽게 무죄 입증이 될 것을 우려한 검찰의 꼼수라는 의견도 있다. 실제 한만호 사장은 8차 공판에서 "돈을 전달한 날짜를 정확히 특정하지 못한 것은, 혹시 그날 한 총리가 공식 일정이 있었다는 알리바이를 입증할까 봐 우려해서다. 오전이 아니라 저녁에 전달한 것으로 한 것도 오전에 한 총리 공식 일정이 많기 때문"이라는 취지의 증언을 했다.

그는 또 "검찰은 처음 돈을 전달했다는 도로의 정확한 위치도 특정하지 못했다. 돈을 전달한 사실 자체가 없기 때문이다.", "한 총리와의 통화 횟수도 3차례, 돈 전달할 때마다 4차례, 3차례, 3차례 한 것으로 했다가 다시 3-3-2차례로 바꿨다가 결국 똑같이 3차례씩 한 것으로 결정하는 식이었다."고도 증언했다.

문제는 이런 어수룩한 검찰이 1억 원짜리 등 한 총리 여동생과 여비서 사이에 오고 간 수표들이 핵심 증거로 떠오르자 이 수표들을 주고받은 두 사람의 일일 행적을 거의 완벽하게 복원하는 실력을 보였다는 것이다. 더 큰 문제는 변호인단이 자금이 오갔다는 3차례 10여일씩에 대한 한 총리 부재 증명을 완벽하게 해냈는데도 2심 재판장은 "그렇다고 해서 돈을 받지 않았다는 증명이 될 수 없다."며 검찰의 손을 들어 준 것이다.

'위증죄' 보복

주요 증인들에 대한 검찰의 위증죄 기소 압박도 공소권 남용의 사례다. 검찰은 1차 사건에서는 총리 공관 만찬 당시 경호원이었던 증인에 대해 검찰이 위증 운운하며 추가 밤샘 조사를 실시했다. 2차 사건에서는 핵심 증인이었던 한 사장이 법정에서 진술을 번복한 것을 두고 결국 2011년 7월 재판이 진행되는 도중에 그를 위증죄로 기소했다.

한만호 사장 위증 혐의 공판은 2016년 초 현재까지도 진행 중이다. 1심 무죄를 선고받았던 한 전 총리가 항소심에서 유죄 선고가 내려진 직후인 2013년 10월을 마지막으로 2년 가까이 재판이 열리지 않았고, 재판장도 두 차례 바뀌었다. 이 재판이 한명숙 전 총리에 대한 대법원 유죄 판결이 내려진 직후 2년여 만에 재개됐다.

검찰은 한 전 총리를 기소했던 서울 중앙지검 특수1부가 직접 공판을 맡았다. 사건의 곁가지로 볼 수 있는 위증 혐의 사건 재판을 특수1부가 직접 맡는 건 드문 일이다. 검찰은 한 사장이 1심 2차 공판에서 검찰 진술을 전면 부인하는 증언을 함으로써 부실 수사, 무리한 수사를 한 것 아니냐는 비난을 받았고 결국 무죄가 나왔다. 자신을 골탕 먹인 한 사장이 괘씸한 것이다. 또한 한 총리 사건을 계속 정치적 이슈로 붙들어 매는 동시에, 한 사장에 대한 위증죄 재판을 통해 다시 한 번 한 총리에 대한 대법원의 최종 유죄 판결을 확정짓고자 하는 속셈이 있는 것으로 보인다.

재판이 진행되는 도중에 증인을 위증죄로 기소하는 것이 비단 한 총리 사건에서만 있었던 것은 아니다. 하지만 이 경우, 기본적으로 한 총리가 돈을 받은 피의 사실에 대한 진위를 다투고 있는 중에 한 사장을 위증죄로 기소했다는 것이 문제다. 재판부의 판단을 앞두고 있는 사안에 대해 행정부가 자의적인 결정 내지는 판단을 했다는 점에서 사법부의 권위를 무시하는 것이다. 3권 분립이라는 헌법적 가치에도 부합하지 않는다.

재판 과정에서 피고인 흠집 내기

재판이 진행되는 중에 증인들에 대해 위증 여부를 수사하는 것도 문제지만 검찰의 권한 남용 문제의 대표적인 사례는 혐의 사실과 별 관계가 없는 정황 증거를 과도하게 파헤치는 것이다.

1차 사건에서 검찰은 골프채 선물 여부와 제주리조트 숙박 문제에 집요하게 달라붙었다. 한 총리가 골프를 칠 수 있느냐, 없느냐 여부는 기소 사실과 직접 관련이 없고, 제주리조트 문제는 검찰이 기소한 범죄 행위가 있고 난 후에 있었던 일이었다. '과거에 발생했던 범죄 혐의'를 '미래에 일어난 사실관계'를 들어 입증하겠다는 황당한 시도였다.

2차 사건에서는 더 심했다. 사무실 임대, 정치 행사 때 차량 제공, 식사 자리 동석, 심지어는 넥타이 선물까지, 한 총리 기소 사실과 직접적인 관련이 없는 사안들을 법정에서 풀어 놓았다. 검찰은 두 사람이 돈을 주고받을 수 있는 친밀한 관계였다는 정황 증거라고 주장했지만 법정 방청객들이 보기에 모두가 언론을 통해 한 총리의 도덕성에 흠집을 내기 위한 의도로 비쳤다. 실제로 〈조선일보〉 등 수구 언론들은 재판 중에 이런 지엽말단적인 사실에 더 큰 관심을 보였을 뿐 아니라, 대법원 판결이 나온 후에도 집요하게 이런 정황 사실들을 들어 한 총리의 유죄를 강변하는 재료로 썼다.

나아가 검찰은 한 전 총리가 한방 치료를 받는 등의 움직임도 적나라하게 법정에서 공개했는데, 이는 실제 검찰이 입증하려는 혐의와 아무 관련이 없었다. 간접적인 사실들을 법정에서 공개하는 것이 완전히 불필요한 것이라고 할 수는 없다. 하지만 간접 사실 현출은 기소 사실의 입증을 위한 목적으로 최소화되어야 한다. 형사재판은 피의자에 대한 기소 사실의 진위 여부를 가리기 위한 것이다. 그럼에도 불구하고 검찰이 기소 사실의 진위와 직접적인 관련성이 없는 간접 사실들까지 법정에서 과도하게 공개하려 한다면 이는 검찰이 기소 사실 입증 이외의 다른 목적을 갖고 있는 것이 아닌가 하는 의심을 살 수밖에 없다.

사문화된 법조문 끌어내기

검찰은 또 꼭 처벌하고 싶은 대상에게는 논란의 여지가 큰 법조항을 끌어들이거나 심지어 제정된 후 한 번도 적용되지 않은 죽은 법조문을 귀신같이 찾아내 쓴다. 곽노현 전 교육감 경우가 그렇다.

곽 교육감은 진보 교육감 후보 단일화 과정에서 사퇴한 박 아무개 후보에게 2억 원을 당선 뒤에 주었다는 혐의로 실형 선고를 받고 교육감직을 내놓았다. 그에게 적용된 공직선거법 제232조 제1항 제2호(사후매수죄)는 '후보자가 되고자 하는 것을 중지하거나 사퇴 대가로 재산상의 이익이나 공사의 직을 제공하거나 제공의 의사 표시를 승낙한 자'를 처벌하도록 하고 있다.

이 법조항은 '후보 사퇴 전'에 적어도 '후보 사퇴 대가를 목적으로' 금전 제공 등의 '약속'(청약+승낙) 행위가 있어야 한다. 그러나 재판 과정에서 곽 교육감은 2010년 6월 2일 서울시 교육감 선거 당시 '선거일 전'까지 박 아무개 후보와 '후보 사퇴 대가를 목적으로' 금전 제공 '약속' 행위뿐만 아니라 금전 제공 '의사 표시'(청약) 행위를 한 바도 없음이 드러났다. 따라서 곽노현의 행위는 공선법상의 사후매수죄에 해당되지 않는다. 그럼에도 재판부는 "뒷돈 거래가 아니라고 해도 '대가 관계'가 있을 수 있다. 곽노현은 돈을 전달함에 있어 '대가 관계'에 대한 인식, 위법성의 인식이 있었다."면서 1심에서 벌금 3,000만 원, 2심에서 징역 1년을 선고했다.

검찰은 1심 판결마저도 실형이 아니라는 이유로 '봐주기 판결', '판사만 믿는 화성인 판결'이라고 반발했다. 이에 서울 중앙지법 김형연 판사는 "(검찰이) 법원의 판결이 마음에 들지 않는다 하여 법원을 마음대로 농락한다면 사법 질서를 스스로 파괴하는 행위와 다를 바 없다."고 반박하면서 "사법부 전체가 검찰의 부당한 공격에 대하여 단호히 맞서야 한다."고 강조하고, 이를 위해 재판의 독립을 위한 법관독립위원회를 설치할 것을 주장했다.

김 판사는 검찰이 법원의 판결을 비난하는 독특한 행동 양식을 갖게 된 데 대해 "대한민국을 책임질 수 있는 국가기관은 오직 그들(검찰)뿐이라고 생각하는 건지, 그래서 수사와 기소를 넘어서 재판까지 하고 싶은 건지, 그들을 견제하는 임무를 헌법으로부터 부여받은 법원마저도 조롱해도 될 만한 권력이 그들에게 있다고 믿는 건지, 아니면 그들의 말이라면 무엇이든 열심히 받아 적어 보도하는 언론의 힘을 믿는 건지"라고 말하면서 검찰의 태도를 비판했다.

그는 "재판 및 법관에 대한 내부 또는 외부의 부당한 간섭이나 공격이 있을 경우, 법관 개인이 대응할 수 있는 현실적 수단이 거의 없고, 간혹 법관 개인이 직접 대응하려 할 경우 그 심리적 부담감은 매우 무겁다."며 현재의 상황을 설명했다.

과연 2심 재판부(재판장 김동오 부장판사)는 심리적 압박감을 느꼈는지 2012년 4월 17일 1심과 별다른 논리를 제시하지 않고, 곽노현 교육감에게 1년 징역형을 선고했다. 이에 곽 교육감 측은 "공직선거법 제232조 제1항 제2호(사후매수죄) 규정은 헌법이 요구하는 헌법상의 책임 원칙, 법률의 명확성 원칙, 헌법상의 평등의 원칙 및 체계 정당성 원칙을 위배할 뿐만 아니라 헌법상의 자유권 심사 원칙인 과잉 금지 원칙 중 침해 최소성과 법익 균형성을 위반하여 결국에는 당선자 또는 선출된 공무원의 공무담임권을 현저히 침해하고 동시에 선거의 결과인 유권자의 의사를 과도하게 침해할 수 있어 헌법에 위반된다."며 위헌 소송을 제기했으나 헌재는 2012년 12월 27일 5대3으로 합헌 결정을 내렸다. 이로써 사전 약속이 없어도 선거가 끝난 후 돈을 건넸다면 사후매수죄에 걸린다는 기이한 법조항이 계속 남게 됐다.

검찰이 인터넷 논객 '미네르바' 박대성 씨를 잡아들이는 데 꺼내 쓴 전기통신기본법 제47조 제1항 '공익을 해할 목적으로 전기통신 설비에 의하여 공연히 허위의 통신을 한 자는 5년 이하의 징역 또는 5,000만 원 이하의 벌금에 처한다'는 내용도 전두환 정권에서 제정되자마자 사문화된 지 오래된 법조항이었다. 서울중앙지법 형사5단독 유영현 판사는 2009년 4월 박대성 씨에 대해 "공익을 해할 목적이 있었다고 보기 어렵다."며 무죄를 선고했다. 이 법조항은 결국 2010년 12월 28일 헌법재판소 전원재판부에 의해 '위헌' 결정을 받았다.

3부

언론, '범인 만들기' 공범

한명숙 보도를 중심으로 살펴본 수구 언론의 메커니즘

2009년 12월 4일 아침 〈조선일보〉를 본 사람들은 충격에 빠졌다. 민주 개혁 진영은 물론 보수 진영도, 이유는 달랐겠지만 크게 놀란 건 마찬가지였을 것이다.

"한명숙 前총리에 수만弗"
"'대한통운 비자금 사건' 前사장 진술…대가성 여부 수사"

대한민국 사상 첫 여성 국무총리를 지냈을 뿐 아니라 가장 깨끗한 이미지의 정치인 한명숙이 뇌물을 받은 혐의가 있다는 얘기다. 〈조선일보〉만의 특종이었다. 이날 다른 조간신문들은 거의 모두 철도노조 파업 관련 기사를 1면에 올렸다. 이 대목에서 눈썰미 빠른 사람들은 즉시 눈치를 챘을 것이다. 한명숙 전 총리의 혐의가 사실이든 아니든, 검찰과 언론이 손잡고 특정 야당 정치인을 표적 삼아 때려잡는 잔혹 게임이 또 시작됐다는 사실을.

노무현 대통령이 서거한 지 겨우 6개월이 지난 때였다. 노 대통령이 서거하자 언론계에서는 검찰의 정치적인 수사를 비판하고 언론의 무책임한 보도 행태를 자성하는 목소리가 나왔다. "누가 돈을 받았다고 검찰이 그러더라."는, 이른바 '카더라식' 보도로 전직 대통령을 죽음으로 몰아넣은 언론의 만행에 대해 국민의 비난이 쏟아졌다. 그런데 〈조선일보〉가 여섯 달 만에 다시 그 짓을 시작한 것이다.

〈조선일보〉 1면 머리기사를 시작으로, 다음 날 모든 언론이 비슷한 기사를 경쟁적으로 쏟아 내기 시작한 것도 노무현 대통령 수사 때와 똑같았다. 몇 달간 거의 하루도 빼놓지 않고 '한명숙이 돈을 받았다'는 식의 기사를, 마치 독자의 머릿속을 세뇌시키듯 쏟아 냈다.

서술어를 주목하라

정치 검찰의 기획 수사와 언론의 보호 행태는 일정한 패턴을 갖는다. 노무현 대통령과 한명숙 총리에 대한 각각의 수사-보도 과정이 똑같은 형태를 반복하는 이유다. 다른 진보 개혁 인사에 대한 수사 때에도 마찬가지였다.

검찰이 특정 인사를 공격 목표로 삼으면 본인은 물론 그 주변을 샅샅이 훑는 것은 기본이다. 표적 인사와 가깝게 지냈던 인물, 특히 경제계 출신의 인사는 다른 범죄 혐의를 씌워 신상을 털다가, 표적 인사와 관련된 단서가 조금이라도 포착되면 이를 과대 포장하거나 심지어 조작까지 해 가며 이 사실을 슬쩍 특정 언론에 흘린다.

기자는 검사가 흘린 설탕 묻은 빵 조각을 덥석 물고는 여기저기서 들은 이야기들을 마구 짜깁기해서 그럴듯한 스토리를 만들어 낸다. 이때부터 '받아쓰기'가 시작된다. 기자는 검사나 검찰 관계자가 흘린 말을 사실로 전제하고 받아쓰기만 하면 된다. 검찰은 그 자체로 기사의 진실을 담보하는 권위이기 때문이다. '검찰이(또는 검찰 관계자가) 밝힌 것인데 이를 독자에게 전달하는 것은 당연하다'는 것이다. 최악의 경우 그것이 오보라는 것이 밝혀져도 언론은 책임을 검찰에 떠넘기고 스스로는 면책을 주장할 수도 있다.

기자는 '검찰 관계자'라는 익명에 숨어 기사가 아닌 소설을 쓴다. 이 경우 기사의 서술어는 거의 모두 '…라고 알려졌다', '…라고 전해졌다'를 벗어날 수 없다. 그렇게 기사를 흘리고 다닌 주체도 명확치 않고, 기자가 직접 증거를 눈으로 확인하지도 않은 내용의 기사가 버젓이 1면 머리기사로 올라가는 것이다.

정치적 의도를 갖고 누군가를 공격하거나 비난할 때, 그 책임을 피하는 데 '전해졌다'와 '알려졌다'처럼 유용한 서술어가 따로 없다. 어떤 경우엔 한

편의 기사에 온통 서술어가 '…라고 전해졌다', '…라고 알려졌다'로 도배되는 경우도 있다. 아래의 두 기사(동아일보 2012년 5월 14일자, 8월 31일자 1면)를 보면 믿어지지 않을 정도로 기사의 모든 서술어 가운데 이 두 개가 압도적으로 많다. 이런 무책임하고 근거 없는 기사가 〈조선일보〉, 〈동아일보〉에 실리면, 단지 '유력 일간지'라는 이유 하나로 여론을 호도할 수도 있다는 것이 대한민국 언론의 현실이다.

東亞日報　2012년 05월 14일
01면 (종합)

"盧 차명의심 계좌에 20억 2004년 입금, 퇴임때 인출"

〈2008년 2월〉

조현오 前청장 검찰서 진술
"영부인 보좌 靑직원 2명 계좌"

고 노무현 전 대통령의 차명계좌 발언으로 9일 검찰에 소환된 조현오 전 경찰청장이 "(노 전 대통령 측의 차명계좌로 의심되는) 청와대 제2부속실 직원 2명의 계좌에 입금된 돈이 총 20억 원 이상"이라고 진술한 것으로 13일 알려졌다. 직원 한 명의 계좌당 10억여 원씩 20억 원 이상이 입금됐다는 것이다. 조 전 청장은 이들 직원은 잔심부름을 하는 말단 직원이 아니라 적어도 행정관 이상의 간부 직원이라고 진술한 것으로 전해다.

조 전 청장은 검찰에서 "대통령 부인 보좌를 담당하는 청와대 제2부속실 간부 직원 2명의 계좌에 2004, 2005년경에 20억 원 이상이 입금돼 줄곧 사용되지 않고 있다가 노 전 대통령이 퇴임한 2008년 2월경 돈이 거의 모두 인출됐다고 들었다"고 진술한 것으로 전해졌다. 그는 '수십만 또는 수백만 원의 돈이 드나든 것을 모두 합쳐 거액이라고 주장하는 것 아니냐'는 일각의 주장과 관련해 "입출금된 돈을 도박판 판돈 계산하듯 한 게 아니라 주로 뭉텅이로 들어온 돈을 입금액 기준으로 더한 것"이라고 진술한 것으로 알려졌다.

이어 조 전 청장은 "(2009년 박연차 게이트 수사를 했던) 대검찰청 중앙수사부의 계좌추적팀이 2009년 5월 10여 일간 문제의 계좌 자금흐름을 추적해 이를 밝혀냈지만 노 전 대통령이 자살하는 바람에 이에 대한 조사를 진전시키지 못하고 그냥 덮게 된 것"이라고 주장한 것으로 알려졌다.

신민기 기자 minki@donga.com
신광영 기자 neo@donga.com

A10면으로 이어집니다 ▶

(10.6×14.4)cm

3부_ 언론, '범인 만들기' 공범　283

검찰은 법적으로 피의 사실을 공표할 수 없게 되어 있으니, 기자회견 같은 공식 채널이 아니라 유력 언론 한 군데를 골라 정보를 흘리면서 은밀하게 언론 플레이를 한다. 효과는 오히려 공식 기자회견보다 더 크다. 첫 보도를 검찰이 의도한 대로 유도할 수 있을 뿐 아니라 언론 간 경쟁을 부추겨 언론 전체를 검찰의 뜻대로 끌고 갈 수 있기 때문이다.

일단 첫 보도로 여론이 요동치기 시작하면 검찰은 '우리는 기자에게 정보를 준 적 없다', '전혀 모르는 일', '수사 중인 사항이라 더 이상 밝힐 수 없다'는 식으로 발뺌하거나 아예 아무 대꾸도 안하고 있으면, 기자가 만들어 놓은 기사는 90% 이상 사실인 것으로 확정된다. 검찰은 수사 중인 사건과 관련해 피의 사실을 '공식적으로' 공표한 사실이 없으니 잘못했다고 할 이유도 없다. 기자가 누군지 모르는 '관계자', 이른바 '검찰 빨대'를 통해 취재해서 쓴 기사라는 것이다.

한걸음 더 나가 '기사화된 내용을 수사하겠다'고까지 하면, 검찰은 흘리고 기자는 받아쓰고, 다시 검찰은 이 소설 같은 기사를 확인해 주는 '여론 조작 메커니즘'이 본격적으로 돌아가기 시작하는 것이다. 이제 사람들은 모두가 진실이 가려지기도 전에 피의자를 범죄인이라고 단정하게 되고, 그에게 "당신이 범죄인이 아니라는 것을 증명하라."고 몰아붙이는 어이없는 상황이 되어버린다. 누구도 빠져나오기 힘든 무시무시한 마녀사냥, 여론 재판이 시작되는 것이다. 노무현 대통령도, 한명숙 총리도 검찰과 언론이 만들어 놓은 이 덫에 걸려들었다.

> **정치 검찰과 언론의 공조 메카니즘**
> ① (청와대·새누리당·국정원·검찰 등의 기획 모의?) → ② 검찰 관계자(일명 '빨대') 정보 흘리기 → ③ 기자 '받아쓰기' → ④ 기자 '소설 쓰기' → ⑤ 언론사 데스크 '제목으로 부풀리기·비틀기, 주요 면 배치하기' → ⑥ '언론의 권위' 힘입어 여론 형성 → ⑦ 검찰, 사실관계 확인해 주거나 무대응으로 의혹 굳히기 → ⑧ 국민들에게 '사실'로 인식되고 '범죄인'으로 낙인 → ⑨ 다른 언론들 동조 → ⑩ 여론사냥·마녀사냥 → ⑪ 검찰, 언론 보도 이후 추가 정보 또 '흘리기'
> …… (반복)

노무현-한명숙 보도, 닮아도 너무 닮았다

2008년부터 시작된 노 대통령에 대한 공격에서 정치 검찰과 수구 언론의 '공조' 관계는 정점에 이른다. 정치 검찰의 수사가 진행되면서 언론은 최적의 타이밍에 맞춰 거짓을 사실인 양 보도함으로써 여론을 조작하고 검찰에 힘을 실어 줬다.

    노 대통령에 대한 수구 언론의 악의적 공격은 대통령 재임 기간이 아닌 일개 국회의원 시절부터 시작됐다. 특히 〈조선일보〉는 노무현을 호시탐탐 먹잇감으로 노리면서 타격을 주기 위해 안간힘을 다했다. 노무현이 대통령에 당선된 뒤 이 신문을 비롯한 수구 언론들은 참여정부의 거의 모든 정책에 대해 반대하고 발목을 잡았다. 참여정부 출범 초기부터 '경제 위기론'을 내세우다 정권 후반부터는 이른바 '경제 파탄론'까지 들고 나왔다. 조중동과 〈문화일보〉 등 수구 언론뿐 아니라 〈경향신문〉 같은 비교적 진보적인 언론까지 경제 파탄론에 동조해 참여정부를 공격하면서 노무현과 여당의 인기는 곤두박질쳤고, 결국 2007년 대선에서 한나라당에 정권을 넘겨줘야 했다.

수구 언론은 퇴임한 뒤의 대통령도 가만 두지 않았다. 노무현 대통령에 대한 탄압의 신호탄은 〈동아일보〉의 2009년 3월 19일자 1면 "盧 전 대통령, 박연차에 50억 받은 정황"이라는 제목의 기사였다. 〈동아일보〉는 이 기사에서 '대검찰청 중앙수사부가 노무현 전 대통령이 퇴임 후 박연차에게서 50억 원을 받은 정황을 파악한 것으로 알려졌다'고 보도했다.

〈동아일보〉는 이어 같은 달 31일자 1면에서 또 한 번 노무현 전 대통령에 대한 검찰 수사 관련 기사를 머리기사로 올렸다. 기사의 제목은 '박연차, 작년 2월 말 500만 달러 노건평 맏사위에게 송금…"盧 전 대통령에 주려고 건넸다"…朴씨 검찰서 진술'이었다. 이 내용의 기사는 같은 날 거의 모든 신문의 1면 머리를 장식했다. 특히 이 기사에서는 "검찰이 만약 노 전 대통령이 퇴임 전에 돈 전달 사실을 알았다면"이라는 가정을 세우고는 "그렇다면 노 전 대통령을 포괄적 뇌물수수죄로 처벌할 수도 있다."며, 일찌감치 '노무현 죽이기' 기획 의지를 내비쳤다.

"박연차 태광실업 회장이 노무현 전 대통령의 퇴임 직전인 2008년 2월 말 노 전 대통령의 조카사위 연철호 씨(36)에게 500만 달러(약 50억 원)를 보냈다고 검찰에서 진술한 것으로 30일 알려졌다. … 박 회장은 당시 검찰이 노 전 대통령과 관련한 의혹을 신문하기도 전에 연 씨에게 거액을 건넸다고 먼저 밝힌 것으로 전해졌다. … 검찰은 만약 노 전 대통령이 퇴임 전에 돈 전달 사실을 알았다면 노 전 대통령을 포괄적 뇌물수수죄로 처벌할 수도 있다고 보고 있다. …"

어떤가? 8개월 뒤 한명숙에 대한 검찰 수사와 보도 양태가 너무나도 닮지 않았나? 노 전 대통령에 대한 기사와 한 전 총리 관련 첫 기사를 보면 놀랄 만큼 닮았다.

"대검찰청 중앙수사부(부장 이인규)는 노무현 전 대통령이 퇴임 후 박연차 태광실업 회장(구속 기소)에게서 50억 원을 받은 정황을 파악한 것으로 18일 알려졌다. 검찰은 노 전 대통령이 지난해 3월 박 회장에게 1년 기한으로 15억 원을 빌린다는 내용의 차용증을 작성했으나 그보다 많은 50억 원이 건네진 경위를 확인하고 있다. 검찰은 노 전 대통령이 재임 중 박 회장의 베트남 현지 사업에 도움을 준 것과 관련해 사후에 돈을 받았는지 조사하고 있는 것으로 전해졌다." (동아일보, 2009년 3월 19일, 1면)

"서울중앙지검 특수2부(부장 권오성)는 3일 비자금 조성 혐의로 구속 기소된 곽영욱 전 대한통운 사장으로부터 '한명숙 전 국무총리에게 2007년 무렵 수만 달러를 건넸다'는 진술을 확보, 대가성 여부를 수사 중인 것으로 확인됐다." (조선일보, 2009년 12월 4일, 1면)

두 기사 모두 검찰발로 보도하고 있지만 정확한 취재원과 검찰이 밝히는 확실한 증거가 없다. 검찰은 현재 돈을 건넸다는 자(두 경우 모두 구속된 상태)가 노 전 대통령 또는 한 전 총리에게 돈을 줬다는 진술을 확보하고 있는 단계로 '수사 중' 혹은 '조사 중'이라는 사실만 전해졌거나, 확인된 상태다. 조만간 검찰이 이 내용에 대해 계좌 추적을 하거나 소환 조사를 할 것이라는 것은 굳이 기사로 쓰지 않아도 예상할 수 있다. 두 기사는 모두 3~4단 크기로 1면 머리를 장식하고 있지만, 기사의 내용 중 정작 제목과 관련된 부분은 앞부분의 몇 개 문장뿐, 절반 이상의 기사가 제목과는 상관없는 내용이다. 즉, 검찰이 노 전 대통령을 겨냥한 수사를 시작했다는 내용과 한 전 총리를 수사한다는 내용은 2~3개 문장에 불과하다. 그 외 자세한 내용이 전혀 없다. 이는 검찰이 공식 브리핑을 통해 밝힌 내용이 아니라 검찰 관계자인 누군가가 한두 가지 팩트를 기자에게 흘리고 기자는 이 한두 가지 팩트만을 가지고 받아쓰기를 했다는 얘기다.

검찰은 2009년 3월 31일 '500만 달러를 건넸다'는 기사가 나간 뒤 한 달 만에 노 전 대통령을 소환했다. 그러는 사이 언론은 검찰이 흘린 온갖 정보를 받아쓰면서 의혹을 재생산하고 부풀렸다. 검찰은 언론의 보도를 봐 가며 의혹을 혐의로 굳히기에 들어갔고, 언론은 다시 이를 받아썼다. 정치 검찰과 언론은 손이 척척 맞는 한 팀처럼 움직였다. 노 전 대통령에 대한 정치 검찰과 수구 언론의 행태에 대해 『야만의 언론』(2011, 김성재·김상철)에서는 이렇게 정리하고 있다.

"첫째, 검찰이 의혹을 흘리면 수구 언론이 이를 주워 담아 사실로 둔갑시켜 검찰의 조속한 사법 처리를 촉구함으로써 전형적인 마녀사냥 몰이의 찰떡궁합을 과시했다. … 검찰이 한 마디 툭 던지면 일부 언론은 알아서 검찰이 노리는 의도대로 해석하고 부풀리고 조작했다. 이렇게 한 언론이 부풀려 보도하면 다른 언론은 거기에 한 번 더 부풀리기를 해서 띄워 주는 식으로 주거니 받거니 하며 희희낙락했다. 특히 〈동아일보〉와 〈조선일보〉가 잇따라 박연차 회장 진술을 '단독 보도'하면서 노무현 죽이기 보도의 흐름을 주도했다. 3월 말에서 4월 초까지 이어진 보도만 보더라도 노무현은 박연차 회장에게 직접 돈을 요구했거나, 박 회장이 노무현 몫으로 돈을 건넸다는 것이 이미 '기정사실'로 굳어졌다. 검찰은 〈동아일보〉와 〈조선일보〉의 단독 보도를 확인해 주는 방식으로, 또는 '친절한' 브리핑을 통해 의혹을 기정사실화했다. ……

둘째, 이 과정에서 피의 사실이 생중계되다시피 했고 노무현에게 온갖 모멸감을 안겨 주는 보도가 잇따랐다. 해외 순방 기간에 아들에게 불법 자금을 전달했다거나, 생일로 받은 고가의 시계를 논두렁에 내버렸다는 식의 근거 없는 보도가 지면을 가득 채웠다. 이처럼 수구 세력과 그 앞잡이들은 사법적 진실을 가리기도 전에 노무현을 파렴치범으로 내몰아 도덕적으로 매장함으로써 인격적 살해를 저질렀다. ……．

셋째, 결국 언론은 사실관계 확인보다 박연차 회장 발언만을 앞세운 검찰 주장과 '이번에는 걸렸다'는 식의 단정을 앞세웠다. 소환도 하기 전에 '검찰의 사법 처리 방침'을 보도할 정도였다. 특히 사설, 칼럼과 같은 오피니언 지면을 통해 '범법 사실'을 미리 전제하고 차마 입에 담지 못할 욕설과 저주를 퍼붓는가 하면 하루속히 처벌하라며 목소리를 높였다. 검찰과 언론은 마치 공동 창작한 각본에 짜 맞추듯 손발을 맞춰 이미 정해 놓은 결론으로 치달았다. 무슨 혐의를 입증할 물증 하나 없어도, 이미 노무현은 파렴치범이자 사법 처리 대상이었다. ……．

수사 대상이 되는지 가려야 할 때에 이미 구속·불구속 여부를 따졌다. 그들은 최소한의 상식과 법 정신마저 뭉개버린 채 비열하고 잔인한 방법을 모두 동원하여 마녀사냥 하듯 노무현을 불붙은 장작더미 위에 묶어 버렸다."

한명숙 전 총리에 대한 정치 검찰과 수구 언론의 공조도 노무현 대통령에 대한 그것과 크게 다르지 않았다. 순서로 보면 노 대통령이 첫 타깃이었고, 한 총리가 두 번째였을 뿐이다. 아마도 곽노현 전 서울시 교육감이 세 번째 주요 타깃이었을지도 모른다.

검찰은 지금도 또 다른 먹잇감을 줄줄이 준비하고 있을 것이다. 총선과 대선을 앞두고 야당 거물 정치인에 대한 수사 자료를 이미 잔뜩 확보하고 있다는 소문도 들린다. 검찰이 확보한 비리 관련 첩보는 집권 세력에게 야당 정치인들의 활동을 위축시키고 야권 분열을 꾀하는 데 대단히 효과적인 무기로 사용될 수 있다. 그리고 그 위력은 수구 언론의 협조가 있을 때 더욱 커진다.

검찰 수사에 앞장 서는 수구 언론

한명숙 전 총리의 '비리 의혹'을 처음 보도한 〈조선일보〉는 이후에도 관련 보도를 주도해 나간다. 이 신문은 12월 5일에도 "한명숙 전 총리 내주 소환…대한통운 비자금 사건 盧정권 실세 여럿 거론" 제목의 기사를 사회면에 올렸다. 기사는 훨씬 더 과감해졌다. "이르면 다음 주 중 소환 조사할 것으로 알려졌다", "곽 전 사장의 계좌에서 돈이 인출됐는지 확인되면 한 전 총리를 소환한다는 방침"이라고 검찰의 수사 과정을 그대로 중계방송했다. 또 한 전 총리와 상관없는 곽 전 사장의 비자금 관련 검찰 수사 내용까지 상세히 보도하며, 마치 비리가 드러난 곽 전 사장과 한 총리 사이에 어떤 '검은 거래'가 있었을 것이라는 냄새를 잔뜩 피운다.

"곽 전 사장이 한 전 총리에게 돈을 건넸다고 진술한 것으로 드러나, 곽 전 사장이 입을 열기 시작했다는 관측도 나오고 있다. … 한 전 총리는 이날 보도 자료를 내고 … 관련 혐의를 전면 부인했다. 민주당과 당 밖의 친노 그룹도 '검찰의 정치 보복성 기획 수사', '정치 공작'이라며 반발했다. … 검찰도 이를 의식한 듯 '법과 원칙에 따라 묵묵히 수사할 따름'이란 입장을 밝혔다."

(조선일보, 12월 5일)

"돈을 건넸다고 진술한 것으로 드러나", "입을 열기 시작했다는" 등 이 기사를 읽으면 마치 검찰이 곽 전 사장으로부터 명확한 진술을 받아 내기 시작했으며, 이제 혐의를 입증할 진술이 그의 입에서 계속 쏟아져 나올 것만 같다. "법과 원칙에 따라 묵묵히 수사할 따름"이라는 검찰이 아마 한명숙 총리의 혐의 내용을 밝혀낼 것 같다.

그러나 이 기사에도 한명숙 총리의 금품 수수 '의혹'을 뒷받침할 만한 근거는 찾아볼 수 없다. 〈조선일보〉는 검찰(빨대)의 '다음 주 소환 예정', '계좌 추적' 사실을 '알려졌다, 전해졌다'는 서술어를 통해 간접 전달한 뒤 "곽 전 사장이 한 전 총리 이외에도 지난 정권 당시 실세였던 J, K 씨 등에게도 거액을 건넸다는 의혹도 수사 중인 것으로 알려져 '박연차 게이트'에 이어 정치권이 또 한 번 '검찰 충격파'로 요동칠 것을 보인다."고 보도했다. 곽영욱의 다른 금품 수수 혐의를 거론하며 엉뚱하게도 한명숙 총리 의혹을 기정사실화하고 있는 것이다.

〈조선일보〉는 곽영욱 전 사장의 다른 혐의 의혹을 장황하게 늘어놓다가 그가 "평소 직원들에게 '돈을 잘 써야 출세한다'는 얘기를 자주 했던 것으로 알려졌다."는 소설 같은 일화까지 소개한다. 그러더니 "곽 전 사장이 2000년 11월 법정 관리 개시 후 법정 관리인으로 선임되고 5년간 그 자리를 유지하는 과정도 석연치 않다고 보고 있다.", "이 과정에서 로비가 있었을 개연성이 있다는 것이다.", "입을 열기 시작했다는 관측도 나오고 있다." 등의 작문성 기사를 써 댔다. 석연치 않다고 보고 있다? 개연성이 있다는 것이다? 관측도 나오고 있다? 검찰 수사에 관한 사실을 보도하면서 이런 뜬구름 잡기 식 작문이 과연 기사로서 가당키나 한 것일까? 확실한 근거도, 정확한 팩트도 아닌 상상과 막연한 의심, 개연성, 관측만으로 누군가에게 혐의를 뒤집어씌우는 것은 기사가 아닌 소설에 불과하다. 유독 한국 언론만이 앓고 있는 대표적 병폐다.

〈조선일보〉는 12월 9일 사회면에 "한명숙 전 총리 준 돈은 인사 청탁 자금이었다"는 제목의 기사를 실었다. 대한통운 전 사장 진술이라는 것이다.

"대한통운 비자금 사건을 수사 중인 서울중앙지검 특수2부는 곽영욱 전 대한통운 사장으로부터 '2007년 한명숙 전 국무총리에게 건넨 5만 달러는 내가 한국남동발전 사장으로 갈 수 있게 도와달라는 인사 청탁 자금이었다'는 취지의 진술을 확보한 것으로 8일 알려졌다. 또 곽 전 사장은 한 전 총리에게 5만 달러를 직접 건넸다고 진술한 것으로 알려졌다."

이젠 눈치 볼 것도 없는 본격적인 공조 체제에 들어간 것이다. 이후 연말까지 쏟아진 〈조선일보〉의 한명숙 총리 관련 기사 퍼레이드는 다음과 같다.

한 전 총리 의혹, 신속한 수사가 공정한 수사다(12월 9일, 사설)

"한명숙 전 총리 준 돈은 인사 청탁 자금이었다"(12월 9일, 10면)

한 전 총리 당당히 수사에 응하고 검찰은 불구속 기소를(12월 12일, 사설)

검찰, "한명숙 전 총리 추가 소환 통보 없이 체포 영장 검토"(12월 15일, 10면)

법원, 한명숙 전 총리 체포 영장 발부(12월 17일, 1면)

한명숙 전 총리에 '최후 통첩'(12월 18일, 10면)

검찰 간 한 전 총리 '수뢰' 묵비권(12월 19일, 1면)

곽 전 사장 "공기업 사장, 여러 번 부탁", 한 전 총리, 대질신문에서도 묵묵부답(12월 19일, 3면)

'뇌물 혐의'로 체포된 첫 총리(12월 19일, 3면)

검찰, "한명숙 전 총리 '불구속 기소' 방침"(12월 21일, 1면)

한명숙 전 총리, 곽영욱 씨 만남에 정세균 대표 동석, '곽 씨 인사 로비' 물증은 없지만… 의문은 남아(12월 22일, 5면)

한명숙 전 총리 공관서 있었던 이상한 오찬(12월 22일, 사설)

"공기업 사장 자리 갈 거라고 한 전 총리가 내게 말했다"-뇌물 혐의 곽영욱 씨 진술, 한 전 총리 불구속 기소(12월 23일, 1면)

검찰이 밝힌 사건 전모-한 전 총리 "정세균 장관 오니 오찬에 참석해라", 곽 전 사장 "고마운 마음에 5만 달러 준비해 가", 한 전 총리, 정 장관에게 "곽 전 사장 잘 부탁한다"(12월 23일, 5면)

진퇴양난 정세균/자가당착 한명숙-곽영욱 씨 자녀 결혼식 갈 정도로 친분…이젠 "정신 오락가락 노인네" 맹공(12월 24일, 3면)

한명숙 전 총리 "곽영욱과 따로 재판 받겠다"(12월 29일, 10면)

한명숙 전 총리, 곽영욱 씨와 나란히 법정 선다(12월 31일, 10면)

혐의를 확정으로 둔갑시키는 기사 융단폭격

이 가운데 사설을 보자. 12월 한 달간 3편의 관련 사설을 실었다. 12월 9일 사설 "'한 전 총리 의혹', 신속한 수사가 공정한 수사다"를 보면, 한명숙 총리 혐의를 기정사실로 굳히면서 '공정한 수사'보다는 '신속한' 수사를 검찰에 촉구하고 나섰다. 도대체 왜 이 의혹을 그토록 신속하게 다뤄야 하는지 이유는 없다. 신속한 수사가 공정한 수사라는 이 해괴한 논리의 근거는 무엇일까? "신속함을 잃으면 공정성도 함께 잃는다."는 주장뿐이다. 이유라고 설명하는 것이 이렇다.

"한 전 총리는 야권에서 비중이 큰 정치인이다. … 그의 정치적 재산은 직업 정치인 같지 않은 깔끔한 이미지다. … 따라서 한 전 총리에 대한 수사가 신속히 매듭되지 못하는 상황에서 이런저런 소문과 의혹들이 떠돌아다니게 되면 정치인으로서 한 전 총리에게 복구하기 힘든 타격을 주게 된다. 따라서 검찰이 이번 수사를 공정하고 철저하게 하겠다며 시간을 끌게 되면, 결과적으로 공정성마저 잃는 결과를 낳게 된다."

도무지 이해하기 힘든 설명이다. "한명숙 총리는 비중이 큰 정치인이고 깔끔한 이미지다." → "소문과 의혹이 떠돌면 한 총리에게 힘든 타격을 주게 된다." → "따라서 신속하게 수사하지 않으면 공정성을 잃는다." 논리 전개가 해괴하다.

"한 전 총리의 실명이 보도되고 나자 야권은 '나쁜 의도의 수사'라고 반발하고 검찰 관계자는 '진술이 탄탄하게 구성돼 있다'고 하는 공방이 오가고 있다. 수사가 이런 식으로 이어지면 좋지 않은 결과를 낳을 수도 있다."

야권이 수사에 어떤 '나쁜 의도'가 있다고 반발한다고 해서 수사가 '좋지 않은 결과를 낳을 수도 있다'는 논리는 또 무엇인가? 노무현 대통령에 대한 검찰 수사 당시 야권은 물론 시민사회, 법조계에서도 검찰에 대해 '정치적 의도가 있는 표적 수사'라는 비판이 일었다. 이명박 정부 들어 검찰의 표적 수사 의혹은 자주 사람들의 입길에 올랐다. 그 결정판이 노무현 대통령에 대한 수사였고, 표적 수사의 결과야말로 최악의 비극이었다. 불과 6개월여 전에 이런 비판을 받은 검찰의 수사에 대해 야권이 '나쁜 의도의 수사', 즉 정치적 의도를 가진 수사라는 비판을 가하는 것은 당연하다. 〈조선일보〉는 이런 문제점은 전혀 지적하지 않고 거꾸로 "수사가 이런 식으로 이어지면 좋지 않은 결과를 낳을 수 있으니 신속하게 수사해야 한다."는 이상한 논리를 제기한다. 이것은 한 총리의 혐의는 확실한 것이니 시간을 끌지 말고 한시라도 빨리 한명숙 총리 혐의를 입증해 그를 처벌하라는 의도에서 나온 것이 분명하다. 하지만 한 총리의 혐의에 대해 검찰도 〈조선일보〉도 어떤 증거나 근거를 제시한 사실이 없다.

"검찰은 최대한 신속한 수사로 의혹 당사자의 불명예를 벗겨 주거나 아니면 완벽한 수사로 거론된 혐의를 입증하든가 빨리 결론을 내야 한다. 한 전 총리측 역시 대책위를 구성하는 식의 정치적 공방전으로 끌고 가기보다는 검찰에 나가 '단돈 1원도 받은 적이 없다'는 자신의 말을 증거와 행적으로 보여주는 것이 옳다. 한 전 총리 측과 검찰 모두 정도(正道)로 나가야 한다."

〈조선일보〉가 검찰에 '신속한 수사'를 독촉하고 나서는 이유를 짐작해 볼 수 있다. 한 총리측은 검찰의 의혹 흘리기와 〈조선일보〉의 받아쓰고 부풀리기를 노무현 대통령 수사 때와 비슷한 정치 검찰과 수구 언론의 정치 공작으로 간주했다. 수법이 동일했기 때문이다. 그래서 대책위를 구성하고 이에 대해 강력히 대응하겠다는 방침을 밝혔다. 노무현 대통령 서거 이후 정치 검찰에 대한 국민들의 시선도 따가웠다. 이런 분위기에서 시간을 끌면 검찰과 언론의 '한명숙 죽이기' 공작이 성공하기가 어렵다고 판단한 게 아닐까? '한명숙 전 총리 의혹'을 사실로 굳혀 놓고 검찰이 '빨리 결론을 내려야' 하며, 한 총리에게 '빨리 결백을 증명하라'고 독촉하고 나선 〈조선일보〉의 모습에서, 누군가에게 죄를 뒤집어 씌워놓고 빨리 이 죄를 입증하고 자백하고 끝내라는 공범의 초조한 태도가 느껴진다. 실제로 〈조선일보〉는 과거 친일파, 군사독재 등과 손잡고 온갖 추악한 범죄를 저지른 '공범 언론'이 아니었는가?

해괴한 논리로 검찰에 지침까지 내리는 〈조선일보〉

12일자 사설에서 〈조선일보〉는 아예 '불구속 기소하라'는 지침을 내린다.

"지금 한 전 총리가 어디로 도주한다는 것은 상상하기 힘든 일이고, 이미 돈을 줬다는 사람이 구체적으로 진술하고 있는 상황에선 증거를 인멸할 방법도 있을 성싶지 않다. 불구속 수사는 옳은 일일 뿐 아니라 수사가 정쟁(政爭)으로 번져 가는 것을 막는 방법이기도 하다. 검찰이 불구속 기소 원칙을 분명히 하는데도 한 전 총리가 계속 검찰 수사에 응하지 않으면 그 때는 한 전 총리의 행동이 정말 이상하다고 볼 수밖에 없다."

이 사설에 따르면 한명숙 총리는 이미 기업인에게 뇌물을 받은 '범죄자'로 바뀌었다. 〈조선일보〉가 첫 보도를 한 지 약 1주일 만이다. 그는 이미 '도주한다는 것은 상상하기 힘든' 범죄인, '증거를 인멸할 방법도 없는' 확실한 범죄인으로 전락했다. 검찰이 흘린 기사를 〈조선일보〉가 받아쓰고 다른 언론이 베껴 쓴 지 겨우 1주일 만에 그는 어떤 확실한 증거도 없이 야만의 언론에 의해 범죄자로 낙인찍힌 것이다. 〈조선일보〉는 이 '범죄자'를 불구속 기소하라고 검찰에 지침까지 내린다. 무서운 언론이다.

12월에 등장한 해괴망측한 괴(怪)사설 한 편을 더 보자. 22일자 "한명숙 전 총리 공관서 있었던 이상한 오찬"이란 제목의 사설이다.

"한 전 총리가 돈을 받았는지 아닌지는 법정에서 가려질 일이지만, 그 오찬 자리가 곽 씨를 위한 인사 청탁 자리였다는 의구심이 들지 않을 수 없다. … 여기서 떨어지자 곧바로 한전 자회사 사장에 임명된 것이 인사 청탁 없이 가능했을지 의문이 들지 않는다면 이상한 일이다. … 그 오찬에 총리, 민원인, 주무 장관, 민원인의 고교 선배가 모였었고, 그 주무 장관은 '정치 공작'을 외치는 민주당의 대표라니 놀랍기도 하고 당혹스럽기도 하다."

검찰에 '신속한 수사'와 '불구속 기소'라는 지침까지 내린 뒤였다. 한명숙 총리 측과 민주당이 이에 대해 '정치적 수사', '표적 수사'라며 강력 반발하자 〈조선일보〉는 느긋하게 이에 대한 대응 사설을 올렸다. 그런데 이 사설 역시 근거와 논리가 빈약하다. 한 총리가 돈을 받았는지 아닌지를 '의구심'과 '가능성'만으로 판단하면서, 이런 무책임한 판단에 대한 야당의 비판을 "놀랍고 당혹스럽다."고 비아냥댄다. "오찬 자리가 곽 씨를 위한 인사 청탁 자리였다는 의구심이 들지 않을 수 없다.", "의문이 들지 않는다면 이상한 일이다."라고 주장하는 〈조선일보〉의 상상력의 끝은 어디일까?

〈조선일보〉식의 '의구심'과 '의문'이라면 아마도 정치권에서 오늘도 벌어지고 있을 수많은 오찬 자리에서는 금품이 오갔을 것이라는 의구심이 가능할 것이다. 고위 관료, 정치인, 그들의 선후배 기업인이 오찬을 하고 여기에 참석했던 기업인이 공기업 사장이 되면 반드시 돈이 오갔을 것이다? 근거 없는 '의구심'만으로 비리 혐의를 뒤집어씌우는 것은 언론이 할 일은 아니다. 하루라도 빨리 죄를 묻고 싶으면 증거를 취재해 보도하든지, 아니면 공판 때까지 차분히 기다릴 일이다. 근거도, 증거도 없이 빈약한 상상력만으로 기사와 칼럼을 써서 죄를 뒤집어씌우는 것은 3류 '찌라시' 언론이나 하는 짓이다.

그럼에도 검찰은 〈조선일보〉 사설의 지시에 충실히 따르는 모습을 보인다. 〈조선일보〉가 첫 보도 후 닷새 만에 사설에서 검찰에 '신속한 수사'를 주문하고 나서자, 검찰은 어느 때보다 더 신속하게 한 총리 소환을 통보하고, 수사 결과를 발표했다. 또 〈조선일보〉가 12일 검찰에 '한 총리 불구속 기소'를 요구하자 검찰은 또 며칠 후 '불구속 기소'를 결정한다. 〈조선일보〉와 검찰은 어떻게 이렇게 생각이 잘 맞고 일정을 잘 맞춰가는 걸까?

난형난제 〈동아일보〉와 다른 언론들

〈조선일보〉의 첫 보도 직후 경쟁적으로 이 내용을 보도한 〈동아일보〉도 기사 내용은 물론 제목의 편향성과 의도성, 건수에서 〈조선일보〉에 뒤지지 않왔다. 〈조선일보〉가 첫 보도 이후 연말까지 한 달간 1면과 정치면, 사회면 머리기사 혹은 주요 기사로 쏟아낸 관련 기사와 사설은 17건에 이른다. 〈동아일보〉도 이에 질세라 17건의 기사와 사설을 통해 크게 다뤘다. 대한민국의 가장 유력한 2개 신문, 이른바 '메이저 신문' 2개가 불과 20여 일간 1면과 정치·사회면에 주요 기사로 게재한 '한명숙 죽이기' 기사는 무려 30건이 넘는다.

사실 다른 보수 언론들의 보도 양태도 크게 다를 바 없다. 〈문화일보〉, 〈중앙일보〉 가릴 것 없이 일제히 똑같은 내용을 받아쓰고 경쟁적으로 한 가지씩의 더 나아간 (확인 안 된) 팩트를 추가해 보도했다. 〈조선일보〉의 첫 보도에 등장한 '돈을 건넸다는 진술을 검찰이 확보했다'는, 검찰이 흘린 하나의 정보는 하루 만에 '검찰이 한명숙 총리를 소환 조사키로 했다', '검찰이 계좌 추적에 들어갔다'는 제목의 기사로 확대됐다. 단 하루 만에 한명숙 총리는 정치 검찰이 생각했던 스토리 그대로 '금품 수수자'로 낙인찍혀 버린 것이다.

이미 범죄자 혹은 범죄 혐의가 짙은 자로 낙인찍힌 자에 대해 혐의 내용을 덧붙여 가는 것은 그리 어렵지 않다. 여론은 이미 정치 검찰과 수구 언론이 한명숙 총리에 대해 만들어 놓은 금품 수수 혐의 '프레임'에 딱 걸려들었기 때문이다. 검찰 혹은 검찰 '빨대'의 흘리기에 의존한 '전해졌다, 알려졌다' 식의 받아쓰기 기사 → 언론 보도 이후 검찰의 '혐의 굳히기' 공식 발표를 중계 보도하는 식의 기사 → 검찰이 '혐의 굳히기'에 들어가자 이를 다시 부풀리는 기사 → 검찰의 굳히기를 진실인 것으로 한 번 더 굳히는 기사, 이런 메커니즘이 작동한 것이다.

나름 애쓴 진보 언론

진보 색채의 〈한겨레〉와 〈경향신문〉은 어떤가. 12월 5일자 〈한겨레〉의 보도는 〈조선일보〉 등의 보도와는 내용과 형식면에서 좀 달랐다. 〈한겨레〉는 3면 머리기사에서 "검찰 '수만 달러 수수 진위 조사' 야권 '검찰-언론의 정치 공작' – 한명숙 전 총리 수만 달러 수수설 보도 파장"이라는 제목으로 관련 내용을 소개했다.

제목만 보면 〈한겨레〉의 보도는 중립과 공정을 기하려 애쓴 것으로 보인다. 검찰의 일방적 주장과 이를 받아쓰기해 보도한 〈조선일보〉 등의 기사와는 달리, 검찰의 주장과 야권(한명숙 총리 측)의 주장을 동시에 기사화했다. 검찰이 곽영욱 전 사장의 진술을 확보하고 자금 흐름을 살펴보고 있다는 전날 다른 언론이 보도됐던 내용을 그대로 기사화하면서도, 이에 대해 당사자인 한명숙·이해찬·유시민·민주당 등이 전날 노무현재단에서 연 기자회견 내용을 비중 있게 게재했다. 다음은 이날 자 〈한겨레〉 기사 제목이다.

> 한 전 총리 "〈조선일보〉 반론 게재 안하면 법률 대응"
> 참여정부 인사 "노 전 대통령 죽음 내몬 수법과 같아"

이 기사에 따르면 한명숙 총리는 "검찰이 확인되지 않은 사실을 흘림으로써 실정법을 위반하고 있으며, 고 노무현 전 대통령에 대한 검찰의 수사를 기억하는 만큼 실정법 위반에 대해 묵과하지 않을 것"이라고 했다. 이해찬 전 총리는 "악랄하고 교활한 정치 공작"이라며 "노무현 전 대통령이 돌아가신 지 불과 6개월 남짓인데, 또다시 참여정부 출신 총리에 대해 이런 행위를 벌인다면 절대 용납하지 않겠다."고 말했다. 유시민 전 장관도 "노무현 전 대통령을 죽음으로 몰아갔을 때와 동일한 동기, 동일한 방식으로 정치적 공작을 시작한 것으로 본다."며 기획 수사 의혹을 제기했다. 이날 〈한겨레〉 기사에서 특이한 점은, 곽영욱 전 사장의 진술에 대한 신뢰성에 강한 의혹을 제기하고, 검찰 역시 이에 대해 의구심을 갖고 있다는 언급을 인용 보도한 것이다.

"이런 식의 (앞서가는) 보도가 한두 번이었느냐, 일체 확인해 줄 수 없다."며 격한 반응을 보였다. 수사팀 입장에서 곽 전 사장의 진술 외에 혐의를 입증할 만한 증거를 추적하는 단계라 자칫 역공을 받을 수도 있다는 판단을 한 것으로 보인다. 더구나 곽 씨가 그동안 진술을 자주 번복한데다 명확하지 않은 부분도 있어 좀 더 면밀한 조사가 필요한 상황이다. 검찰 관계자는 "통상 진술이라고 하면 증거로서 가치가 있을 때를 말하는데, 현재로선 곽 씨의 말을 진술 수준으로 보기 어렵다."

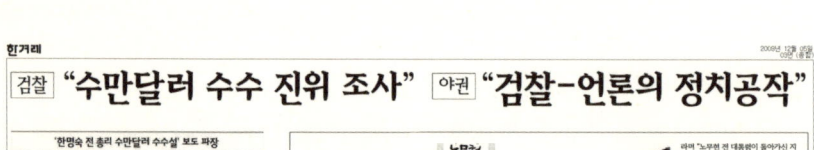

이것이 검찰의 본심인지는 알 도리가 없다. 그러나 〈한겨레〉가 검찰 쪽의 색다른 코멘트를 인용하며 〈조선일보〉, 〈문화일보〉, 〈중앙일보〉, 〈동아일보〉와는 좀 다른 시각과 방식으로 보도한 것은 6개월여 전 노무현 대통령에 대한 검찰 수사 보도 때의 문제점을 반복하지 않겠다는 신중함이 작용했기 때문인 것으로 보인다. 검찰이 말하면 받아쓰기로 화답하고 언론끼리 경쟁하듯 새로운 의혹을 만들어 내고, 부풀리며 마녀사냥에 나서는 무책임한 보도 양태에 대한 경계심이었을 것이다. 〈한겨레〉의 이런 태도가 끝까지 지속되지는 않았지만, 그럼에도 초기 보도에서 그나마 보도의 공정성을 지키겠다는 의지가 보이는 기사와 편집이었다.

반성 없이 검찰만 비판하는 수구 언론의 민낯

〈조선일보〉, 〈동아일보〉, 〈중앙일보〉, 〈문화일보〉 등 수구 언론들이 정치 검찰과 손을 맞잡고 한명숙 총리에 대한 마녀사냥에 총력을 기울였지만, 한 총리의 혐의는 4개월여 만에 '무죄'로 결론난다. 서울중앙지법 형사합의27부는 1심 선고 공판에서 곽영욱 전 사장이 한 총리에게 건넸다고 하는 5만 달러를 한 총리가 받았다고 인정할 증거가 없다며 무죄를 선고했다. 곽 전 사장에게는 횡령 혐의만 유죄로 인정해 징역 3년을 선고했다.

    수구 언론은 머쓱해졌다. 그러나 그동안 쏟아 냈던 받아쓰기 기사, 편파적이고 악의적인 기사, 덮어씌우기 기사, 마녀사냥 기사, 근거 없는 엉터리 소설 기사에 대해 단 한 마디 사과도 없었다. 자신의 보도가 진실을 왜곡하고 누군가에게 엄청난 고통을 준다는 사실에 애써 고개를 돌리고 모른 척했다. 4월 10일 무죄 판결에 대한 주요 일간신문의 기사 제목을 보면 다음과 같다.

한명숙 전 총리 무죄-1심 "곽영욱 5만 달러 전달 진술 신빙성 의심(경향신문)

한 전 총리 1심 무죄-재판부 "곽 전 사장 5만 달러 진술 신빙성 없다"(동아일보)

한명숙 1심 무죄-재판부 "곽 씨 진술 신빙성 없어"…검찰 "일관된 증언, 항소할 것"(조선일보)

'한명숙 무죄' 법원·검찰 정면충돌(중앙일보)

한명숙 무죄…'무리한 수사' 확인(한겨레)

한명숙 전 총리 1심 무죄 선고(한국일보)

대부분의 일간신문들이 '무죄 선고'를 제목으로 1면 머리기사를 올렸다. 〈한겨레〉는 '무리한 수사'로, 〈중앙일보〉는 '법원·검찰 정면충돌'로 이번 사건에 대한 짧은 해석을 덧붙였다. 부제에는 '곽영욱 진술이 신빙성 없다'는 법원의 판단을 더했다.

각 신문은 일치된 목소리로 검찰을 비판했다. 그러나 어디에도 자기비판은 없었다. 〈한겨레〉는 "한명숙 무죄, 정치 검찰 유죄"라는 제목을 달아 검찰의 부실 수사와 기소를 엄중하게 비판했다.

"돈을 줬다는 검찰 주장을 도저히 사실로 인정할 수 없다는 이유다. 애초부터 무리한 수사와 기소였다는 점에서는 당연한 귀결이다. 법원은 이번 사건의 유일한 증거인 곽영욱 전 사장의 진술을 전면 배척했다. 그의 진술이 계속 바뀌고 일관되지 못해 신빙성이 의심될 뿐 아니라, 횡령 등의 혐의를 받는 궁박한 처지를 모면하기 위해 실제 기억과 달리 검찰에 협조적인 진술을 했을 가능성이 크다는 것이다. 총리 공관 의자에 돈을 놓고 왔다는 주장에 대해선 현실적으로 가능한지 의심된다고 밝혔다. 허위 진술이라고 판단한 것이다. … 검찰의 기소가 거짓 진술에 터 잡았다는 지적이니, 부실 수사와 기소를 정면으로 질타한 것이다."

〈한겨레〉는 또 검찰의 정치적 표적 수사에 대해서도 질타를 퍼부었다.

"이번 판결은 혹시 있을지도 모를 '정치적 흠집 내기'도 차단했다. … 한 전 총리의 골프장 출입 등 사건과 직접 관련 없는 일을 정황 증거라며 버젓이 내놓은 검찰이나, 이를 통해 한 전 총리의 도덕성과 정치적 이미지에 상처가 날 것이라는 기대를 공공연히 드러냈던 정치꾼들의 계산이 어긋난 셈이다. 정치적인 재판을 법률적으로 풀겠다는 재판부의 이런 의지는 높이 평가할 만하다."

〈경향신문〉도 〈한겨레〉와 비슷한 지적을 했다. 〈경향신문〉은 "한명숙 무죄…'정치 검찰' 개혁 더 미룰 수 없다"는 제목의 사설에서 "그동안 13차례의 공판에서 검찰의 빈약한 주장을 지켜보며 누구나 예상했던 결과"라면서 "검찰의 완패이며, 치욕스런 결과"라고 못 박았다.

"역설적으로 이번 사건의 최대 성과는 대한민국 검찰의 실상이 만천하에 공개됐다는 점에서 찾을 수 있다. 수사부터 재판까지 피의자를 비틀고, 수사 내용을 흘리고 본질과 무관한 사실을 부풀린 검찰의 '비열한 행태'는 일일이 열거하기 어려울 정도다. … 검찰이 부끄러운 줄조차 모르고 있으니

더는 기대할 것이 없다. 공정하지도 정의롭지도 못한 검찰을 바로 세우려면 정치 검찰 수술을 위해 메스를 드는 수밖에 없다."

〈조선일보〉도 검찰을 비판하는데 앞장섰다. 그러나 그것은 교활하고 뻔뻔스러운 짓이다. 〈조선일보〉는 정치 검찰보다 한 술 더 떠서 이 잘못된 수사를 마녀사냥으로 몰고 갔던 주범인데 이제 얼굴을 싹 바꾸고 검찰을 비판하고 있기 때문이다. 한명숙 전 총리 무죄 판결이 난 다음날 〈조선일보〉의 사설이다. 낯이 화끈거릴 정도다.

"검찰이 그런 그를 법정에 세우면 아무리 단순한 형사 사건이라도 정치 사건으로 변질되고 재판 결과가 6.2 지방선거에 영향을 주리라는 건 불 보듯 한 일이다. 그렇다면 검찰은 다른 어떤 사건 때보다 빈틈없이 수사하고 신중하게 기소 여부를 결정했어야 했다. 그러나 검찰은 한 전 총리의 5만 달러 수수 사실을 뒷받침하는 결정적인 물증을 제시하지 못한 채 '한 전 총리가 곽 씨로부터 골프채를 선물 받았고, 곽 씨 소유 골프장 빌리지를 한 달 가까이 무료로 썼다'는 등의 정황만 내놓았다. … 대한민국 최고 수사기관의 수준을 다시 돌아볼 수밖에 없다는 생각이 들게 돼 버렸다."

〈조선일보〉가 말하는 대로 '결정적인 물증'을 제시하지 못한 검찰의 정보 흘리기를 천연덕스럽게 받아써서 진실이 아닌 의혹을 마치 진실인 것처럼 부풀리고 굳혀온 것이 누구인가? '신속한 수사가 공정한 수사'(2009년 12월 12일 조선일보 사설)라며 정확하고 상식적인 수사보다는 하루라도 빨리 수사에 나서라고 검찰을 독촉한 게 누구인가? 〈조선일보〉가 이제 와서 언급한 검찰의 얼토당토않은 '정황'에도 불구하고 한명숙 총리에게 스스로 결백을 증명하라고 몰아가고 검찰에는 "불구속 기소하라"는 지침까지 내린 것은 누구인가? 〈조선일보〉는 '대한민국 최고 수사기관의 수준을 다시 돌아볼' 게 아니라 '1등 신문'을 자처하면서도 왜곡·과장·선동을 일삼는 추악한 정치 언론으로 전락한 자신의 수준을 돌아보는 게 먼저다.

수구 언론의 한명숙 죽이기 '시즌2' 재부팅

1심 무죄 판결이 난 뒤 수구 언론은 조금이라도 반성을 했을까? 전혀 그렇지 않다. 검찰 받아쓰기와 부풀리기와 왜곡 보도로 지면을 도배질해 가며 한명숙 전 총리와 국민들을 우롱했던 그들은 전혀 반성의 기색도 없이 한명숙 죽이기 '시즌2'로 넘어갔다. 검찰은 1심 무죄 판결이 나기 하루 전 한명숙 총리에 대한 또 다른 금품수수 의혹을 슬그머니 흘렸다. 이번엔 5만 달러가 아니라 9억 원가량의 '불법 정치자금 수수 혐의'라는 것이다. 〈조선일보〉와 〈동아일보〉, 〈중앙일보〉 등은 역시나 이 소식을 1면에 걸었다.

〈조선일보〉는 '檢, "한명숙 9억 받았다"…韓측 "검찰 이성 잃었다"'라는 제목의 기사에서 "한명숙 전 총리가 2007년 총리에서 퇴임한 이후 민주당의 대선 후보 경선에 참여하면서, 건설업자로부터 9억 원 가량의 불법 정치자금을 받은 혐의에 대해 검찰이 수사 중인 것으로 8일 확인됐다."고 보도했다. 또 "서울중앙지검 특수1부는 … 9억 원가량을 전달했다는 진술을 확보했다."면서 "모두 4차례에 걸쳐 돈을 건넸다고 진술한 것으로 알려졌다. 이들은 … 한 전 총리 측에서 2억 원은 되돌려 줬다고 진술한 것으로 전해졌다."고 썼다.

朝鮮日報 — 2010년 04월 09일 01면(종합)

檢 "한명숙 9억 받았다"… 韓측 "검찰 이성 잃었다"

**"다른 건설사서 받은 의혹"
검찰, 업체 3곳 압수수색**

한명숙 전 총리가 2007년 총리에서 퇴임한 이후 민주당의 대선후보 경선에 참여하면서, 건설업자로부터 9억원가량의 불법정치자금을 받은 혐의에 대해 검찰이 수사중인 것으로 8일 확인됐다.

서울중앙지검 특수1부(부장 김기동)는 경기도 고양시에 있는 건설업체인 한신건영 대표 한모(49·수감중)씨로부터 "한 전 총리가 총리에서 퇴임한 뒤인 2007년 3월 이후 민주당 대선후보 경선자금으로 9억원가량을 전달했다"는 진술을 확보했다.

한씨와 회사 관계자들은 한 전 총리에게 ▲현금 3억원 ▲현금과 10억 만달러를 합쳐 다시 3억원 ▲현금 2억원 ▲10만달러 등 모두 4차례에 걸쳐 돈을 건넸다고 진술한 것으로 알려졌다.

이들은 "2008년 3월 회사가 부도 나면서 한 대표가 채권자들에게 몰리게 되자, 한 전 총리측에서 2억원은 되돌려줬다"고 진술한 것으로 전해졌다. 한씨는 2008년 5월 상가임대분양 혐의로 구속기소됐으며 실형이 확정돼 현재 수감중이다.

검찰은 8일 보강조사 차원에서 경기도 고양시 한신건영 사무실과 자택, 사인 K씨 사무실 등을 압수수색했다.
이에 대해 민주당 우상호 대변인은 성명을 통해 "검찰이 이성을 잃고 있다"며 "관련 수사를 진행해서 서울시장 선거에 영향을 주겠다는 의도로밖에는 해석할 수 없다"고 말했다.

이명진 기자 mjlee@chosun.com
류정 기자 well@chosun.com

(21.0×7.4)cm

朝鮮日報 — 2009년 12월 04일 01면(종합)

"한명숙 前 총리에 수만弗"

'대한통운 비자금 사건' 前사장 진술… 대가성 여부 수사

대한통운 비자금 조성 사건을 수사 중인 서울중앙지검 특수2부(부장 권오성)는 3일 비자금 조성 혐의로 구속기소된 곽영욱 전 대한통운 사장으로부터 "한명숙 전 국무총리에게 2007년 무렵 수만달러를 건넸다"는 진술을 확보, 대가성 여부를 수사 중인 것으로 확인됐다.

검찰은 곽 전 사장이 2007년 4월 한국전력공사의 자회사인 한국남동발전 사장으로 선임된 점에 주목, 이 돈이 사장 선임을 도와주는 대가로 준 것인지 아니면 불법 정치자금인지 조사 중인 것으로 알려졌다.

40여년간 대한통운에서 근무한 물류 전문가인 곽 전 사장은 2007년 4월 업무연관성이 없는 한국남동발전 사장에 선임됐으며, 노무현 정권 당시 열린우리당 국회의원이었던 한 전 총리는 2006년 4월부터 2007년 3월까지 국무총리를 지냈다. 검찰은 이에 따라 곽 전 사장의 계좌를 추적, 곽 전 사장이 돈을 건넸다고 진술한 시점에 실제로 돈이 인출됐는지 확인 중이다. 본지는 한 전 총리의 반론을 받기 위해 여러차례 연락을 시도했으나 연결되지 않았다.

앞서 검찰은 2006년 말 곽 전 사장에게서 대한석탄공사 사장이 될 수 있게 로비해주겠다는 명목으로 거액을 받은 혐의로 아주경제신문 대표 곽영길씨를 지난 2일 체포해 조사했다. 곽 전 사장은 당시 석탄공사 사장이 되지 못했고, 다음해 한국남동발전 사장이 됐다.

검찰은 곽 전 사장이 이들 외에도 지난 정부 때 여권 실세이던 J, K씨에게 로비했다는 의혹에 대해서도 수사 중인 것으로 알려졌다.

검찰은 지난 9월부터 대한통운 비자금 조성에 대한 수사에 착수했으며, 곽 전 사장을 2001년부터 2005년까지 대한통운 법정관리인으로 있으면서 영업활동비 명목으로 83억원을 상납받아 비자금을 조성한 혐의로 구속기소한 뒤 정·관계 로비 부분을 수사해 왔다.

최원규 기자 wkchoi@chosun.com
강훈 기자 nukus@chosun.com

(15.6×11.8)cm

"한명숙 전 총리가 2007년 총리에서 퇴임한 이후 민주당의 대선 후보 경선에 참여하면서, 건설업자로부터 9억 원가량의 불법 정치자금을 받은 혐의에 대해 검찰이 수사 중인 것으로 확인됐다. 서울중앙지검 특수1부는 경기도 고양시에 있는 건설업체인 한신건영 대표 한 모(49, 수감 중)씨로부터 '한 전 총리가 총리에서 퇴임한 뒤인 2007년 3월 이후 민주당 대선후보 경선자금으로 9억 원가량을 전달했다'는 진술을 확보했다."   (2010년 4월 9일, 1면)

"대한통운 비자금 조성 사건을 수사 중인 서울중앙지검 특수2부는 3일 비자금 조성 혐의로 구속 기소된 곽영욱 전 대한통운 사장으로부터 '한명숙 전 국무총리에게 2007년 무렵 수만 달러를 건넸다'는 진술을 확보, 대가성 여부를 수사 중인 것으로 확인됐다." (2009년 12월 4일, 1면)

〈조선일보〉가 2010년 4월 9일자 1면에 보도한 방식은, 무죄 판결이 난 한명숙 총리의 금품 수수 혐의에 대한 2009년 12월 4일자 검찰 받아쓰기 보도와 거의 흡사했다.

첫째, 두 기사 모두 검찰은 누군가가 한명숙 총리에게 돈을 건넸다는 진술을 '확보'했으며, 그래서 검찰이 수사를 진행 중인 것으로 '확인됐다'고 밝히고 있다. 2009년 12월 4일은 구속 기소된 곽영욱 전 사장이, 2010년 4월 9일에는 수감 중인 한 모 씨로 바뀌었고, 금액이 '5만 달러'에서 '9억 원'으로 달라졌을 뿐이다.

둘째, 어떤 확실한 증거도 검찰이 제시한 바 없고, 두 경우 모두 검찰이 수사 중이라고 전했다. 2009년 12월 4일에는 '곽 전 사장의 계좌를 추적, 실제로 돈이 인출됐는지 확인 중'이라고 했고, 2010년 4월에는 '검찰이 수사 중이며 한신건영 사무실과 자회사인 K사 사무실 등을 압수 수색했다'고 했다.

셋째, 두 기사 모두 '알려졌다, 전해졌다'는 식으로 기사를 전하고 있다. 2009년 12월 4일자에서는 "이 돈이 사장 선임을 도와주는 대가로 준 것인지 아니면 불법 정치자금인지 조사 중인 것으로 알려졌다. … 의혹에 대해서도 수사 중인 것으로 알려졌다."고 했고, 2010년 4월 10일자에서는 "모두 4차례에 걸쳐 돈을 건넸다고 진술한 것으로 알려졌다."고 적었다.

달라진 점이 있다면 2009년 12월 4일자 1면에서 "한명숙 전 총리에 수만 불"이라며 검찰이 제기한 의혹만을 제목으로 뽑은 반면, 2010년 4월 10일자 1면에서는 한명숙 총리 측의 입장을 함께 소개했다는 점이다.

〈동아일보〉도 크게 다르지 않았다. 이 신문은 4월 9일자 1면에서 '한 전 총리, 건설 시행사서 9억 받은 혐의'라는 검찰이 흘린 정보를 그대로 제목으로 뽑고, "검찰이 한명숙 전 국무총리가 2007년 대통합민주신당의 대통령 후보 경선 때 건설 시행사 대표에게서 불법 정치자금 9억여 원을 받았다는 혐의를 포착하고 수사를 벌이고 있다."고 전했다. 이 기사 역시 한 총리가 돈을 받았다는 사실을 뒷받침할 어떤 근거도 제시하지 않고 오로지 검찰의 주장만을 '알려졌다'는 서술어를 써 가며 전달했다.

〈중앙일보〉역시 1면 기사로 '한명숙 선고 전날, 검찰 "9억 받은 의혹도 있다"'는 제목으로 검찰이 "한 전 총리가 또 다른 불법 자금을 받은 의혹이 있다며 전격적으로 수사에 착수했다."고 적었다. 또 "검찰 수사 결과 한 전 총리는 이 가운데 2억 원을 돌려준 것으로 알려졌다.", "최근 채권단이 관련 의혹을 검찰에 제보한 것으로 전해졌다."며 검찰 혹은 검찰 '빨대'가 흘린 내용을 그대로 받아썼다.

다시 시작된 받아쓰기·베껴 쓰기·부풀리기

1심 판결이 난 뒤 수구 언론들이 보인 태도는 정치 검찰의 반복되는 정치적 표적 수사의 문제점을 지적하기는커녕 오히려 표적 수사에 실패한 검찰을 질책했다. 정치 검찰의 공범 노릇을 자처한 자신들에 대한 반성은 눈을 씻고 봐도 찾을 없었다.

〈동아일보〉의 사설이 대표적이다. 이 신문은 4월 10일자 사설 "'9억 원 수사'는 5만 달러 부실 수사와 달라야"에서 이렇게 썼다.

"검찰은 1심 선고 공판 하루 전날 2007년 대선 후보 경선을 앞두고 한 전 총리가 9억여 원의 불법 정치자금을 받았다는 의혹을 수사하고 있다고 밝혔다. 이를 놓고 5만 달러 사건 재판의 무죄 난관을 우회 돌파하기 위한 '별건 수사'라느니 '신건 수사'라느니 하는 논란이 일고 있다. 그러나 의혹이 불거진 이상 진상을 규명하는 수사를 할 수밖에 없다. 검찰이 이번에도 5만 달러 수사처럼 부실 수사 논란을 부른다면 스스로 명예를 실추시키고 불필요한 정치적 의혹만 증폭시키게 된다."

이것은 검찰을 비판하는 글이 아니고, 오히려 검찰의 별건 수사를 독려하는 사설이라고 해도 과언이 아니다. 〈동아일보〉가 한명숙 총리의 금품 수수 의혹 사건이 무죄 판결을 받았음에도, 이를 '정치적 표적 수사'로 인식하지 않고 있다는 사실을 잘 보여준다. 어쩌면 검찰의 정치적 표적 수사임을 잘 알기 때문에 더욱 '부실 수사하지 말고 열심히 해보라'고 격려하고 있을 수도 있다. 그래야 〈동아일보〉 스스로 정치 검찰과 손잡고 부풀려 왔던 검찰의 마녀사냥 수사가 다음번에 성공할 수 있을 테고, 또 그래야 지금까지 받아쓰기와 부풀리기로 욕을 먹던 기사들이 덜 창피하게 될 거라 믿었기 때문일 것이다.

검찰 수사 비판의 속뜻은 결국 수사 독려

이렇듯 수구 언론의 못된 버릇은 고쳐지지 않는다. 〈조선일보〉는 1심 무죄 판결 직전 검찰이 흘린 '9억 원 수수 혐의'를 판결 이후에도 계속해서 받아쓰기와 부풀리기 보도 방식으로 확산시키기에 열을 올렸다. 〈동아일보〉, 〈중앙일보〉도 크게 다르지 않았다. 두 번째 혐의에 대한 수사가 진행되는 동안, 그리고 마침내 '9억 원 수수 혐의'로 두 번째 불구속 기소했던 2010년 7월 20일 즈음 〈조선일보〉를 비롯한 수구 언론의 받아쓰기, 부풀리기 경쟁은 다시 시작됐다. 〈조선일보〉의 주요 관련 기사 리스트는 아래와 같다.

"한명숙 전 총리에 직접 돈 줬다"-검찰, 한신건영 대표 진술 확보…현금·달러 등 9억여 원(4월 13일, 12면)
"한명숙 별건 수사 아니다…새 혐의 있으면 수사 계속"(4월 13일 12면)
"2006년 12월 20일 한 전 총리 점심 상대, 저녁 상대"(4월 13일, 사설)
회사 장부에 '의원님' 적고 한 전 총리에 돈 전달(4월 14일, 12면)
국민 버림받은 친노 세력 누가 다시 불렀을까(5월 15일, 사설)
"한명숙씨 측근에도 수천만 원 건넸다"(6월 21일, 12면)
"한 전 총리, 직접 차 몰고와 돈 가방 실어갔다"(7월 21일, 1면)
한명숙 전 총리, 이번에도 법정에서 입 닫을 건가(7월 21일 사설)
한명숙씨 측근이 의상실서 업체 카드로 500만 원 결제(7월 22일, 12면)

〈조선일보〉 기사 제목을 보면 거의 대부분 '검찰의 주장'이라는 점을 금세 읽을 수 있다. 2009년 첫 보도에서 그랬듯 검찰이 흘리거나 발표한 내용을 기자들은 전혀 의심 없이, 확인 없이 그대로 받아쓰고, 이 내용을 제목으로 뽑아 올린 것이다. 이 기사가 1면이나 정치면 머리기사로 오르면 독자들은 마치 그 제목과 사실이 그대로 진실인 것처럼 믿게 된다. "한명숙 전 총리에게 직접 돈 줬다", "측근에게도 수천만 원 건넸다", "직접 차 몰고 와 돈 가방 실어갔다", "측근이 의상실에서 업체 카드로 500만원 결제" 등등의 제목이 그렇다.

  2009년 12월 4일 한명숙 총리에 대한 금품 수수 의혹을 처음 제기했던 〈조선일보〉 1면 머리기사 '한명숙 전 총리에 수만 불'이란 제목과 기사에서 한 발짝도 달라진 것이 없다. 검찰이 불러주면 불러주는 대로 언론은 쓰고, 언론이 기사를 쓰면 쓰는 대로 검찰은 수사를 한다. 이것이 바로 검찰의 언론 공작이고 권언 유착이다.

유죄 판결에 '입 다물라'는 조중동의 정치적 편향

한명숙 전 총리에 대한 두 번의 검찰 기소와 1심 무죄, 2심 유죄, 대법원의 최종 유죄 판결을 거치는 약 5년 8개월여 기간 동안 〈조선일보〉, 〈동아일보〉, 〈중앙일보〉, 〈문화일보〉 등 수구 언론들은 이런 짓을 반복해 왔다. 검찰이 재판에서 패하면 언론은 검찰의 부실 수사를 비판하는 것이 고작이었다. 정치 표적 수사에 대한 그 어떤 비판도 찾아볼 수 없으며 언론의 받아쓰기 보도에 대한 반성은커녕 공정 보도 의지를 언급하는 일도 없다. 드디어 이제 이들이 고대해 마지않았던 대법원 유죄 판결이 확정됐다. 이제야말로 마음껏 '죄인 한명숙'을 도덕적으로 흠집 내고 정치적으로 매장하는 잔치판을 벌일 때가 왔다.

  〈조선일보〉는 2015년 8월 20일 대법원 최종 유죄 판결이 나오자 21일자 1면에 "대법원 유죄 판결도 '정치 탄압'이라는 한명숙"이라는 기사를 게재했다. 한명숙 총리가 대법원 유죄 판결에 대해 "법리에 따른 판결이 아닌 정치

권력이 개입된 불공정한 판결"이라고 비난한 데 대해 이 신문은 "당사자와 야당은 이날도 '정치 탄압'이라고 비난해 빈축을 샀다."며 비아냥댄 것이다. 이 신문은 같은 날 "한명숙 전 총리, 유죄 나오니 '정치 판결' 억지 쓰나"라는 제목의 사설에서도 "이번엔 자기들한테 불리한 판결이 나오자 '정치 판결'이라며 법원을 비난하고 있다."며 "재판 결과에 따라 말을 정반대로 바꾸니 야당을 믿을 수 없다는 불신이 확산될 수밖에 없다."고 한 총리를 비난했다.

2년 전인 2013년 9월의 2심 판결 때도 마찬가지였다. 1심 무죄 판결을 뒤집고 2심 유죄 판결이 나오자 〈동아일보〉는 9월 18일 "한명숙, 무죄면 정치 검찰이고 유죄면 정치 재판인가"라는 제목의 사설에서 "자신에게 불리한 판결이 나왔다고 해서 근거도 없이 '정치적 잣대'를 들이대고 사법부를 모욕하는 발언을 하는 건 옳지 못하다."고 힐난했다. 완전한 검언일체의 자세다.

朝鮮日報 2015년 08월 21일 31면 (오피니언)

한명숙 전 총리, 有罪 나오니 '정치 판결' 억지 쓰나

대법원은 20일 대법관 13명 전원이 불법 정치자금 9억원을 받은 혐의로 기소된 한명숙 전 총리에게 유죄판결을 내렸다. 9억원 중 3억원에 대해선 대법관 전원이 유죄로 판단했다. 나머지 6억원에 대해선 8명은 유죄로 인정했고 5명은 무죄 의견을 냈다. 이로써 한 총리는 2심이 선고한 징역 2년형이 확정돼 새정치민주연합의 비례대표 국회의원직을 잃고 총리 출신으론 처음으로 옥살이를 하게 됐다.

한 전 총리는 한만호 전 한신건영 대표로부터 총리 퇴임 직후인 2007년 3월부터 8월까지 세 차례에 걸쳐 3억원씩 총 9억원을 민주당 대선 후보 경선 자금 명목으로 받은 혐의로 기소됐다. 한씨는 한 전 총리에게 돈을 줬다는 검찰 진술을 법정에서 번복했다. 1심은 이를 근거로 무죄를 선고했다. 그러나 2심은 한씨의 진술이 다른 증거에 의해 인정된다며 유죄를 선고했다.

대법원은 "한씨가 한 전 총리에게 1차로 줬다는 3억원 중 1억원짜리 수표를 한 전 총리 여동생이 전세금으로 사용한 명백한 증거가 나타났다"고 했고 "한씨가 부도 충격으로 입원하자 병문안한 다음 날 2억원을 여비서를 통해 돌려준 사실도 드러났다"고 했다. 대법원은 "이런 사실들로 보아 한 전 총리에게 9억원을 줬다는 한씨의 검찰 진술은 신빙성이 인정된다"고 밝혔다.

한 전 총리는 대법원 판결이 나온 뒤 기자회견을 통해 "법리에 따른 판결이 아닌 정치권력이 개입된 불공정한 판결"이라며 "양심의 법정에서 저는 무죄"라고 주장했다. 문재인 새정치민주연합 대표도 "사법부만큼은 정의와 인권을 지켜주는 마지막 보루가 돼 주길 기대했지만 그 기대가 무너졌다"며 "법원까지 정치화됐다는 우려를 금할 수 없다"고 했다.

한 전 총리는 2011년 1심에서 무죄판결이 나왔을 때는 "진실을 밝혀준 재판부에 깊은 신뢰와 감사를 드린다"고 법원을 치켜세웠다. 야당도 대변인 논평에서 "법과 양심에 따라 현명한 결정을 해준 재판부에 감사드린다"고 했었다. 그러더니 이번엔 자기들한테 불리한 판결이 나오자 '정치 판결'이라며 법원을 비난하고 있다. 이렇게 재판 결과에 따라 말을 정반대로 바꾸니 야당을 믿을 수 없다는 불신이 확산될 수밖에 없다.

(17.9×9.8)cm

東亞日報

2013년 09월 18일
27면 (오피니언)

한명숙, 무죄면 정치검찰이고 유죄면 정치재판인가

한명숙 전 국무총리는 총리 퇴임 후 2건의 사건으로 기소됐다. 인사 청탁과 함께 곽영욱 전 대한통운 사장에게서 5만 달러를 받았다는 뇌물 수수 사건은 1, 2심과 대법원에서 모두 무죄 선고를 받았다. 한만호 전 한신건영 대표로부터 9억여 원의 불법 정치자금을 받은 혐의로 기소된 사건은 1심에서는 무죄, 2심에서는 유죄를 선고받았다.

서울고법 형사6부는 그제 한 전 총리가 한만호 씨로부터 현금과 수표, 달러 등 9억여 원을 받은 혐의를 모두 인정해 징역 2년과 추징금 8억8000여만 원을 선고했다. 1, 2심 판결이 무·유죄로 엇갈린 이유는 한 씨의 진술에 대한 재판부의 판단 차이다. 둘 다 증거의 증명력을 법관의 자유심증주의(自由心證主義)가 허용하는 한도 안에서 따진 판결이다.

검찰은 한 전 총리를 기소하면서 그의 동생이 한 씨의 수표 1억 원을 사용한 사실, 한 전 총리 측이 한 씨에게 2억 원을 반환한 사실, 한 씨가 한 전 총리 측에 3억 원 반환을 추가로 요구한 사실 등을 증거로 제시했다. 하지만 1심은 한 씨가 검찰 조사에서는 돈을 줬다고 했다가 법정에서는 안 줬다고 진술을 번복한 점을 중시해 "진술에 신빙성이 없다"는 이유로 무죄를 선고했다.

2심 재판부는 "한 씨가 공판 과정에서 진술을 번복했더라도 검찰 조사 당시 진술의 신빙성을 담보할 자료가 적지 않아 한 전 총리가 9억여 원을 받았다는 공소 사실을 인정할 수 있다"고 유죄 선고 이유를 밝혔다. 대법원이 1심과 2심 판결 중 어느 쪽의 손을 들어줄지는 지금으로선 알 수 없다.

한 전 총리는 1심에서 무죄 판결이 났을 때 "정치검찰에 대한 유죄 선고"라고 반겼다. 그러나 2심 유죄 판결에 대해서는 "이명박 정부에서도 무죄를 받은 사건이 박근혜 정부에서 유죄로 둔갑했다. 정치적 판결이 아닌가 의구심을 지울 수 없다"고 비난했다. 마치 박근혜 정부가 사법부를 배후 조종하고, 재판부가 꼭두각시 노릇을 했다는 것처럼 들린다. 그게 지금 이 시대에 가능한 일인가.

한 전 총리는 일국의 국무총리를 지낸 사람이다. 누구보다 법과 법의 심판, 삼권분립을 존중해야 할 사람이 자신에게 불리한 판결이 나왔다고 해서 근거도 없이 '정치적 잣대'를 들이대고 사법부를 모욕하는 발언을 하는 건 옳지 못하다.

(19.0*11.2)cm

"내게 옳은 것이 옳은 것"이란 조중동의 이중 잣대

이 사건은 애초 시작부터가 '정치 검찰'에서 의해 시작되고, '정치 언론'에 의해 부풀려진 '정치적 수사'였고 '정치적 재판'이었다. 십여 차례의 공판을 거쳐 내려진 1심의 무죄 판정이, 새로운 증거가 전혀 제시되지 않았는데도 2심에서 유죄로 뒤바뀐 데 대한 의문이나 문제 제기는 수구언론의 보도에서 찾아 볼 수 없다. 많은 법조인이 이런 판결에 의문을 제기하고 당사자인 한 총리가 이 판결을 비판하는 것은 당연하다. 제대로 된 언론이라면 언론이 먼저 나서서 뒤집힌 판결의 문제점을 찾아야 할 일이었다. 그런데도 수구 언론은 2심과 대법원의 유죄 판결이 나올 때마다 기다렸다는 듯이 한 총리에게 "법원의 판결을 잠자코 받아들여라."며 코너로 몰았다. 법원의 판결을 비판하는 것은 '사법부를 모욕하는 발언'이니 '정치 판결이니 운운하며 불만을 가져서는 안 된다'는 것이다.

하지만 〈조선일보〉, 〈동아일보〉는 이런 말을 할 자격이 없다. 이명박 정부 시절 광우병의 위험성을 보도한 〈PD수첩〉에 대해 법원이 무죄 판결을 내리고, 시국선언문 발표를 주도한 전교조 간부들에게도 무죄 판결이 나오자 〈조선일보〉, 〈동아일보〉, 〈중앙일보〉는 일제히 법원의 판결을 비난하고 나선 바 있다. 〈조선일보〉는 2010년 1월 21일 "문 판사, 여중생들 죽기 싫다 울먹일 때 어디 있었나"와 "법원, 전교조 정치 활동에 문 활짝 열어주다"라는 제목의 두 개의 사설을 같은 날 나란히 게재해 법원의 판결에 한꺼번에 두 개의 돌멩이를 던졌다. 광우병 위험을 보도한 MBC 〈PD수첩〉 제작진에 무죄를 선고한 법원에 대해 〈조선일보〉는 판사의 실명을 거론하면서 판결 내용을 조목조목 비난했다. 심지어 판사에게 정치 성향을 묻는 질문까지 던지며 법원 판결에 강력한 불신을 표시했다.

"문 판사는 같은 화면, 같은 자막, 같은 음성을 듣고서도 이것이 '세세한 점에서 다소 과장이 있지만 중요 부분은 사실과 합치된다'는 것이다. 문 판사는 유모차를 앞세운 젊은 어머니와 죽기 싫다는 어린 여학생들이 거리를 메우고 정체불명의 선동자들이 '청와대로 가자'를 외쳐 대던 2008년 5~8월 어디서 무엇을 하고 있었을까?"

"그런데 김 판사는 이런 전교조 행동이 '정파 간 이해 대립이 첨예한 사안'에 관한 것도 아니고 '편파적인 의견'을 표명한 것도 아니라는 것이다. … 이번 무죄 판결은 전교조에 앞으로 마음대로 이런 정치 활동에 나서도 된다는 것을 허락한 면허장이다."

〈동아일보〉도 이날 마치 〈조선일보〉와 '짜고 치는 것처럼' 똑같은 주장을 담은 사설을 똑같이 나란히 게재했다. "PD수첩 허위 없다"는 문성관 판사 어이없다'와 '전교조의 정치 활동에 면죄부 준 법원'이 그 사설이다.

" … 허위 보도가 아니라거나 농식품부의 명예나 신뢰가 훼손되지 않았다는 문 판사의 결론은 받아들이기 어렵다. 최근 국민의 상식을 뛰어넘는 판결이 쏟아져 현기증을 느낄 정도다. …"

"판결문은 전교조 교사들을 변호하기 위한 글로 착각될 만큼 편향된 논리로 일관하고 있다. … 김 판사는 판결문에서 여러 사람의 뜻을 모아 각각 국민의 한 사람으로서 국가에 바라는 사항을 밝힌 것이며, 주된 취지가 국민의 뜻인 헌법 정신에 충실한 국정 운영을 바란다는 것에 불과하다고 전교조를 감쌌다. … 이 판결은 전교조의 정치 활동을 부추길 우려마저 있다. …"

이런 사설을 썼던 〈조선일보〉, 〈동아일보〉가 한명숙 총리에게 "법원 판결에 정치적 잣대를 들이대고 사법부를 모욕하는 발언을 하는 것은 옳지 못하다.", "억지를 쓴다."며 비아냥대고 훈계하는 것이 가당키나 한 일인가. 이들이야말로 자신의 입맛에 맞는 판결이 나오면 박수치고, 맞지 않으면 판결문을 하나하나 따져 가며 못마땅해 하고, 심지어 판사의 정치 성향까지 들먹거리며 비난하지 않았는가.

〈중앙일보〉 역시 다르지 않다. 〈조선일보〉와 〈동아일보〉가 〈PD수첩〉 제작진과 전교조에 무죄 판결을 내린 다음 날 이 신문은 "무엇이 사법부 독립을 위태롭게 하는가"라는 제목의 사설(2010년 1월 21일)에서 이렇게 썼다.

朝鮮日報
2010년 01월 21일
39면 (오피니언)

文 판사, 여중생들 죽기 싫다 울먹일 때 어디 있었나

서울중앙지법 형사단독 문성관 판사는 20일 미국산(産) 쇠고기의 광우병 위험을 보도한 MBC PD수첩이 "중요 부분에서 (사실과) 객관적으로 합치되므로 일부 세세한 점에서 다소 과장이 있다 해도 허위사실로 보기 어렵다"며 PD수첩 제작진 5명 전원에게 무죄를 선고했다.

2008년 4월 29일 방영된 PD수첩 '미국산 쇠고기! 과연 광우병에서 안전한가' 보도의 핵심은 ①미국에서 도축되는 주저앉는(downer) 소들이 광우병 소로 의심된다 ②죽은 아레사 빈슨은 인간광우병 가능성이 있다 ③한국인이 광우병에 걸릴 확률이 94%라는 것이다.

미국에서 2003년 이후 다우너 소 등 고(高)위험 소 97만 마리를 검사한 결과 사료 규제가 시행된 1997년 이후 태어난 소에선 광우병 소가 나온 일이 없다. 게다가 다우너 증세의 원인은 50가지가 넘어 '주저앉는 소=광우병'이라 할 수 없다. 그런데도 PD수첩은 주저앉는 소를 도살장으로 끌고 가는 장면에서 동물보호단체 사람이 "많은 사람이 젖소를 도축하는 줄은 몰랐을 것"이라고 한 말을 "심지어 이런 소가 도축됐다고는 생각도 못할 것"으로 바꿔 자막을 내보냈다. 진행자는 "아야 그 광우병 걸린 소 도축되는 모습도 충격적"이라고 단정짓기까지 했다. '동물학대 혐의를 받고 있는'이란 원문은 '왜 광우병 의심 소를 억지로 일으켜 도살하냐고'로 뒤바뀌었다. '동물학대 혐의'를 '광우병 의심 소 도살'로 날조한 것이다. 문 판사는 이걸 두고 '일부 세세한 점의 과장'이라고 했다.

PD수첩은 아레사 빈슨의 어머니가 "의사들이 인간광우병에 걸렸는지 의심한다"는 것을 "의사들이 인간광우병에 걸렸다고 한다"로 바꿔 내보냈다. 버지니아주 보건당국의 보도자료에 '포츠머스 여성 질병조사'라고 쓰인 제목은 'vCJD(인간광우병) 사망자 조사'로 둔갑시켜 자막으로 내보냈다. 그러나 문 판사는 이것도 '일부 세세한 과장'으로 넘겨버렸다. 문 판사는 PD수첩 스스로도 2008년 7월 "그건 부정확했다"고 인정했던 '한국인 94% 발병 확률' 부분도 '잘못된 이해에서 비롯된 표현'이라면서 문제 삼지 않았다. 반면 서울고법 민사13부는 작년 6월 농림수산식품부가 MBC를 상대로 낸 정정보도 청구소송 2심 판결에서 1심에 이어 ①∼③ 모두를 '허위(虛僞) 보도'로 판정했다.

PD수첩이 과장하고 날조했던 이런 TV 화면, 이런 자막, 이런 음성이 젊은 어머니들이 유모차를 앞세워 거리로 나오도록 불러냈고, 철모르는 여중생들이 울먹이며 거리의 시위대에 합세하도록 만들었다. 그런데 문 판사는 같은 화면, 같은 자막, 같은 음성을 듣고서도 이것이 '세세한 점에선 다소 과장이 있지만 중요 부분은 사실과 합치된다'는 것이다. 문 판사는 유모차를 앞세운 젊은 어머니와 죽기 싫다는 어린 여학생들이 거리를 메우고 정체불명의 선동자들이 '청와대로 가자'를 외쳐대던 2008년 5∼8월 어디서 무엇을 하고 있었을까.

법원, 전교조 정치활동에 門 활짝 열어주다

전주지법 형사4단독 김균태 판사는 19일 작년 시국 선언문 발표를 주도한 전교조 전북지부 간부 4명에게 무죄 판결을 내렸다. 이들은 전교조 교사 1만7189명의 서명을 받아 작년 6월 18일 서울 덕수궁 앞에서 시국 선언문을 발표한 것을 주도해 국가공무원법상의 집단행위 금지 의무 등 위반 혐의로 기소됐다. 이들은 시국 선언문을 통해 '인권 유린'하는 공권력 남용의 사과, 미디어법 등 강행 중단, 대운하 재추진 의혹 해소'를 주장했다.

김 판사는 이들의 행위가 "정파 간 이해대립이 첨예한 사안에 대해 특정 정파를 지지 또는 반대하는 편파적인 의견을 표명한 게 아니라 국민의 한 사람으로서 국가에 바라는 바를 단지 표명한 것이고, 교육 과정에서 한 게 아니라서 학생들의 학습권을 침해하지도 않았다"고 무죄 선고 이유를 밝혔다.

미디어법, 대운하, 공권력 행사의 적절(適切) 여부를 놓고 여·야는 작년에 이어 지금 이 순간에도 서로에게 삿대질을 해가며 싸우고 있다. 전교조는 이런 정치적 다툼에서 소속원의 서명을 받아 어느 한편을 명확하게 지지하고 선언하였다. 그런데 김 판사는 이런

전교조 행동이 '정파 간 이해 대립이 첨예한 사안'에 관한 것도 아니고 '편파적인 의견'을 표명한 것도 아니라는 것이다.

법원이 판결을 내릴 때는 그 판결이 지금 우리 사회에 어떤 영향을 미치고, 또 앞으로 어떤 상황을 빚어낼지를 종합적으로 살펴야 한다. 법관이 그때그때의 사회 상황에 의해 지나치게 영향을 받아도 안 되지만, 판결이 미칠 현재와 미래의 영향에 눈을 감아서도 안 된다. 전교조는 북한 해킹든 한·미자유무역협정이든 무슨 일만 터지면 떼어메고 뛰어들어 단체행동을 벌이고 자신들이 지지하는 특정 이념을 학생들에게 주입시키고 있다.

이번 무죄 판결은 전교조에 앞으로 마음대로 이런 정치활동에 나서도 된다는 것을 허락한 면허장이다. 역사 속에서 좌파가 배후(背後)에 섰던 유파도 거리로 나서는 것을 수십 차례 경험했다. 이제 대한민국 국민들은 교사들이 좌파든 우파든 정치 사안이 있을 때마다 편을 갈라 떼지어 거리에 나서서 집단행동을 벌이고 교실을 정치 설명문으로 도배질하며 수업 시간을 자신들의 이념 선전장으로 만드는 모습을 보게 될 것이다.

(17.1×20.6)cm

"거듭 강조하지만 문제의 본질은 국민의 법 감정과 상식에 배치되는 잇단 판결이다. 나아가 판결에서 엿보이는 정치성과 이념적 편향이다. 민주주의의 근간은 법치이고, 이는 공정성과 공평성이 생명이다. … 또 판결에 정치성이나 편향성이 개입되지 않도록 어떻게 제도적인 장치를 만들 것이냐가 해법의 첫 수순이다. … 어제 PD수첩 제작진에 대한 무죄 판결만 봐도 그렇다. … 국민은 어리둥절함을 넘어 당황스럽다. … 시국선언을 주도한 전교조 교사들에 대한 무죄 판결도 당혹스럽긴 마찬가지다. 대법원은 6년

> 전 이번 사안과 비슷한 전교조 시국선언에 대해 '명백한 정치 활동'이라고 판결했다. 그런데 이번에는 '표현의 자유'에 무게를 실었다. …"

이미 사법부 이상으로 '정치화'됐으며 이념적으로 '편향성'을 보이는 것은 언론 자신이다. 수구 언론은 현실 정치의 중요한 한 축, 권력 싸움의 현실 드라마에서 주인공으로 인식하고 행동해 왔다. 수구 언론들이 지지하는 정치란 다름 아닌 친일·친독재·친자본 세력의 기득권 수호를 위한 정치를 뜻한다.

중앙일보
2010년 01월 21일
30면 (오피니언)

무엇이 사법부 독립을 위태롭게 하는가

이용훈 대법원장이 어제 "사법부의 독립을 굳건히 지켜 내겠다"고 말했다. 한마디였지만, 파장이 크다. 당장 정치권력과 사법권력이 정면 충돌하는 게 아니냐는 우려가 나온다. 정부 여당은 이번 주부터 사법제도 개선을 위한 특위구성에 나서는 등 신발끈을 매는 형국이다. 사법부가 스스로 국민적 신뢰를 회복하는 길을 모색하는 것이 급선무가 된 시점에, 국가의 양대 축이 대결로 치닫는 듯한 모습은 매우 바람직하지 않다.

거듭 강조하지만, 문제의 본질은 국민의 법 감정과 상식에 배치되는 잇단 판결이고, 나아가 판결에서 엿보이는 정치성과 이념적 편향이다. 민주주의의 근간은 법치이고, 이는 공정성과 공평성이 생명이다. 따라서 양형의 불균형을 어떻게 개선할 것이냐, 또 판결에 정치성이나 편향성이 개입되지 않도록 어떻게 제도적 장치를 만들 것이냐가 해법의 첫 순서이다. 단독 판사의 '독단적인' 판결에 대한 우려를 어떻게 불식시킬 것이며, 법원 내 '사조직'은 어떻게 할 것이냐도 과제다.

어제 PD수첩 제작진에 대한 무죄 판결만 봐도 그렇다. 온 국민을 두 달여 동안 '광우병 공포'로 몰아 넣은 보도가 '과장은 됐지만 허위는 아니다'라고 한다. 국민은 어리둥절함을 넘어 당혹스럽다. 당시 국민들은 미국산 쇠고기를 먹으면 당장이라도 광우병에 걸려 죽을 것처럼 두려워하지 않았나. 두 달여에 걸친 촛불시위로 사회경제적 피해가 엄청났다. 언론의 자유 못지않게 책임도 막중한 것이다. 일련의 보도에 대해 방송통신심의위원회도 '시청자 사과'를 명령했고, 더욱이 지난해 서울고법은 MBC에 대해 '허위보도를 정정하라'고 판결하기도 했다. 그런데 이를 뒤집는 판결이 나오니 국민들은 어지러운 것이다.

시국선언을 주도한 전교조 교사들에 대한 무죄 판결도 당혹스럽긴 마찬가지다. 대법원은 6년 전 이번 사안과 비슷한 전교조 시국선언에 대해 '명백한 정치활동'이라고 판결했다. 그런데 이번에는 '표현의 자유'에 무게를 실었다. 이에 학부모들은 걱정이 앞선다. 교사들의 정치성을 띤 집단행동에 아직 정신적으로 미숙한 아이들이 영향을 받을 수 있기 때문이다.

이처럼 상식적으로 납득하기 힘든 판결에 국민이 우려하는 것은 너무도 당연하다. 그래서 사법부에 국민적 불신을 씻을 수 있는 제도적인 대책을 촉구하는 것이다. 비판 역시 사법부의 권위를 제대로 세우기 위한 사회적 합의 과정이다. 혹여 사법부의 독립과 권위가 법관들만의 것으로 생각하면 잘못이다. 사법부 독립은 국민의 주권과 기본권을 보호하기 위한 것이다. 따라서 국민의 상식과 기본권을 침해하는 판결에 대한 비판은 주권자로서 의무이자 권리인 것이다. 이를 외면하는 것은 자칫 사법부의 조직 보호 논리나 사법권력의 성역화로 비칠 수 있다. 행정부와 입법부가 국민 위에 군림할 수 없듯이 사법부도 마찬가지다. 행정부와 입법부가 투표를 통해 '국민의 뜻'이 반영되는 것처럼 사법부도 '공평무사한 판결'을 바라는 국민의 뜻을 제도적으로 반영해야 한다.

사법부의 권위는 판결로 세워진다. 사법부의 독립은 법관이 아니라 국민을 위한 것이며, 법관뿐만 아니라 국민이 지키는 것이다. 사법부의 독립을 위태롭게 하는 것은 불신이다. 따라서 사법부 독립의 굳건한 토대는 바로 국민적 신뢰 회복이다.

문제의 본질은 상식과 배치된 잇단 판결 국민 신뢰를 잃으면 법치주의 근간 흔들 우려와 비판 수용해 제도적 개혁 나서야

(15.4×16.4)cm

알고도 당할 수밖에 없는 '언론 공작'

〈조선일보〉의 첫 보도가 나간 2009년 12월 4일 한명숙 총리와 참여정부 출신 인사들과 야당은 이를 명백한 정치 공작으로 보고 반발했다. 당사자인 한 총리는 보도 자료를 내고 자신의 금품 수수 의혹을 처음 보도한 〈조선일보〉에 대해 반론권을 요청하는 한편, 반론을 게재하지 않을 경우 법적 대응을 하겠다는 강력한 의지를 보였다. 한 총리가 〈조선일보〉에 대해 반론권 요청·법률적 대응 의사를 밝힌 것은 자신의 결백함을 지키겠다는 의지뿐 아니라 〈조선일보〉 등 수구 언론이 저지르는 행태에 대해 이번에는 묵과하지 않겠다는 뜻이 담겨 있었다.

이해찬 전 국무총리, 유시민 전 보건복지부 장관, 이병완 전 청와대 비서실장 등 참여정부 인사들도 12월 4일 〈조선일보〉 보도 직후 기자회견을 열고 검찰의 기획 수사, 표적 수사를 비난하고 나섰다. 이해찬 전 총리는 "검찰과 일부 언론의 정치 공작을 용납하지 않겠다."면서 "노무현 대통령이 돌아가신 지 6개월밖에 지나지 않아 또다시 참여정부 출신 총리를 상대로 있지도 않은 사실을 검찰이 흘리고, 일부 언론이 그걸 받아써서 마치 사실인 양 가공해 명예를 실추시키는 정치 공작을 하고 있다."고 비난했다.

유시민 전 장관은 "검찰과 일부 언론이 확인되지도 않은 사항을 서로 주고받고 내보내며 인격 살인을 했기 때문에 노무현 대통령이 돌아가시는 불행한 일이 일어났다."고 했다. 이병완 전 비서실장도 이를 '치졸한 정치 공작'이라고 표현했다. 이해찬 전 총리는 특히 이 자리에서 그동안 언론에 대해 쌓인 불만을 폭발시켰다.

"참고로 2003년 초 대선이 끝나고 나서 노무현 대통령 취임 직전 〈동아일보〉가 저와 다른 몇몇 정치인들이 돈을 많이 받았다고 1면 톱으로 보도한 적이 있다. 다음날 바로 명예훼손으로 고소했고 … 총리 취임 직전 〈동아일보〉 고위 간부가 찾아와서 소를 취하해 달라고 해서 해줬는데, 정말 후회한다. … 〈동아일보〉 보도 태도가 개선된 게 하나도 없다. 이번 〈조선일보〉의 보도 태도는 단호히 응징하겠다."

"가령 '언제'라고 날짜가 적시되면 한 총리가 그때 뭘 했는지, 어디서 했다, 어떻게 했다고 구체적 정황이 나와야 입증이 가능한 것인데, 그런 것도 없이 돈을 받았다는 것만 갖고, 마치 받은 게 사실인 것처럼 정황을 만들어 가는 것 아니냐. (조선일보가) 그런 기사로 밝히는 것은 부도덕하다. 기사 작성의 원칙인 6하 원칙도 없이 이렇게 명예를 훼손하는 것은 있을 수 없는 일이다."

참여정부 출신 인사들이 한명숙 총리에 대한 검찰 수사와 〈조선일보〉 보도에 대해 분노한 것은 과거 정치 검찰과 일부 언론이 손잡고 정치 수사, 기획 수사, 표적 수사를 했던 사례가 많았기 때문이기도 하지만, 그 해 5월 노무현 대통령의 죽음이 가장 큰 영향을 미쳤을 것이다. 노 대통령이야말로 정치 검찰과 언론의 야합에 의해 가장 큰 피해를 보았던 정치인이었다.

노 대통령 죽음이 준 학습 효과

한명숙 총리에 대한 검찰 수사와 〈조선일보〉 등 수구 언론의 보도 행태에 대해 단지 참여정부 인사들만이 불만과 분노를 느꼈던 것은 아니었다. 검찰의 기획 수사와 수구 언론의 악의적이고 무책임한 보도의 문제점에 대해서는 1심 무죄 판결이 나기 전부터 일부 다른 언론과 국민들 사이에 공감대가 형성돼 있었다. 노무현 대통령에 대한 정치 검찰과 수구 언론의 만행을 똑똑히 봐왔기 때문이다.

〈한겨레〉는 2009년 12월 4일 〈조선일보〉의 첫 보도가 나간 뒤 5일자 지면에서 야권의 '검찰-언론의 정치 공작'이라는 주장을 제목으로 뽑아 보도하고 이해찬-유시민-이병완 등 참여정부 인사들의 〈조선일보〉에 대한 분노를 기사로 옮겼다. 또 같은 달 8일에도 "정치 검찰 악몽 되풀이해선 안 될 한 전 총리 수사"라는 제목의 사설에서 검찰과 함께 언론의 책임을 중요하게 지적했다.

"이번 사건의 전개 양상은 또다시 노 전 대통령의 비극을 떠올리게 하기에 충분하다. 검찰은 한 전 총리와 관련된 일부 언론 보도가 검찰과 무관하다고 주장하지만, 그 말을 믿을 사람은 별로 없다. 검찰이 만약 한 전 총리의 혐의를 제대로 입증하지 못한다면 일차적으로는 해당 언론이 책임을 져야 하겠지만…"

〈한겨레〉는 2010년 4월 9일 '5만 달러 수수' 혐의에 대해 1심 무죄판결이 나오자 1면에 "한명숙 무죄…무리한 수사 확인"이라는 제목의 기사를 게재하고 "한명숙 무죄, 정치 검찰 유죄" 제목의 사설도 올렸다. 사설에서 〈한겨레〉는 "이번 무죄 판결로 정치적 표적 수사에 대한 불신도 한층 높아지게 됐다. 판결 바로 전날 검찰이 대놓고 언론에 흘린 한 전 총리의 정치자금 수수 의혹 역시 표적 수사라는 혐의를 벗기 힘들다."며 이번 '표적 수사'와 '언론 공작'에 대해 검찰과 언론의 책임을 동시에 물었다. 〈한국일보〉도 2010년 1월 1일 신문에서 "한명숙 전 총리 검찰 수사에 대해 국민 42.9%가 '야당에 대한 표적 수사'라고 본다."는 여론조사 결과를 발표하기도 했다.

민주주의 위협하는 언론

우리는 언론이 검찰의 나팔수가 되어 과장과 왜곡으로 전직 대통령을 죽음으로 몰고 간 끔찍한 사실을 기억하고 있다. 이명박뿐 아니라 수구 언론에게 노무현은 제거 대상 1호였다. 수구 언론은 지금도 언론의 양심과 책무를 쓰레기처럼 내버리고 오로지 정권과 이권을 위해 용의주도하게 민주 인사 죽이기에 앞장서고 있다.

언론이 이 모양이라면 도대체 대한민국에서는 앞으로 무슨 일이 벌어지게 될까? 2014년 4월 세월호 참사 이후 대한민국 국민들은 '기레기'(기자 쓰레기)라는 신조어를 만들어 냈다. 언론의 오보가 어떻게 국민의 생명을 바닷속에 수장시키는지 똑똑히 목격한 국민들의 분노였다. 언론은 반성하는 척했다. 하지만 그때뿐이었다. 언론은 또다시 오보와 왜곡, 과장과 축소·은폐를 매일 쏟아 낸다.

오보와 왜곡 보도는 어느 정도 피할 수 없는 언론의 숙명이다. 기자도 언론사도 완벽하게 중립적이고 객관적일 수는 없는 노릇이며, 편견에서 완전하게 자유로울 수도 없으니까 말이다. 다만 건강한 민주주의 사회라면 이를 구별도 해내고 정화도 할 수 있을 것이다. 그런데 우리 사회는 오보·왜곡 보도가 양과 질의 측면에서 하도 극심하다보니 정화 기능조차 상실해 가고 있다. '좋은 언론에 대한 기대'를 접어야 할 만큼 언론이 나빠졌다. 어쩌다 이렇게 되었을까? 누가 이를 조장하고 방치한 것일까?

누구나 알겠지만, 언론이 단지 그날그날의 소식을 전해 주는 정보 전달의 기능만을 수행하는 것은 아니다. 언론은 그 시대 그 사회의 가장 중요한 의제를 만들어 내고 유통시킨다. 토론과 논쟁이 일어나 의제 설정이 성공하면 여론이 만들어진다. 사람들은 '이것이 옳다', '저것은 틀렸다, 나쁘다'라는 비판과 판단을 품게 된다. 언론 보도는 그 자체로 여론이기도 하지만, 여론의 방향을 끌고 가면서 새로운 여론을 계속 만들어 내는 '여론 조작자'이기도 하다. 그래서 좋은 언론이란 사실에 근거해 진실을 찾고, 이 바탕 위에서 공동체의 이익에 부합하는 여론을 만들어 내야 한다.

그런데 한국의 수구 언론은 오래전부터 오보와 왜곡 보도를 통해 여론 조작을 일삼으며 일부 특정 세력의 정치적, 경제적 이익만을 대변하고 챙겨 왔다. 일부 특정 세력의 이익이 곧 그 언론의 이익과 동일하기 때문이다. 한국 언론의 이런 행태는 사실 아주 오래됐지만, 가장 최근 정치적 환경이 급변했던 정권 교체 시기에 더욱 극악한 모습을 보였다. 오랜 기간의 군사독재·수구 집단의 집권이 끝나고 민주 정부가 들어선 뒤 수구 언론들은 민주 세력에게 격렬히 저항하면서 오보와 왜곡으로 여론을 조작하고 민주 정부와 민주 세력을 흔들었다. 정권을 되찾은 후에는 다시 수구 세력의 영구 집권을 돕기 위한 작업에 들어갔다. 이것이 바로 수구 정권이 주도하고 정치 검찰과 수구 언론이 공모하는 수구 세력의 '대기획'이다. 민주 진보 인사 죽이기는 그런 용의주도한 기획에서 나왔다.

다시 한 번 되새기는 '깨어 있는 시민의 조직된 힘'

이런 수구 언론을 그대로 두고 대한민국의 민주주의와 국민의 안전은 과연 가능할 것인가. 정치 검찰과 수구 언론의 민주 진보 인사에 대한 마녀사냥은 노무현, 한명숙, 곽노현에 그치지 않을 것이다. 만일 이런 탄압을 뚫고 천만다행으로 수구 세력의 무능과 타락을 눈치챈 현명한 국민들이 선거에서 민주 정부를 되찾아 온다고 해도 문제가 일시에 해결되는 것은 아니다. 유능했던 민주 정부를 '경제 파탄 정부'로 몰아세우고 민주 정부의 대통령과 총리를 죽음으로, 감옥으로 몰아가는 정치 검찰과 수구 언론을 그대로 두고서는 다음의 민주 정부도 성공하기 어려울지 모른다.

이명박·박근혜 정부를 거치면서 수구 언론은 종편 방송까지 거느리고 미디어 시장과 여론 시장의 장악력을 높여 가고 있다. 일부 양심 있는 언론과 대안 언론이 분전하고 있지만 마치 다윗과 골리앗의 싸움을 보는 것 같다. 수구 세력에 의해 상식과 진실이라는 가장 기본적인 가치는 물론, 안보와 안전마저도 위협받고 있는 게 현실이다. 민주 정부가 10년간 피땀으로 쌓아놓은 민주주의의 가치는 누더기가 되어 가고 있다. 이를 지키려는 민주 진보 진영의 인사와 시민들은 수구 권력의 주구인 정치 검찰과 언론에 의해 조리돌림을 당하고 있다. 다시 처음으로 돌아가는 수밖에 없다. 깨어 있는 시민의 조직된 힘, 정치 검찰과 수구 언론으로부터 민주 진보 진영을 지키는 마지막 보루다.

무죄
만들어진 범인 한명숙의 '헝거 게임', 그 현장의 기록

초판 1쇄 펴낸 날 2016년 2월 15일

지은이 강기석
펴낸이 이광호
펴낸곳 도서출판 레디앙
디자인 Annd

등록 2014년 6월 2일 제315-2014-000045호
주소 서울 강서구 공항대로 481(등촌동, 2층)
전화 02-3663-1521 팩스 02-6442-1524
전자우편 redianbook@gmail.com

ⓒ 강기석, 2016

ISBN 979-11-953189-7-1 03300

* 이 책의 내용 일부 혹은 전부를 인용, 재사용하실 경우 위 저작권자와 출판사의 동의를 얻으셔야 합니다.